Architektur für die Nation?

W0052978

Godehard Hoffmann

Architektur für die Nation?

Der Reichstag und die Staatsbauten
des Deutschen Kaiserreichs 1871–1918

Umschlagabbildung: Berlin, Reichstagsgebäude vor dem Ersten Weltkrieg
(Foto © Keystone Pressedienst, Hamburg)

Die Deutsche Bibliothek - CIP-Einheitsaufnahme

Hoffmann, Godehard:
Architektur für die Nation? : der Reichstag und die Staatsbauten des Deutschen Kaiserreichs 1871–1918 / Godehard Hoffmann. - Köln : DuMont,
2000
ISBN 3-7701-4834-7

© 2000 DuMont Buchverlag, Köln
Alle Rechte vorbehalten
Umschlaggestaltung: Groothuis & Consorten, Hamburg
Satz, Druck und buchbinderische Verarbeitung: B.o.s.s Druck und Medien
GmbH, Kleve

Printed in Germany ISBN 3-7701-4834-7

Inhalt

Vorwort

Im Jahr 1894 weihte Kaiser Wilhelm II. das Reichstagsgebäude ein. Das Deutsche Kaiserreich nahm damit sein größtes und bedeutendstes Dienstgebäude in Gebrauch. Der Bau galt als ein politisches Zeichen, und als solches geriet er später in die Strudel der Auseinandersetzungen um die deutsche Geschichte. Viel gelobt in seinen Anfängen stand er nach 1945 kurz vor seiner absichtsvollen Vernichtung aus politischen Gründen. Heute dient das ehemalige Reichstagsgebäude wieder einem deutschen Parlament: Vielfältiger und interessanter kann die Geschichte eines Baudenkmales kaum sein.

Das Reichstagsgebäude stand selbstverständlich nicht isoliert im Kontext der öffentlichen Architektur. Das Deutsche Kaiserreich errichtete eine Vielzahl von Bauten für seine Ämter und Ministerien in Berlin; andere Reichsinstanzen bauten in Leipzig und in Straßburg. Die meisten dieser Bauwerke gerieten allerdings in Vergessenheit, viele sind inzwischen auch zerstört worden. Dennoch liegt beim Blick auf das Reichstagsgebäude nichts näher als eine vergleichende Betrachtung der Staatsbauten des Deutschen Kaiserreiches. Darum ist es mehr als erstaunlich, daß diese bisher nicht umfassend untersucht wurden. Für solche Mißachtung gibt es tatsächlich Gründe: Lange Zeit ist das Reichstagsgebäude als Relikt wilhelminischen Größenwahnes begriffen worden, von dem eine direkte Linie zum Nationalsozialismus geführt habe. Ein dunkler Schatten fiel auf die Kaiserzeit und damit auch auf ihre Architektur. Diese Interpretation ist umstritten, doch das ist nicht das Thema dieses Buches. Hier geht es vielmehr zuerst um Architekturgeschichte und dann um die Frage, welche Bedeutung Architektur für die Politik haben kann. Dafür sind die Staatsbauten des Deutschen Kaiserreiches ein denkbar gut geeigneter Forschungsgegenstand: Architektur für die Nation?

Das Deutsche Reich verfügte über eine eigene Bauabteilung, deren Existenz bisher gänzlich unbekannt gewesen ist. Diese Bauabteilung fußte zunächst auf den Erfahrungen der sehr kompetenten preußischen Bauverwaltung, was sich wie selbstverständlich ergab, weil die Reichshauptstadt zugleich die Hauptstadt Preußens gewesen ist. Nun stellt sich sogleich die Frage, wie die von der Reichsbauabteilung und anderen Instanzen des Reiches errichteten Gebäude ausgesehen haben, denn die über der gesamten Architektur des 19. Jahrhunderts schwebende Frage

»In welchem Stile sollen wir bauen?« haben sich auch die Architekten der Reichsbauten stellen müssen. Welche Position bezog die Staatsarchitektur des Kaiserreiches im Verhältnis zu Preußen und vor allem im internationalen Vergleich? Dem Reichstagsgebäude kam in diesem Zusammenhang signalhafte Bedeutung zu, mit ihm setzte das Deutsche Kaiserreich ein architektonisches Zeichen, dessen zeitgenössische »Modernität« später vollkommen unterschätzt worden ist.

An das Berliner Reichstagsgebäude sind seit seiner Einweihung vor gut einem Jahrhundert sehr verschiedene politische Interpretationen herangetragen worden. Jede Epoche der wechselvollen jüngeren deutschen Geschichte hat sich auf ihre Weise mit ihm auseinandergesetzt, wobei der skeptische Blick überwog. Schon in der Weimarer Republik fand seine üppige Neurenaissance zusehends weniger Gefallen. Die Nationalsozialisten zeigten schließlich keinerlei Interesse an dem Bau. Der Marionettenreichstag der NS-Zeit tagte in der damals gegenüberliegenden Krolloper. Die Wände des Reichstagsgebäudes haben Hitlers Haßtiraden nie gehört, denn 1933 war der Sitzungssaal ausgebrannt.

Im Zweiten Weltkrieg erlitt das Reichstagsgebäude sehr schwere Schäden. Nach 1945 ist ihm dann die längst überfällige Kehrtwende der deutschen Politik zum Schicksal geworden: Als Zeichen des demokratischen Neuanfanges wurde es seiner Ornamentik beraubt, seine Kuppel gesprengt und das Innere vollständig im Stil der Moderne ausgebaut. Nur der Rohbau blieb zurück. Erst viel später zeigte sich, daß man das Kind mit dem Bade ausgeschüttet hatte, denn diese politisch motivierte, rabiate Auseinandersetzung mit der jüngsten deutschen Vergangenheit, speziell mit der nationalsozialistischen Gewaltherrschaft, hatte sich an einem kaiserzeitlichen Monument vergriffen, das mit der gerade überwundenen Katastrophe kaum etwas verband. Das Reichstagsgebäude reihte sich in die traurige Folge kurzsichtiger politischer Exempel an Baudenkmälern, an deren Spitze die Sprengung des Berliner Stadtschlosses und der Abbruch des Welfenschlosses in Braunschweig stehen.

In Deutschland werden – nicht erst seit der Wiedervereinigung – intensive Auseinandersetzungen um das nationale Selbstverständnis geführt. In diesem Zusammenhang sind bestimmte Vorstellungen sowie Erinnerungen an herausragende historische Ereignisse aus der deutschen Geschichte an architektonischen Monumenten festgemacht worden, wie dem Brandenburger Tor, der Frankfurter Paulskirche und dem Reichstagsgebäude. Gewiß lassen sich komplexe historisch-politische Zusammenhänge an Baudenkmälern anschaulich darstellen, doch kam es auch zu bedauerlichen Fehlinterpretationen, die sich zuweilen nicht der Sache selbst, sondern einschlägigen politischen Interessen verdanken. Um der Vergangenheit Gerechtigkeit widerfahren zu lassen, ist es deshalb methodisch erforderlich, zwischen der Geschichte der Architektur, die zunächst ihre eigenen Wege geht, und der Geschichte der politischen Ideen sorgfältig zu unterscheiden. Schließlich reichen die Auseinandersetzungen mit der Geschichte in die Gegenwart hinein, denn jede kulturelle Epoche verschafft sich ihre eigenen identitätsstiftenden Monumente, indem sie solche neu errichtet oder historisch Überkommenes eigenen Vorstellungen gemäß adaptiert. Diese sinnstiftende Auseinandersetzung mit der Vergangenheit ist eine Weise des Umganges mit Geschichte, die ihre Berechtigung im Rahmen der Ausprägung von Kulturen, der Bildung von kultureller Identität hat – die wissenschaftliche Aufarbeitung der Vergangenheit ist dagegen eine andere, davon sehr verschiedene. Beide stehen nicht selten im Widerspruch zueinander. Das sei vorausgeschickt, wenn es im folgenden um das heikle Verhältnis zwischen Architektur und Politik geht.

Politische Architektur im Deutschen Kaiserreich

Die Geburtsstunde des Deutschen Kaiserreiches fiel auf den 18. Januar des Jahres 1871. An diesem Tag, im Anschluß an den Sieg über Frankreich, proklamierten die deutschen Fürsten und Könige den preußischen König Wilhelm I. im Spiegelsaal des Versailler Schlosses zum »Deutschen Kaiser«. Die amtliche Bezeichnung des damit gegründeten, neuen europäischen Nationalstaates war »Deutsches Reich«. Diesen Titel übernahm die Weimarer Republik und auch das von den Nationalsozialisten regierte, sogenannte »Dritte Reich« trug ihn noch bis zu seinem Untergang im Frühjahr 1945. Im Rahmen des hier betrachteten architekturgeschichtlichen Zusammenhanges geht es nun um die Kaiserzeit, also um die Epoche der Herrschaft der brandenburgisch-preußischen Hohenzollern über das Deutsche Reich, die auch als das »Wilhelminische Zeitalter« bezeichnet wird.

Das Deutsche Kaiserreich stand nach seiner Gründung vor der Aufgabe, eine für das gesamte Reichsgebiet zuständige Verwaltung aufzubauen. Institutionen also, die es bis dahin (von einigen Einrichtungen des 1866 gegründeten Norddeutschen Bundes abgesehen) noch nicht gegeben hatte. Dafür mußten nach einer mit Provisorien überbrückten Übergangzeit zahlreiche neue Gebäude erbaut werden. Hinzu kamen die Häuser für die politischen Organe des Reiches, die zusammen mit den Verwaltungsbauten den Kern der politischen Architektur des Deutschen Kaiserreiches ausmachten. Politik und Verwaltung des jungen Staates produzierten den Bedarf an Räumlichkeiten, der mit einer Staatsarchitektur zu decken war.

An der Spitze des Reiches stand der Kaiser. Da der Deutsche Kaiser in einer Person auch König von Preußen blieb und in dieser Eigenschaft weiterhin die Bauten der preußischen Monarchie nutzte, bedurfte das Kaisertum als solches keiner neuen Bauwerke. Nach dem Kaiser folgte der Reichskanzler, bis 1890 Fürst Otto von Bismarck, dem das Reichskanzleramt zur Seite stand. Die Vertretung der im Deutschen Reich zusammengefaßten Länder bildete den Bundesrat, während sich die gewählten Volksvertreter im Reichstag zusammenfanden. Ministerien hatte es lange Zeit überhaupt nicht gegeben, lediglich Reichsämter wurden nach und nach eingerichtet. Darum gab es im Kaiserreich zunächst auch keine Regierung im heutigen Sinne. Am Anfang ist ein großer Teil der Regierungsaufgaben, wozu auch die Verwaltung des

Reichslandes Elsaß-Lothringen zählte, beim Reichskanzler angesiedelt gewesen. Bismarck trieb die Einrichtung einer funktionsfähigen Reichsverwaltung den vielfältigen Anforderungen entsprechend voran, so daß die »Reichsflut«, d.h. die aus der Reichsgründung erwachsenen institutionellen Neuerungen, nach etwa zehn Jahren erfolgreich bewältigt war. Dazu gehörte auch die Errichtung von Staatsbauten.

Die Gründung des Deutschen Reiches zog allerdings nicht allein die Erfüllung solch formaler Aufgaben nach sich. Darüber hinaus galt es, ein Nationalbewußtsein zu bilden, das dem jungen Staat Rückhalt in seiner sehr heterogen zusammengesetzten Bevölkerung sicherte. Vor einer ähnlichen Aufgabe stand etwa zur gleichen Zeit auch Italien, nicht aber England und Frankreich. Die deutsche Identitätsfindung war den Menschen in dieser Zeit ohne Rückgriff auf die Geschichte nicht denkbar. Das legte nicht allein die allgemeine Geschichtsbegeisterung des 19. Jahrhunderts nahe, sondern auch der Zusammenbruch des Heiligen Römischen Reiches im Jahr 1806, der von vielen als ein dringend zu heilender Verlust begriffen worden war. Das Deutsche Kaiserreich verstand sich denn auch als Nachfolger des von den Nachfahren Karls des Großen gegründeten und mit der Niederlegung der römischen Kaiserkrone durch den in Wien regierenden Habsburger Franz II. untergegangenen alten Reiches. Österreich war allerdings im Deutschen Krieg 1866 aus dem Prozeß der Bildung eines neuen deutschen Nationalstaates ausgeschlossen worden. Die Vormachtstellung im Deutschen Kaiserreich ging 1871 an Preußen, das zum militärischen Sieg über Frankreich im Krieg 1870/71 maßgeblich beigetragen hatte. Fürst Otto von Bismarck hatte auf diese »kleindeutsche« Lösung (ohne Österreich) zielstrebig und gegen Widerstand aus den überwiegend »großdeutsch« gesinnten, mehrheitlich katholischen Ländern im Süden und Westen des Deutschen Reiches hingearbeitet. Das war bei weitem nicht der einzige Unterschied zwischen dem Heiligen Römischen Reich, das im ausgehenden Mittelalter den Zusatz »Deutscher Nation« getragen hatte, und dem 1871 neu gegründeten Deutschen Reich gewesen. Die Kontinuitäten zwischen den beiden Staaten waren nicht so groß, wie in der Reichsgründungsära behauptet worden ist. Es zeigt sich deutlich, daß dieser Rückgriff auf die Geschichte ganz besonders auch aus einem politischen Interesse resultierte: den neuen Staat historisch zu legitimieren und auf diese Weise den Prozeß seiner Identitätsfindung zu fördern. Einen anschaulichen Ausdruck fanden diese Intentionen in den Nationaldenkmälern, wie beispielsweise auf dem Kyffhäuser, wo Wilhelm I.

als neuer Barbarossa inszeniert wird (Abb. 7 u. 8), oder in dem Bildprogramm der nach der Reichsgründung restaurierten Kaiserpfalz in Goslar (Abb. 1 u. 2).

Welche Auswirkungen zeigten diese machtvollen nationalen Kräfte auf die politische Architektur des Deutschen Kaiserreiches? Diente auch das öffentliche Bauwesen des jungen Staates – ähnlich wie die National-denkmäler – der Bildung und der Festigung der nationalen Identität? Die Frage läßt sich auf den ersten Blick scheinbar einfach beantworten, denn leicht unterliegt man der Versuchung, sie mit einem Hinweis auf die »wilhelminischen Bauten« insbesondere in Berlin zu bejahen. Diese Sichtweise liegt jedenfalls zahlreichen Publikationen zugrunde, die nach dem Untergang des Deutschen Reiches im Jahr 1945 geschrieben worden sind. Bei genauerem Hinsehen eröffnen sich allerdings nicht nur eklatante architekturgeschichtliche Desiderate, sondern es stellen sich auch methodische Fragen: Für die rückblickende Betrachtung der deutschen Architektur des späten 19. Jahrhunderts ist es schicksalhaft gewesen, daß sie zu oft aus einer politischen Perspektive gesehen worden ist. Dabei sind die politische Geschichte und die Architekturgeschichte nicht selten in unzulässiger Weise miteinander vermischt worden, und es konnte unversehens der Eindruck entstehen, als seien die wichtigsten Entwicklungen und Bauten in hinreichendem Maße wissenschaftlich untersucht. Das ist aber nicht der Fall, denn ein großer Teil der deutschen (und der europäischen) Architektur des späten 19. und des frühen 20. Jahrhunderts ist bislang nur unzureichend in den Blick der Forschung genommen worden.

Die »politische« Architektur der vergangenen zweitausend Jahre ist vielfach auf die Botschaften hin untersucht worden, die sie an ihre Betrachter gerichtet hat. Dabei boten Konventionen, die bis zum Ende des 18. Jahrhunderts Gültigkeit besessen haben, eine Leitlinie: Der barocke Schloßbau beispielsweise war eine der verständlichsten Architekturformen für die Darstellung von politischer Macht. In den nach der Aufklärung und der Französischen Revolution – also nach dem Barock – gegründeten Nationalstaaten hatten sich die Machtkonstellationen jedoch insoweit verändert, als Bürger nun in einem erheblichen Maße an der Errichtung öffentlicher Bauten beteiligt waren. So entschied beispielsweise in Preußen nicht mehr allein das Königshaus über die Gestaltung der Architektur öffentlicher Gebäude, denn die Bauverwaltung besaß gerade in diesem Land ein hohes Maß an Eigenständigkeit. Außerdem waren die gesellschaftlichen Strukturen nun viel

12

komplexer geworden als sie es noch in der frühen Neuzeit oder im Mittelalter gewesen sind. Die Zahl der Betrachter, an die sich Botschaften richteten, war wesentlich größer geworden, ihr Kenntnisstand viel breiter und zugleich heterogener. Seit dem Ende des 18. Jahrhunderts gibt es keine aus alter Tradition legitimierte, verbindliche Ikonologie für die herausragenden Bauten von Staaten mehr. Der Schloßbau mit seinen strengen Konventionen war zu einem Anachronismus geworden, die Schlösser Ludwigs II. von Bayern besaßen keine politische Aussagekraft mehr.

Aus dieser Entwicklung resultiert die außerordentliche Komplexität einer jeden Auseinandersetzung mit »politischer Architektur«, in die viele Aspekte, nicht zuletzt auch soziologische, hineinspielen. Die wissenschaftliche Methodendiskussion ist darüber noch keineswegs zu einem konsensfähigen Abschluß gekommen. Es findet sich vielmehr ein Nebeneinander sehr unterschiedlicher Meinungen hinsichtlich der politischen Bedeutung von Architektur.[1] Zudem fehlt es derzeit noch an einer ausreichenden Anzahl gründlicher Einzelstudien. Angesichts dieser fragmentarischen Forschungslage bietet sich das 19. Jahrhundert in besonderer Weise als Untersuchungszeitraum an, denn es weist eine Fülle von vielversprechenden Anhaltspunkten sowie eine sehr gute Quellenlage auf. Innerhalb dieser Epoche bildet vor allem die politische Architektur des Deutschen Kaiserreiches einen geeigneten Untersuchungsgegenstand zur exemplarischen Behandlung der in Rede stehenden Thematik.

In der Literatur über die Architektur des 19. Jahrhunderts, insbesondere im Deutschen Kaiserreich, blieben die Strukturen der (Bau-)Verwaltungen – und damit die Frage nach der Auftraggeberschaft – weitgehend unberücksichtigt. Häufig sprach man von der Architektur des Deutschen Reiches, ohne zu bedenken, welche Instanz oder welche Person für die Errichtung bestimmter öffentlicher Bauten in entscheidender Weise zuständig gewesen ist und damit auf die Gestaltung maßgeblichen Einfluß nehmen konnte. Doch gibt erst die Kenntnis dieser Strukturen die Mittel an die Hand, die Architektur des Kaiserreiches aus einer politischen Perspektive zu beurteilen, während bisher allzu oft der zweite Schritt vor dem ersten erfolgte: die politische Bewertung vor der architekturgeschichtlichen Analyse.

Der Blick auf die Verwaltungsstrukturen des Kaiserreiches reicht allerdings allein nicht aus, um erhellen zu können, welche Aussagen mit der politischen Architektur des Deutschen Kaiserreiches verbunden wurden, gibt es doch genügend architektonische Beispiele offiziellen Charakters, die als Ausdruck »deutscher« Bauformen begriffen worden sind und somit von eminent politischer Bedeutung waren, ohne daß die Bauverwaltung des Reiches an deren Errichtung beteiligt gewesen wäre. Das gilt beispielsweise für viele deutsche, im Stil der Neuromanik gestaltete Bauwerke in Jerusalem, die sich der Erinnerung an die Kaiserzeit viel nachhaltiger als eine nationale Attitüde eingeprägt haben als die wesentlich größere Zahl der offiziellen Gebäude im Stil der internationalen Neurenaissance. Spätestens hier rückt die Frage in den Vordergrund, was die Auftraggeber und die Betrachter damals mit einem bestimmten Baustil assoziiert haben.

An der Spitze des Deutschen Kaiserreiches und damit zugleich in der höchsten Instanz der Reichsbauverwaltung hat es entscheidende, personale Veränderungen gegeben, die sich unmittelbar auf das öffentliche Bauwesen auswirkten. Kaiser Wilhelm I. zeigte wenig Interesse an architektonischen Fragen. Öffentliche Bauten zu planen und auszuführen überließ er überwiegend den zuständigen Stellen in den Verwaltungen und respektierte auch weitgehend die diesbezüglichen Entscheidungen des Reichstages. Nur sehr selten einmal brachte er die Macht seines Amtes unmittelbar, »immediat« ins Spiel. In dieser Hinsicht erwies sich der Kaiser – wenn wohl auch nicht ganz absichtsvoll – als ein moderner, konstitutionell gebundener Monarch.

Ganz anders verhielt sich dagegen Kaiser Wilhelm II., der sofort nach seinem Regierungsantritt im Jahr 1888 ganz erheblichen Einfluß auf das öffentliche Bauwesen genommen hat. Er konnte das als deutscher Kaiser und als preußischer König bei einer Vielzahl öffentlicher Neubauten aufgrund seiner politischen Stellung tun und griff dabei nicht selten selbst zum Zeichenstift. Doch gab sich Wilhelm II. damit nicht zufrieden: In Jerusalem beispielsweise waren es kirchliche und nicht staatliche Bauten, die seinem Geschmack und damit seiner Vorstellung von typisch »deutscher« Architektur entsprechend errichtet worden sind. Daß unter seiner Regentschaft erneut eine umfassende Diskussion über »den« deutschen Baustil aufflammte, hatte allerdings nicht allein mit der Person des Kaisers zu tun.

So ergeben sich bei dem Blick auf die politische Architektur des Deutschen Kaiserreiches zwei Perspektiven: eine strukturelle, die von den Auftraggebern bzw. den jeweils zuständigen Instanzen ausgeht, und eine historisch-politische, die der Bedeutung der Staatsbauten für das nationale Selbstverständnis nachspürt. Genau an diesem Schnittpunkt entstehen nicht wenige methodische Schwierigkeiten, denn die Architektur ging selbstverständlich zunächst ihre eigenen künstlerischen Wege: Keine politische Instanz hat einen Baustil erfunden. Es wird im folgenden deutlich werden, daß die ideologische beziehungsweise politische Bedeutung von Staatsbauten des Deutschen Kaiserreiches begrenzt war und von Fall zu Fall ganz unterschiedliches Gewicht haben konnte.

Von Preußen zum Deutschen Reich: Die Kaiserpfalz in Goslar

Im Oktober 1870, mitten im Krieg gegen Frankreich, sandten die Bürger der Stadt Goslar an König Wilhelm von Preußen einen Brief. In ihrem an das militärische Hauptquartier in Versailles adressierten Schreiben baten die Unterzeichner den Monarchen um Hilfe bei der Erhaltung der einsturzgefährdeten Kaiserpfalz in ihrer Stadt. Das Gesuch war erfolgreich, die Pfalz wurde restauriert, und mehr noch: sie wurde in langjähriger Arbeit zu einem Nationaldenkmal ausgestaltet (Abb. 1–3).[2]

Der vollständige Text des Bittschreibens ist bekannt, denn er wurde am 24. Oktober 1870 in der Goslarer Zeitung veröffentlicht. Angesichts des sich nach der Schlacht bei Sedan abzeichnenden Sieges gegen Frankreich erhofften die Goslarer darin nicht nur finanzielle Hilfe für eine Bauaufgabe, sondern sie verknüpften ihr Anliegen zugleich mit der Hoffnung auf baldige Wiederherstellung der Einheit des Reiches, das 1806 untergegangen war. Ausführlich verweisen sie auf die Bedeutung des Bauwerkes für die Kaiser des Mittelalters und ziehen eine scheinbar durchgängige Linie von der Vergangenheit bis in die Gegenwart. Diese Interpretation ist von so bestechender Konsequenz, daß sie auf den ersten Blick kaum fragwürdig erscheint. Tatsächlich resultierte aber die sich anbahnende Gründung des Deutschen Reiches gar nicht so selbstverständlich aus der jüngeren Vergangenheit, denn der wenig später geschaffene neue deutsche Staat wies nicht nur andere Grenzen als das Heilige Römische Reich auf, er wurde auch von einem anderen Geschlecht regiert, und seine Hauptstadt lag nicht mehr in Österreich. Es war vielmehr zutiefst charakteristisch für diese Epoche, die Gründung dieses neuen Staates – und das Deutsche Kaiserreich von 1871 war ein ganz neues Staatengebilde – überhaupt aus der Geschichte legitimieren zu wollen. Es verwundert darum nicht, daß eine auf die Reichsgründung hin gerichtete Geschichtsschreibung bezeichnenderweise schon

1 Goslar, Kaiserpfalz. Restauriert 1875–1879

vor 1871 konkrete Konturen gewonnen hatte: Die brisanten Auseinandersetzungen zwischen Historikern über die Bedeutung des mittelalterlichen Kaisertums schlugen sich auch in der Ausmalung der Goslarer Kaiserpfalz nieder. Das Programm der Ausmalung ist darum gleich in mehrerlei Hinsicht signifikant für die Anfänge des Deutschen Kaiserreiches, verdeutlichen sich hier doch wichtige Aspekte der Zeit.

Politische Aspekte: Goslar, ehemalige Reichsstadt und Hansestadt, gehörte 1802 bis 1815 kurzzeitig zu Preußen und ging anschließend auf Beschluß des Wiener Kongresses an das junge Königreich Hannover. Nachdem Hannover sich 1866 hatte Preußen ergeben müssen, kam Goslar im Zusammenhang mit der neuen »Provinz Hannover« wiederum zu Preußen. Als sich die Stadt 1870 mit ihrem Hilfegesuch an König Wilhelm wandte, geschah das im Rahmen einer noch sehr jungen politischen Konstellation. So kam denn auch an keiner Stelle des Bittschreibens Begeisterung für den König von Preußen als dem neuen Landesherrn zum Ausdruck, vielmehr hebt die Argumentation gänzlich auf die ersehnte Einigung der deutschen Staaten ab. Immerhin wurde unausgesprochen erwartet, der König von Preußen werde dabei die Führungsrolle übernehmen. Die Vormachtstellung Preußens unter den deutschen Ländern

16

hatte sich denn auch seit den Kriegen von 1863 und 1866 unmißverständlich abgezeichnet. Weite Teile des deutschen Bürgertums erwarteten eine kleindeutsche Reichsgründung ohne Österreich.

Die Goslarer Petition, nach dem Ende des Krieges und der Gründung des Kaiserreiches sofort auf den neuen Verwaltungswegen weitergereicht, gelangte im Mai 1871 vor den ebenfalls gerade erst gegründeten Reichstag. Dieser stellte fest, in der Sache nicht zuständig zu sein, da sich die Pfalz im Eigentum des preußischen Staates befand. In der festen Erwartung, Preußen werde sich der Restaurierung annehmen, ist die Petition an das preußische Herrenhaus weitergereicht und dort alsbald befürwortet worden. Die Restaurierung konnte nun mit Unterstützung des preußischen Staates und – was in diesem Fall wichtig ist – des preußischen Königs durchgeführt werden. Wilhelm I. fungierte in dieser Angelegenheit nämlich nicht als Kaiser des Deutschen Reiches, sondern in seiner beibehaltenen Funktion als König von Preußen. Preußen betrieb noch einige weitere repräsentative Projekte, wie beispielsweise die Gestaltung der Ruhmeshalle im Berliner Zeughaus, die unter maßgeblicher Beteiligung Wilhelms I. eingerichtet worden ist.[3] Hier wurde ähnlich wie in der Goslarer Kaiserpfalz die Reichsgründung als eine Preußen zustehende Aufgabe in der deutschen Geschichte verherrlicht.

Gesellschaftliche Aspekte: Eines der wesentlichen Merkmale des 19. Jahrhunderts ist der Historismus, der einen entscheidenden Schwerpunkt in den Methodendiskussionen der Geschichtswissenschaften hatte, sich aber keineswegs darauf beschränkte. Formal entwickelte sich die zunehmende Auseinandersetzung mit Geschichte vor dem Hintergrund der Ausdifferenzierung der geisteswissenschaftlichen Fächer an den Universitäten. Die Geschichtswissenschaften erlangten dabei eine bedeutende Position, sie übernahmen von Philosophie und Theologie einen auf die Gesellschaft gerichteten Führungsanspruch. Als idealistisches Erbe von Aufklärung und Romantik wurde Geschichte als ein Wissensreservoir verstanden, das moralisch auf die Gegenwart wirken konnte und sollte. Mit dem Anspruch, daß die Gegenwart aus der Historie lernen solle, reichte die Geschichte über eine Fachelite hinaus weit in die Gesellschaft hinein. Das Erbe der Theologie wird dabei mit Händen greifbar.

Daß der Historismus zum Zeitpunkt der Reichsgründung bereits in eine Krise geraten war, nahm die Öffentlichkeit allerdings erst mit Verzögerung wahr. Als ein Wendepunkt ist immer wieder Friedrich Nietzsche (1844–1900) genannt worden, der den umfassenden Anspruch der

2 Goslar, Kaiserpfalz. Thronsaal im Obergeschoß. Ausgemalt durch Hermann Wislicenus 1879–1897

3 Goslar, Kaiserpfalz. Thronsaal. Mittelbild: Die Gründung des Deutschen Reiches

18

Geschichte 1874 in seinem Werk »Vom Nutzen und Nachteil der Historie für das Leben« scharf kritisierte. Tatsächlich war der Kern des von Nietzsche beschriebenen Problems von Beginn an im Historismus angelegt, denn die wissenschaftliche Beschäftigung mit Geschichte hatte zur Ansammlung eines so umfangreichen Wissens geführt, daß es rechtschaffenen Historikern eigentlich nicht mehr möglich sein konnte, einfache Abläufe zu rekonstruieren, um aus ihnen Orientierung für die Gegenwart oder gar für die Zukunft gewinnen zu können. Zu vielfältig war die gewußte Vergangenheit (geworden!), als daß stringente Entwicklungen abgelesen werden konnten; man sprach vom Relativismus als der größten Gefahr für den Historismus.

Von solchen Zweifeln blieb das Bildprogramm der Ausmalung der Kaiserpfalz nahezu unberührt. Die Malereien verherrlichen das Deutsche Reich als legitimen Nachfolger des Heiligen Römischen Reiches und die Hohenzollern als Nachfolger der Hohenstaufer auf dem Kaiserthron. Die Darstellungen sind ganz und gar von der borussischen Geschichtsschreibung geprägt, die schon vor 1871 die deutsche Einigung als eine Preußen zustehende Aufgabe verstanden hatte. Bevor aber das Innere ausgemalt werden konnte, mußte die Architektur wiederhergestellt werden. Das geschah in den Jahren 1875–1879. Kaiser Wilhelm I. hat die Restaurierung mit eigenen Geldern gefördert und aus diesem Anlaß die Pfalz persönlich besucht. In dem langen Zeitraum von 1879–1897 führte Hermann Wislicenus (1825–1899) dann die umfangreichen Wandmalereien aus. Es ist das Hauptwerk des Malers, der an der Akademie in Düsseldorf Historienmalerei lehrte.

Das zentral plazierte Bild im großen Saal bildet den Höhepunkt des Bildzyklus. Es zeigt unter einer dreiteiligen Bogenarchitektur im Zentrum Kaiser Wilhelm I. zu Pferde. Über ihm schwebt die in den Befreiungskriegen hoch verehrte preußische Königin Luise, in ihren Händen hält sie die alte Reichskrone. Unter den seitlichen Bögen finden sich die deutschen Landesfürsten und Könige. Links überreicht der bayerische König Ludwig II. die nur als heraldisches Zeichen existierende Kaiserkrone – eine gänzlich unhistorische Szene. Unterhalb des reitenden Kaisers stehen rechts Personifikationen von Elsaß und Lothringen. Am unteren Bildrand lehnen sich an den Kaiserthron links Vater Rhein und rechts eine Personifikation der Sage. Wislicenus hatte eine Geschichtsallegorie geschaffen, die das Deutsche Kaiserreich als konsequente Fortsetzung des untergegangenen Römischen Reiches unter preußischer Führung verherrlichte. Nicht alle Einzelheiten illustrierte Wislicenus aber allegorisch. So sind im Zentralbild unterhalb des Kaisers gegenüber den Personifikationen von Elsaß-Lothringen Bismarck, Moltke und Roon zu sehen. Bismarck legt den Grundstein zum Deutschen Reich. Das war historisch präzise, vielleicht aber langfristig von den Hohenzollern nicht allzu gern gesehen. So fällt doch auf, daß zur Feier der Vollendung des Gemäldezyklus, lange nach dem Tod Wilhelms I., kein Mitglied der Hohenzollernfamilie nach Goslar gereist ist. Die Selbstdarstellung des Deutschen Reiches und der Hohenzollern war nach zwanzig Jahren Arbeit an diesem Gemäldezyklus bereits andere Wege gegangen. Es wurden weniger komplexe, dafür publikumswirksamere Monumente geschaffen, wie das Kyffhäuserdenkmal, das mit viel weniger Einzelszenen auskommt. Der Goslarer Bildzyklus ist eine allegorische Umsetzung borussischer Geschichtsschreibung, mit großer Sorgfalt ausgearbeitet, aber letztlich zu schwierig, um eine anhaltende Breitenwirkung erzielen zu können.

Noch ein weiterer Aspekt kommt in den Bildern zum Ausdruck. Das in Zusammenarbeit mit dem preußischen Kultusministerium (Ministerium der geistlichen, Unterrichts- und Medizinal-Angelegenheiten) ausgearbeitete Bildprogramm zeigt deutliche Spuren des zu Beginn der Arbeiten ausbrechenden Kulturkampfes. Wislicenus, seinerseits auf preußisch-protestantischer Seite stehend, verlieh der Reformation im Bildprogramm erhebliches Gewicht. Dennoch ließ er keine wichtige Szene fort, weil sie in dieses Geschichtsbild nicht hineingepaßt hätte. So provozierte die vorgesehene Darstellung Kaiser Heinrichs IV. in Canossa heftige Emotionen. Der preußische Kultusminister Adalbert Falk, einer der führenden Köpfe im Kulturkampf, forderte von dem Maler, dieses Bild wegzulassen. Die Auseinandersetzung spitzte sich in dieser Weise zu, weil Heinrich IV. in der Goslarer Pfalz geboren worden ist. Die protestantisch-borussische Geschichtsschreibung verstand Canossa als eine Schmach für das deutsche Königtum und die Reichseinigung von 1871 als seine Wiedergutmachung. Wislicenus ließ sich aber nicht davon abhalten, die Höhen und Tiefen in der Geschichte deutscher Herrscher zu dokumentieren, er reduzierte das Ereignis allerdings zu einem kleinen Sockelbild unterhalb der großen Darstellungen. Hinter diesen Konflikten verbirgt sich der Sybel-Ficker-Streit, eine Fehde zwischen dem protestantisch-borussischen Historiker Heinrich von Sybel (1817–1895) und dem österreichischen Historiker Julius von Ficker (1826–1902) über die Bedeutung der mittelalterlichen Kaiserpolitik und ihr Verhältnis zum Papsttum.

20

Die deutschen Nationaldenkmäler

Das nationale Selbstverständnis der Deutschen kam im 19. Jahrhundert im öffentlichen Raum nirgendwo so anschaulich zum Ausdruck wie in den Nationaldenkmälern. Sie waren einerseits Teil der Architekturgeschichte, was sich an der Entwicklung ihrer Formen ablesen läßt, mehr noch waren sie aber Gestalt gewordene politische Vorstellungen. Sie sind Objekte der nationalen Selbstvergewisserung gewesen, und sie sollten politische Ideale vermitteln.

Im Lauf des 19. Jahrhunderts veränderte sich die Bedeutung der Nationaldenkmäler. Die Denkmäler aus der Zeit nach den Befreiungskriegen sahen anders aus als diejenigen der Jahrhundertwende. Die Reichsgründung 1871 markierte einen deutlichen Einschnitt, weil der in vielen Nationaldenkmälern bis dahin zum Ausdruck gebrachte Wunsch nach der deutschen Einheit nun Wirklichkeit war. Die deutschen Nationaldenkmäler sind von sehr unterschiedlichen Interessengruppen errichtet worden: Kommunen, Provinzen, Verbände – nur ganz wenige allerdings von Instanzen des Deutschen Reiches. Damit veranschaulichen die deutschen Nationaldenkmäler wie keine anderen Monumente den ideologischen Hintergrund, vor dem sich die politische Architektur des Kaiserreiches entwickelte.[4]

Das Hermannsdenkmal im Teutoburger Wald bei Detmold in Westfalen hat sich der kulturellen Erinnerung Deutschlands nachhaltig eingeprägt. Dazu mögen seine romantische Lage im Wald, vor allem aber auch sein ungewöhnlich breites Spektrum historischer Bezüge beigetragen haben (Abb. 4). Es erweckt Erinnerungen an die antike Geschichte, an die Reformation sowie an das Werden der deutschen Nation, und schließlich ist es mit der Verherrlichung des Germanentums verbunden worden. Die Schlacht im Teutoburger Wald, ein germanischer Sieg über römische Truppen (jetzt lokalisiert in Kalkriese bei Osnabrück), geriet zu einem Symbol für Auflehnung gegen Okkupation ganz verschiedener Art.[5]

So berühmt das Hermannsdenkmal auch geworden ist, so ist seine Entstehung verworren und einem Außenseiter zu verdanken. Der Bildhauer Ernst von Bandel (1800–1876) hatte bereits 1819 im Bewußtsein der Siege über Frankreich in den Befreiungskriegen mit den Vorbereitungen zu diesem Denkmal begonnen. Nach dem Baubeginn im Jahr 1837 mußte er jedoch bis zum Jahr 1875 für die Vollendung des Werkes kämpfen, die erst durch die Unterstützung des Deutschen Reiches

4 Hermannsdenkmal im Teutoburger Wald bei Detmold. Ernst von Bandel, vollendet 1875

und Kaiser Wilhelms I. gelang. Zum Zeitpunkt seiner Einweihung war es schließlich zum Zeichen der Einheit des Deutschen Reiches geworden.

Das Hermannsdenkmal zeigt die aus Kupfer getriebene Figur des Kriegers, der eigentlich Arminius hieß, auf einem hohen Steinsockel, der mit romanischen und gotischen Motiven gestaltet ist. Das hoch erhobene Schwert trägt die Inschrift: »Deutschlands Einigkeit meine Stärke, meine Stärke Deutschlands Macht«. Am Unterbau wurde eine Tafel mit dem Bild Wilhelms I. mit folgendem Text angebracht: »Der lang getrennte Stämme vereint mit starker Hand – der welsche Macht und Tücke siegreich überwand – der längst verlorene Söhne heimführt ins Deutsche Reich – Armin dem Retter ist er gleich«.

Nach den Befreiungskriegen wurde in vielen deutschen Ländern der Wunsch nach Denkmälern laut, die an die Befreiung von der Napoleonischen Herrschaft erinnern und zugleich das politische Ziel der Gründung eines deutschen Nationalstaats zum Ausdruck bringen sollten. Vieles davon konnte niemals realisiert werden, wie beispielsweise ein von Karl Friedrich Schinkel für Berlin entworfener Dom als Denkmalkirche. Anderes hat die Zeiten überdauert, wie die bayerische Befreiungshalle bei Kelheim an der Donau von Leo von Klenze. Die Reichsgründung im Jahr 1871 veränderte die Situation schlagartig. Sogleich plante eine im Rheinischen beheimatete Gruppe von Privatleuten und Kommunalpolitikern ein monumentales Denkmal zur Erinnerung an dieses Ereignis. Diese Initiative stützte sich auf Spenden, vermochte aber ohne einen kräftigen Zuschuß des Reiches das letztendlich 1,2 Millionen Mark teure Werk nicht zu vollenden. Der Standort gab dem Reichsgründungsdenkmal seinen Namen: der Niederwald bei Bingen am Rhein (Abb. 5).[6]

Der Errichtung des gut erhaltenen Niederwalddenkmales waren 1872 und 1873 zwei ergebnislose Wettbewerbe vorausgegangen, in deren Verlauf sich jedoch der Dresdener Bildhauer Johannes Schilling (1828–1910) als vielversprechender Künstler präsentieren konnte. Schilling erhielt den Auftrag und entwarf eine monumentale Germaniafigur aus Bronze auf einem Steinsockel mit Bronzereliefs. Am 16.9.1877 wurde in Anwesenheit des Kaisers der Grundstein gelegt. Wiewohl die Errichtung nahe der deutschen Westgrenze eine unverhohlene Anspielung auf den Sieg über Frankreich 1870/71 darstellte, zeigt das Denkmal doch keine in demonstrativer Weise aggressiv gegen den Nachbarn gerichteten Motive; der Blick der Figur ist, bedingt durch die lokale Geographie, über den Rhein, nach Südosten gerichtet. Die Feier der Enthüllung hatte Wilhelm I. auf den Tag der Eroberung der Stadt Straßburg festgelegt, den 28. September des Jahres 1883. Wilhelm I. reiste mit allen Bundesfürsten an, die Generalität und das Präsidium des Reichstages waren ebenfalls anwesend. Das Denkmal erhielt damit einen offiziellen Charakter. Nur Bismarck, der einerseits wenig Wert auf die Inszenierung nationaler Symbole legte und andererseits die nur untergeordnete Herausstellung des deutschen Kaisertums am Niederwalddenkmal bemängelte, hatte an der Einweihung nicht teilgenommen. Die (als Bildmotiv schon seit der römischen Antike bekannte) Germania war nun noch populärer geworden, sie zierte unter anderem 1900–1919 den »Blauen Hunderter«, einen berühmten deutschen Hundertmarkschein, und viele Berliner Reichsverwaltungsbauten sind mit Germaniafiguren über der Fassade gekennzeichnet worden.

Als Kaiser Wilhelm I. im Jahr 1888 hochbetagt starb, da zeigte sich, daß die junge Instanz des deutschen Kaisertums und die Person des Monarchen inzwischen eine recht breite Anerkennung gefunden hatten. Weit über 200 Kaiser-Wilhelm-Denkmäler waren nun errichtet worden. Einige von ihnen gehören heute zu den berühmtesten deutschen Nationaldenkmälern: die Kaiserdenkmäler auf dem Deutschen Eck und der Porta Westfalica. Beide sind von preußischen Provinzen errichtet worden; für viele andere, zumeist kleinere sind Städte verantwortlich gewesen. Heute sind die erhaltenen Kaiserdenkmäler in der Bundesrepublik Deutschland ungleich verteilt, denn im Gebiet der ehemaligen DDR gibt es fast keine mehr, das Berliner Kaiser-Wilhelm-Denkmal war bereits im Zweiten Weltkrieg zerstört worden.

Das Deutsche Reich ehrte seinen verstorbenen ersten Kaiser auf Beschluß des Reichstages mit einem offiziellen Denkmal auf der Berliner Schloßfreiheit gegenüber dem Eosanderportal, welches 1962 in die Fassade des Staatsratsgebäudes der DDR eingefügt worden ist (Abb. 6). 1889 war ein Wettbewerb ausgeschrieben worden, zu dem 147 Entwürfe eingereicht wurden; wenig später folgte ein zweiter, begrenzter Wettbewerb. Am ersten hatte sich der Berliner Bildhauer Reinhold Begas (1831–1911) nicht beteiligt, den zweiten nicht gewonnen. Dennoch erhielt er den Auftrag zur Ausführung nach seinem Entwurf, denn Kaiser Wilhelm II. setzte sich mit dieser Entscheidung über die Wettbewerbsergebnisse und die Wünsche des Reichstages eigenmächtig hinweg, weshalb das Denkmal nach seiner Vollendung mit viel Kritik bedacht worden ist.[7] Begas entwarf eine neubarocke Denkmal-

24

5 Nationaldenkmal auf dem Niederwald bei Bingen am Rhein. Johannes
Schilling 1877–1883

6 Berlin, Kaiser-Wilhelm-Nationaldenkmal auf der Schloßfreiheit. Reinhold Begas 1895–1897 (zerstört)

architektur mit einer halbkreisförmigen Kolonnade hinter dem Reiterstandbild. Das entsprach dem Geschmack des Kaisers, der für viele von der Schloßbauverwaltung in Berlin errichtete Bauten den Neubarock nach preußischen Vorbildern des 18. Jahrhunderts bevorzugt hatte. Auf den Eckpavillons der Säulenarchitektur standen Quadrigen als Personifikationen von Nord- und Süddeutschland. Neben Wilhelm I. stand ein Genius, während Bismarck, Roon oder Moltke nicht dargestellt worden sind – alles war auf die Person des Monarchen ausgerichtet, von dem Wilhelm II. gesagt hat, im Mittelalter wäre er heiliggesprochen worden.

Der berühmteste und meistbeschäftigte deutsche Denkmalarchitekt jener Zeit war Bruno Schmitz (1858–1916). In dichter Folge erhielt er die Aufträge für die Denkmäler auf dem Kyffhäuser, an der Porta Westfalica und auf dem Deutschen Eck und entwarf schließlich auch das Völkerschlachtdenkmal. Das Denkmal auf dem Kyffhäuser, einem Höhenzug südöstlich des Harzes, ist das größte der Kaiser-Wilhelm-Denkmäler (Abb. 7 u. 8). Initiator war der Deutsche Kriegerbund. (Etwa gleichzeitig mit der Errichtung des Denkmales haben die deutschen Kriegerverbände sich zum Kyffhäuserbund zusammengeschlossen.) Um den Kyffhäuser rankte sich seit langer Zeit eine Sage, der zufolge Kaiser Friedrich I. Barbarossa so lange in der hier befindlichen Barbarossahöhle ruhen würde, bis er das erneuerte deutsche Reich regieren könne (tatsächlich blieb die Leiche des während eines Kreuzzuges ertrunkenen Barbarossa in Kleinasien zurück). Wilhelm I. wird auf diesem Denkmal als der neue Barbarossa, analog zu seinem greisen Aussehen als »Barbablanca« inszeniert. Den im Jahr 1889 ausgeschriebenen Wettbewerb hatte Bruno Schmitz gewonnen.[8]

Am 10.5.1892 ist der Grundstein zum Kyffhäuserdenkmal gelegt worden, am 18.6.1896 wurde es kurz vor dem Denkmal auf der Porta Westfalica eingeweiht. Vor dem großen Turm des Denkmals steht noch heute die bronzene Reiterfigur Wilhelms I. von Emil Hundrieser (einem Schüler Siemerings), während in einem archaisierenden Untergeschoß der schlafend dargestellte Friedrich I. Barbarossa den Betrachter an die Sage erinnert. Bruno Schmitz schrieb über das Werk: »Ein

7 Kyffhäuser, Kaiser-Wilhelm-Denkmal des Kyffhäuserbundes. Bruno Schmitz 1892–1896

8 Kyffhäuserdenkmal, Kaiser Friedrich I. Barbarossa, darüber Reiterstandbild Kaiser Wilhelms I. »Barbablanca« von Emil Hundrieser

28

Erinnerungs- und Sieges-Denkmal der Nation, die Bethätigung des Dankes für den Gründer der deutschen Einheit – der Ausdruck der Wehrhaftigkeit und Größe des neuen deutschen Kaiserreiches.«[9]

Die bevölkerungsreiche preußische Provinz Westfalen, zu welcher der größere Teil des aufblühenden Ruhrgebietes gehörte, ehrte seinen König und Kaiser wie andere Provinzen auch mit einem großen Denkmal. In Westfalen entschied der Landtag im Jahr 1889 demokratisch über den Standort seines Provinzialdenkmales und wählte den Weserdurchbruch durch den Nordrand des Weserberglandes, die Porta Westfalica.[10] Den ein Jahr später veranstalteten Wettbewerb entschied Bruno Schmitz eindeutig zu seinen Gunsten. Schmitz hat eine Baldachinhalle aus Stein entworfen, unter der ein von Kaspar Zumbusch geschaffenes, eisernes Standbild des Kaisers aufgestellt wurde. Das Denkmal mit seiner großen Treppenanlage setzt einen weithin sichtbaren Akzent in der Landschaft; die landschaftsbezogene Wirkung von Nationaldenkmälern war auch in vielen anderen Fällen berücksichtigt worden. Am 18.10.1896 wurde es eingeweiht (Abb. 9).

Das Rheinland war auf Beschluß des Wiener Kongresses im Jahr 1815 als »Rheinprovinz« zu Preußen gekommen. Die mehrheitlich

9 Porta Westfalica bei Minden, Kaiser-Wilhelm-Denkmal der ehem. preußischen Provinz Westfalen. Bruno Schmitz, vollendet 1896

katholische Bevölkerung behielt jedoch stets ein ambivalentes Verhältnis zum brandenburgischen Stammland, dennoch errichtete gerade diese Provinz eines der größten Kaiser-Wilhelm-Denkmäler. Zunächst war dessen Standort (wie in vielen anderen Fällen auch) kontrovers diskutiert worden. Ein Höhendenkmal am Rhein oder eine Errichtung mitten in einer rheinischen Stadt wären alternativ in Frage gekommen; dahinter verbarg sich das große Interesse verschiedener Städte beziehungsweise Regionen, ein solch publikumswirksames Monument in ihrer Nähe haben zu wollen. Schließlich bestimmte Wilhelm II. das Deutsche Eck am Zusammenfluß von Rhein und Mosel in Koblenz, das seinen Namen lange vorher vom nahegelegenen Deutschordenshaus erhalten hatte, als Standort für das rheinische Provinzialdenkmal. Diese Entscheidung fiel im Jahr 1891. Anschließend ist ein (zweiter) Wettbewerb ausgeschrieben worden, aus dem Bruno Schmitz siegreich hervorging[11] (Abb. 10).

Bruno Schmitz schirmte die zwischen Mosel und Rhein liegende Landzunge zur Stadt hin mit einer wuchtigen Halbkreisarchitektur ab, in deren Zentrum ein Sockel in Formen einer monumentalisierten und abstrahierten Neuromanik errichtet wurde. Darauf wurde die von Emil

10 Koblenz, Deutsches Eck, Kaiser-Wilhelm-Denkmal der ehem. preußischen Rheinprovinz. Architektur von Bruno Schmitz, Bronzestandbild Wilhelms I. von Emil Hundrieser (jüngst rekonstruiert), vollendet 1897

11 Leipzig, Völkerschlachtdenkmal. Bruno Schmitz, vollendet 1913

Hundrieser geschaffene Reiterfigur des Kaisers gestellt. Die Rheinprovinz trug die hohen Kosten von 1,6 Millionen Mark allein. Am
31.8.1897 wurde das Denkmal unter Anwesenheit des regierenden Kaisers mit einem großen Fest mit abendlicher Beleuchtung der ganzen
Umgebung eingeweiht.[12] Die Reiterfigur ist im Zweiten Weltkrieg bis
auf den Kopf zerstört worden. Vor wenigen Jahren ist sie ausgehend von
einer Privatinitiative rekonstruiert worden, was eine heftige (und wahrscheinlich eine der letzten) politischen Diskussionen um die kaiserzeitlichen Nationaldenkmäler ausgelöst hat.

Die drei in dichter Reihenfolge von Schmitz geschaffenen Nationaldenkmäler eint ihre steinsichtige Erscheinung mit vereinfachten historistischen Stilformen, die an Neuromanik erinnern. Diese Formen hatten
sich im Jahrzehnt vor der Jahrhundertwende für deutsche Denkmal-
architekturen etabliert, sie sind noch ganz im Geschmack des späten
Historismus gestaltet. Doch bereits beim Denkmal auf dem Deutschen
Eck wird eine Schlichtheit und Monumentalität sichtbar, die auf
zukünftige Vorlieben vorausweist. Hier neigt sich die Rezeption historischer Formen sichtlich ihrem Ende entgegen, Bruno Schmitz trennte
sich schließlich beim Völkerschlachtdenkmal bei Leipzig fast vollständig
von ihnen (Abb. 11).

31

Im Jahr 1813 besiegten die vereinigten Armeen Napoleon bei Leipzig und errangen damit den entscheidenden Sieg am Ende der Befreiungskriege. Jahrzehntelang sind anschließend Denkmalprojekte für das Schlachtfeld erwogen worden, doch erst ein Jahrhundert später konnte das Völkerschlachtdenkmal genau über der Stelle errichtet werden, auf der Napoleon den Rückzug befohlen hatte.[13] Dieses gut erhaltene Nationaldenkmal besaß keinen offiziellen, staatlichen Charakter, es ging vielmehr auf eine Privatinitiative von Leipziger Bürgern zurück (was insofern etwas heikel gewesen ist, als Sachsen 1813 auf der französischen Seite gekämpft hatte). Der Architekt Clemens Thieme (1861–1945) gründete den »Deutschen Patriotenbund zur Errichtung eines Völkerschlachtdenkmales«. Die Bürger, die dieses Projekt steuerten und die notwendigen Gelder eintrieben, waren streng nationalistisch gesinnt, bemerkenswerterweise orientierten sie sich nur noch wenig an der Monarchie. Weder das Deutsche Reich noch der Kaiser waren an der Gestaltung beteiligt, vielmehr verließ Wilhelm II. die Einweihungsfeier am 18. Oktober 1913 vorzeitig aus Verärgerung darüber, daß die Festredner häufig über das Volk, nicht aber über den Kaiser gesprochen hatten. Am Denkmal findet sich keine Kaiserkrone. Hier kamen nationalistische Ultras zur Sprache, die chauvinistischer als die Regierung waren (eine Erscheinung, die sich keineswegs auf Deutschland beschränkte). Mit dieser nationalen Opposition werden völkische Tendenzen greifbar, wie sie Jahrzehnte später die deutsche Politik maßgeblich bestimmen sollten. Freimaurer haben in der Initiative zum Völkerschlachtdenkmal eine bedeutende Rolle gespielt, wie sich überhaupt das nationale deutsche Bürgertum in dieser Zeit vorzugsweise nicht nur in Logen, sondern auch in Vereinen organisiert hat.[14] Die Gesamtanlage des Leipziger Denkmals ist als Festplatz konzipiert, um den Veranstaltungen, in denen sich nationale Gruppierungen gern inszenierten[15], einen entsprechenden Rahmen zu geben.

Bruno Schmitz entwarf mit dem Leipziger Völkerschlachtdenkmal eines der größten jemals geschaffenen nationalen Monumente. Es erhebt sich über einem quadratischen Sockel und geht von einem monumentalen Kubus zu einem von Kriegern umstandenen Rundbau mit aufgesetzter Aussichtsplattform über. Seine archaisierenden Formen haben sich sehr weit vom historischen Stilzitat hinwegentwickelt. Es gibt nur vage Anklänge an die Architektur der Kulturen des alten Orients und Ägyptens. Im Unterschied zu Schmitz' älteren Kaiser-Wilhelm-Denkmälern kann man hier nicht mehr von einer archaisierenden Neu-

12 Leipzig, Völker-
schlachtdenkmal. Figuren
im Innenraum von Franz
Metzner

romanik sprechen. Der steinsichtige, teilweise bewußt nur grob behan-.
delte Granit suggeriert Urwüchsigkeit und galt vielen Betrachtern als
typisch deutsch. Die von Franz Metzner geschaffenen, überlebens-
großen Skulpturen der Krieger auf dem oberen Kranz sind ebenso wie
die personifizierten Allegorien im Innenraum, der Krypta, von einem
esoterischen Expressionismus geprägt[16] (Abb. 12). Eine relativ genau aus
der Geschichte der Architektur übernommene Form, in diesem Fall aus
der Spätantike, sind allein die halbkreisförmigen Fenster mit eingestellten, kapitellosen Stützen im Kubus des Denkmales, wie es sie an den
spätrömischen Thermen gibt. Es ging Schmitz aber gewiß nicht in erster
Linie um ein antikes Stilzitat, denn dieses Motiv ist zusammen mit der
radialen Gliederung des darüberliegenden Bogens viel mehr von Bauten
und Projekten des Klassizismus von Friedrich Gilly (1772–1800) oder
der sogenannten Revolutionsarchitektur Frankreichs inspiriert. Das ist
auch inhaltlich schlüssig, weil das Völkerschlachtdenkmal dem Gedenken an ein militärisches und politisches Ereignis aus dieser Epoche
gewidmet ist und die deutschen Nationalisten der Jahrhundertwende in
vielfältiger Weise auf die Zeit um 1800 Bezug nahmen.

33

13 Hamburg, Bismarckdenkmal. Hugo Lederer 1906

Urwüchsigkeit und Monumentalität, wie sie nach 1900 im Deutschen Reich von radikal gesonnenen Nationalisten gern mit Granit und
Eisen als Ausdruck nationaler Eigenheit eingesetzt worden sind, prägten ganz im Geist des Völkerschlachtdenkmales auch die zahlreichen
Bismarckdenkmäler, welche der Anzahl nach die Kaiser-Wilhelm-
Denkmäler bald hinter sich ließen[17] (Abb. 13). Als einer der wichtigsten
Architekten für Bismarckdenkmäler ist Wilhelm Kreis (1873–1955) zu
nennen. Sein Entwurf für ein Bismarck-National-Denkmal bei Binger-
brück am Rheinufer aus dem Jahr 1909[18], der Anklänge an das Theode-
rich-Grabmal in Ravenna verarbeitete, hat auf Schmitz' Völkerschlachtdenkmal offensichtlich eingewirkt. Der Tod des Fürsten Bismarck im

Juli 1898 löste ungezählte Denkmalinitiativen aus, an denen sich die deutschen Burschenschaften maßgeblich beteiligt haben. Es wurden Bismarcktürme und Feuersäulen aus Urgestein gebaut, die das ganze Land zeichenhaft und flächendeckend markierten. Wilhelm II., der Bismarck entlassen hatte, hat sich daran selbstverständlich nicht beteiligt, was nun aber zu einer Oppositionsbildung rechts vom Kaiser verstärkend beigetragen hat. Bismarck war um die Jahrhundertwende zu einer Identifikationsfigur für imperialistisches Machtstreben geworden. Als Initiatoren lassen sich überwiegend radikal nationalistische beziehungsweise völkische Kreise identifizieren, die mit dem geistigen Erbe und damit auch mit den Architekturformen der christlichen Spätantike sowie der Renaissance bewußt gebrochen haben.

Architekturhistorismus und Nationalismus

Das 19. Jahrhundert baute in historischen Stilformen. Beginnend mit Antike und Mittelalter wurden ihm nach und nach die baukünstlerischen Errungenschaften aller Epochen der europäischen Architekturgeschichte zu einem unerschöpflichen Reservoir an Vorbildern. Dieser Rückbezug auf Geschichte war einerseits so selbstverständlich, daß er zeitgenössisch keinen eigenen Namen hatte: Der Begriff »Architekturhistorismus« findet erst seit der Mitte des 20. Jahrhunderts Anwendung, während das 19. Jahrhundert selbst meist von der »Architektur der Stile« sprach. Insofern entwarfen die Architekten in der Epoche des Historismus nach Prinzipien, die dem Rückgriff der Architekten der Renaissance auf die Antike nicht unähnlich waren. Dennoch unterschied sich der Umgang des 19. Jahrhunderts mit den überlieferten Traditionen der Baukunst von allen vorangegangenen Zeiten in vieler Hinsicht, insbesondere das wissenschaftliche Vorgehen beim Erfassen des baulichen Erbes eröffnete der Architektur des Historismus neue Dimensionen. Wissenschaft und Baukunst näherten sich in einem bis dahin nicht gekannten Maße.

Das 19. Jahrhundert brachte eine folgenreiche Expansion der Geschichtswissenschaften. Im Zuge dieser Entwicklung mußte ein spontaner Umgang mit Geschichte, wie er in alter Zeit die Vergangenheit als einen Mythos auf die Gegenwart bezog, immer fragwürdiger erscheinen. Der Bruch mit einer vorwiegend mythisch und unreflektiert wahrgenommenen Geschichte hatte sich bereits im hohen Mittelalter angebahnt, und er war in der Mitte des 18. Jahrhunderts evident sowie vermutlich unumkehrbar geworden. Das historische Denken begann nun die Vergangenheit systematisch zu historisieren und hat sie letztlich vollständig relativiert. Jede geschichtliche Erscheinung und damit auch jeder historische Baustil war simultan verfügbar geworden. Im Zuge dieser Entwicklung verlor auch das Ideal von der überzeitlichen Schönheit seine allgemein anerkannte Gültigkeit. In der Architektur begann sich das Karussell der Stile zu drehen, ein auch nur halbwegs verbindlicher Kanon existierte nicht mehr. Die Zuordnung von Stilformen zu Bauaufgaben und/oder Ideologien war fast vollständig beliebig geworden. Aufgeklärte Wissenschaft hatte jahrhundertealte Traditionen aufgebrochen.

Die Moderne begehrte schließlich in radikaler Weise gegen den Historismus in der Architektur auf und versuchte mit dem Abschied von jeglicher historischer Form einen Schlußstrich unter dieses Kapitel der Architekturgeschichte zu ziehen. Dabei war es alles andere als Zufall, daß an den Wurzeln der Moderne eine mystische Strömung wirksam gewesen ist – man denke an die Kristallformen für sogenannte Kultbauten. Und bezeichnenderweise sah sich die Architektur der Stile nun immer wieder dem Vorwurf des Akademismus ausgesetzt.

Ungeachtet der im 19. Jahrhundert rasch fortschreitenden Relativierung der Geschichte fehlte es aber auch in der Epoche des Historismus nicht an Versuchen, neue Bedeutungen für architektonische Formen zu schaffen. Die Interpretation von Baustilen aus einer nationalen Perspektive ist eine der einflußreichsten Initiativen in dieser Richtung gewesen. Charakteristischerweise – und notwendig – kollidierte diese Indienstnahme von Vergangenheit immer wieder mit einem wissenschaftlichen Geschichtsverständnis und scheiterte letztlich daran.

Im Jahr 1772 veröffentlichte Johann Wolfgang von Goethe sein Büchlein »Von deutscher Baukunst«, worin er die Architektur des Straßburger Münsters als eine beispielhafte Leistung deutscher Kunst lobte. Das Elsaß gehörte in Goethes Zeit zu Frankreich, war aber noch immer stark von deutscher Kultur geprägt. In der ehemaligen Reichsstadt Straßburg gab es eine deutsche Universität, an der Goethe studiert hat. Der Titel des Büchleins verdeutlicht die Schwierigkeiten einer retrospektiven nationalen Zuordnung eines Baustiles, denn es läßt sich gerade in Straßburg nicht mit einem Wort sagen, welchem Kunstraum die Architektur der Kathedrale zugeordnet werden soll. Während an den älteren romanischen Teilen Einflüsse von Bauten aus dem Osten, im Heiligen Römischen Reich aufscheinen, ist das um 1235 begonnene

36

Langhaus der französischen Kathedralgotik verpflichtet, es ist reinstes »opus francigenum« im Rayonnant-Stil. Ähnlich war es in Köln, das außer von 1794 bis 1815 nicht zu Frankreich gehört hatte, während die Architektur des hochgotischen Domchores direkt von der Kathedrale in Amiens abhängt. Es zeigt sich also: Der Begriff der »Nation«, der im Zeitalter von Aufklärung und Romantik seine bis heute gültige Ausprägung erhalten hat, ist nicht dazu geeignet, europäische Kunst und Geschichte des Mittelalters stilistisch zu ordnen.

Zu den erstaunlichsten Erscheinungen des 19. Jahrhunderts gehört, daß die Sprengkraft dieses Konfliktes zunächst kaum wahrgenommen worden ist. Das verwundert um so mehr, als doch diese Epoche das historische Wissen in nie gekannter Weise vermehrt hat. Gewiß handelte es sich dabei um keine in jeder Hinsicht stringente Entwicklung, denn an Geschichte werden ja zu allen Zeiten nicht nur wissenschaftliche Interessen gerichtet, aber offensichtlich ist diese Problematik anfänglich auch deshalb nicht gesehen oder verdrängt worden, weil es bei der Beschäftigung mit der Vergangenheit auch noch um etwas ganz anderes ging: um die Legitimation des nationalen Selbstverständnisses aus der Vergangenheit heraus. Mit der Kunstgeschichte vergleichbare Prozesse liefen noch viel nachdrücklicher in den Geschichtswissenschaften ab. Besonders einflußreich war die preußische, beziehungsweise borussische Geschichtsschreibung, denn sie widmete sich nachdrücklich der Aufgabe, aus der Geschichte heraus die besondere politische Rolle Preußens zu verdeutlichen. Die Historiker Heinrich von Sybel (1817–1895) und Heinrich von Treitschke (1834–1896) etwa suchten lange vor 1871 in der preußischen Geschichte nach Argumenten für eine Untermauerung der »deutschen Aufgabe« beziehungsweise dem »Beruf« Preußens.

Die Gotik galt in den deutschen Ländern um 1800 als deutsche Kunst. Die ersten neugotischen Bauten sind bereits in der Mitte des 18. Jahrhunderts errichtet worden; beispielsweise das Nauener Tor in Potsdam 1755. Englische Landschaftsgärten mit malerischen Bauten in gotischen Formen hatten dafür wichtige Anregungen geliefert. Die Neugotik avancierte schließlich weit über den Kirchenbau hinaus zum dauerhaftesten Stil des Historismus in der Architektur – wenn sie auch nicht die Mehrzahl der historistischen Bauten stellt. Ihre vorerst letzte Wirkung erzielten gotische Formen schließlich erst im 20. Jahrhundert in der Architektur des Expressionismus. Die Vorstellung vom deutschen Ursprung der Gotik war jedoch falsch, denn der gotische Stil ist im französischen Kronland entwickelt worden. Die deutschen Neugotiker konnten sich aber nur schwer von dieser Auffassung trennen, weil mit dem gotischen Stil zu Beginn des 19. Jahrhunderts eine besondere Vaterlandsliebe – wie es damals selbstverständlich hieß – assoziiert worden ist.

Mit der Gotik verbanden sich aber nicht nur politische, sondern auch religiöse Vorstellungen. Das Mittelalter begriffen die christlichen Kirchen des Westens im 19. Jahrhundert als eine Epoche, in der die christliche Religion noch unbezweifelte Gültigkeit besessen habe. Deshalb brachen in die Stildiskussionen auch konfessionelle Konflikte vehement hinein. Viele Katholiken verstanden die Gotik als »ihren« Baustil, weil er erst mit dem Reformationszeitalter seine Vormachtstellung und allgemeine Akzeptanz verloren hatte. Vor allem der Katholizismus des Rheinlandes verstand die Gotik als den christlichen Baustil schlechthin. Die zahlreichen neugotischen Kirchenbauten im Erzbistum Köln zeugen noch heute davon. Der Jurist August Reichensperger (1808–1895), großdeutsch gesinnter Katholik, Kunstkritiker und Reichstagsabgeordneter für das Zentrum, erwies sich als einer der unermüdlichsten Kämpfer in dieser Sache. Er wollte sogar den Reichstag in neugotischen Formen errichten lassen und entfachte in dieser Angelegenheit mit Leidenschaft Diskussionen, doch konnte er sich mit seinen Ansichten nicht durchsetzen. Die Neubauten in London und Budapest zeigen aber, daß die Neugotik grundsätzlich sehr wohl als Architektur für Parlamentsbauten geeignet gewesen ist (Abb. 41 u. 42).

Die Protestanten hatten etwas größere Mühe, den (neu-)gotischen Baustil für ihre Kirchen zu legitimieren. Dennoch entstanden auch zahlreiche protestantische Gotteshäuser in neugotischen Formen. Im »Eisenacher Regulativ« von 1861 wurde den protestantischen Gemeinden die Neugotik sogar nachdrücklich als geeigneter Baustil empfohlen. Einer der größten neugotischen Kirchenbauten Europas beweist, daß konfessionelle Zuordnungen von Neostilen, wenn überhaupt, nur begrenzt möglich sind: die evangelische Nikolaikirche in Hamburg, 1845–1874 von George Gilbert Scott (1811–1878) errichtet. Dieser (nur noch als Ruine erhaltene) Bau orientierte sich streng an der französischen Kathedralgotik. Im Unterschied zur frühen Neugotik, die nicht selten, wie bei Karl Friedrich Schinkel (1781–1841), mit dem Klassizismus verschmolz, hatte hier historische Präzision bis in die Details den Vorrang vor einer freien Gestaltung. Kritiker brachten angesichts solcher Bauten das abfällige Wort von der »Reißbrettgotik« in Umlauf.

38

Die Begeisterung des 19. Jahrhunderts für das Mittelalter ließ schließ- *Romanik* lich den zweiten Stil der Epoche wiederaufleben: die Romanik. Als Neuromanik erlebte dieser Baustil allerdings seine große Beliebtheit deutlich später als die Neugotik, nämlich erst ab etwa 1890. Die Neuromanik war trotzdem nicht voraussetzungslos entstanden. Die Rheinromantik hat eine Orientierung an den Formen rheinischer Hochromanik gefördert. Und nicht zuletzt hat der preußische Rundbogenstil eine architektonische Basis für die Neuromanik geschaffen. Die Neuromanik galt kurz nach 1890 als aussichtsreichster Kandidat für einen deutschen Nationalstil. Auf diese Entwicklung hat Wilhelm II. großen Einfluß genommen.

Neugotik und Neuromanik provozierten schon zeitgenössisch ein reiches Schrifttum und ungezählte Auseinandersetzungen über ihre vermeintlichen nationalen Ursprünge. Ein ganz anderer Stil ist dagegen viel weniger kontrovers diskutiert worden: die Neurenaissance. *Neurenaissance* Dennoch war dies der Baustil, der den quantitativen Hauptanteil an der Architektur des Historismus hat. Gottfried Semper (1803–1879) war einer der maßgeblichen deutschen Architekten dieser Richtung. Seine frühen Dresdner Bauten, wie das 1838–1841 errichtete erste Hoftheater, zeigten große Wirkung; sein Verlust durch Brand im Jahr 1869 war auch im Ausland bedauert worden. Die Neurenaissance orientierte sich an der Renaissancearchitektur Frankreichs und mehr noch Italiens. Dieser Baustil war in allen europäischen Ländern und in Amerika beliebt: Er war von internationaler Gültigkeit. Das liberale Bürgertum identifizierte sich in Deutschland mit diesem Baustil in einem hohen Maße, nicht zuletzt deshalb errichtete man die große Mehrzahl der Wohnbauten der Gründerzeit im Stil der Neurenaissance.

Die politische Epoche des Deutschen Kaiserreiches, die von 1871 bis 1918 dauerte, besitzt keine Deckungsgleichheit mit einer Epoche der Architekturgeschichte. Das Jahr 1871 ist ein politisches Datum, das die Frage nach der Selbstdarstellung des Deutschen Kaiserreiches in seinen Bauten eröffnet. In der Architekturgeschichte findet sich kein zeitgleiches Ereignis von besonderer Bedeutung; der Historismus in der Architektur war zum Zeitpunkt der Reichsgründung noch lange nicht an sein Ende gekommen. Neurenaissance und Neubarock erfreuten sich vor und nach diesem Datum großer Beliebtheit. Eine deutlichere – gewiß gleitende – Zäsur bilden dagegen die Jahre um 1890, denn jetzt verlor der stiltreue Historismus an Einfluß, Tendenzen zur Vereinfachung, auch zur Monumentalisierung setzten sich zunehmend durch. Die nach 1890

internationale Neurenaissance verlor an Boden. Die Neuromanik und eine Neurenaissance nach deutschen Vorbildern des 16. Jahrhunderts gewannen in Deutschland größere Bedeutung. Damit begann die Zeit einer an regionalen Bautraditionen orientierten Architektur; der Heimatstil hat in Deutschland den Löwenanteil an diesem Schaffen. Mehrere Architekten griffen nach der Jahrhundertwende schließlich auf den romantischen Klassizismus des frühen 19. Jahrhunderts zurück, der bald in den Neoklassizismus münden sollte. Außerdem entstanden nun erste Werke, die auf die Moderne vorauswiesen. Nach dem Ersten Weltkrieg begann schließlich die weltweite Erfolgsgeschichte der Architektur der Moderne, dennoch bedeutete auch das Ende des Deutschen Kaiserreiches im Jahr 1918 keinen epochalen Einschnitt in der Geschichte der Architektur.

Architektur und nationale Identität im Deutschen Kaiserreich

In allen Epochen der europäischen Geschichte ist auf bestimmte Bauformen zum Zweck politischer Selbstdarstellung zurückgegriffen worden. Beispielsweise durch Karl den Großen mit dem Zentralbau der Aachener Pfalzkapelle, der nach Vorbildern der Spätantike errichtet wurde.[19] Im Zeitalter der bürgerlichen Nationalstaaten veränderte sich der Gebrauch von historischen Architekturformen als Mittel staatlicher Repräsentation, statt ausgewählter Bauformen sind nun historische Baustile in toto für die öffentliche Selbstdarstellung von Nationen in Anspruch genommen worden. Aus dem politisch motivierten Einzelzitat von Herrschaftsarchitektur wurde eine Grundsatzfrage mit breiter Auswirkung auf das gesamte Architekturgeschehen. Ihr kam eine besondere Beachtung zu, weil es keine durch lange Tradition legitimierten Konventionen für die Staatsbauten der bürgerlichen Nationalstaaten gegeben hat. Die das gesamte architektonische Schaffen des 19. Jahrhunderts beherrschende Frage »In welchem Style sollen wir bauen?« (Heinrich Hübsch 1828) stellte sich darum bei der Errichtung politischer Gebäude in einer ganz spezifischen Weise.

Der Historismus in der Architektur kannte jedoch keine eindeutigen ideologischen oder politischen Bedeutungen bestimmter Baustile. Simple Gleichungen, wonach die Gotik als katholisch oder die Romanik als deutsch zu verstehen sei, gingen bei näherem Hinsehen nicht auf. Sooft derlei Zuschreibungen im Kontext politischer oder konfessionel-

40

ler Auseinandersetzungen auch erfolgten, den aufmerksamen Zeitgenossen blieb die mangelnde Plausibilität solcher Simplifizierungen nicht verborgen. Bei einem Baustil wie der Neurenaissance, die in ganz Europa, in Amerika und darüber hinaus beliebt gewesen ist, schied eine national orientierte Interpretation der Stilformen von vornherein aus. Die Zugehörigkeit von politischer Architektur zu einem Nationalstaat mußte darum über den Baustil hinausgehend durch Zeichen zum Ausdruck gebracht werden. Dementsprechend wurden politische Bauten im Zeitalter der bürgerlichen Nationalstaaten viel häufiger als in den vorangegangenen Jahrhunderten mit Symbolen versehen. Das gilt auch für die Staatsbauten des Deutschen Kaiserreiches.

Das wichtigste offiziell anerkannte Zeichen des Deutschen Reiches ist das Reichswappen gewesen (Abb. 14). Von ähnlichem Rang war die Kaiserkrone.[20] Erstaunlicherweise ist die Kaiserkrone aber nur verbindlich entworfen, nie dagegen ausgeführt worden. Als ein heraldisches Zeichen zierte sie Geldscheine, Briefköpfe, Bücher, Denkmäler usw. Sie bildete auch den krönenden Abschluß der ehemaligen Reichstagskuppel. Andere Zeichen blieben lange Zeit unverbindlich. So hat es keine Nationalhymne gegeben, man sang statt dessen »Heil dir im Siegerkranz« – nach derselben Melodie nach der auch die Briten und die Belgier ihre Hymne gesungen haben beziehungsweise singen. Als halboffizieller Nationalfeiertag galt der »Sedantag«, der an die Kapitulation der

14 Das Deutsche Reichswappen.
Offiziell legitimierte Gestaltung
mit Kaiserkrone

französischen Hauptarmee und die Gefangennahme Napoleons III. am 2. September 1870 erinnerte. Eine Reichsflagge in den Farben Schwarz-Weiß-Rot ist erst 1892 verbindlich eingeführt worden.

In dem anfangs etwas unbeholfenen Ringen um nationale Symbole für das Kaiserreich reichten Paläontologen einen bemerkenswerten Vorschlag für ein Staatswappen ein: Vor etwa 230–240 Millionen Jahren erstreckte sich im heutigen Mitteleuropa ein weitgehend abgeschlossenes Meer, das Germanische Muschelkalkmeer beziehungsweise Germanische Binnenmeer (auch als mitteleuropäisches Ceratitenmeer bezeichnet). Seine Ausdehnung entsprach ungefähr den Grenzen des Deutschen Reiches von 1871. Die Fachleute für die Urzeit wollten deshalb das Leitfossil der Sedimente dieses Meeres zum Wappentier des Reiches erheben: Ceratiten, eine Ammonitenform, die recht häufig in den Ablagerungen des Germanischen Muschelkalkmeeres gefunden wird.[21]

Große Popularität erlangte im Kaiserreich die nicht offiziell legitimierte Figur der »Germania«, die einen prominenten Platz auf dem Niederwalddenkmal eingenommen hatte. Mehrere Häuser für die Reichsämter in Berlin sind mit Germaniafiguren auf den Dachgesimsen als Reichsbauten kenntlich gemacht worden: das Reichstagsgebäude, das Reichsamt des Inneren (vorher Reichskanzleramt), das Reichsschatzamt und das Reichsbankgebäude in der Jägerstraße. Andere Bauwerke wurden durch das Reichswappen als Staatsbauten ausgewiesen. Ohne solche Zeichen wäre der öffentliche Charakter der Gebäude dem Betrachter nicht deutlich geworden. Selbst das Reichstagsgebäude war anhand seiner Form nicht als Sitz des Parlamentes zu erkennen. Ohne die Wappen über den Eingängen, ohne die Kaiserkrone auf der Spitze der Kuppel hätte es auch ein »Justizpalast« sein können (bis heute gibt es übrigens weltweit keine spezifische Bauform für ein Parlament).[22]

Die wenigen anerkannten Symbole aus der Zeit des Deutschen Kaiserreiches gerieten jedoch bald in Vergessenheit. Im Jahr 1918 hatte sich die Aufgabe der Entwicklung von Symbolen für diesen Staat erübrigt. Die Weimarer Republik wiederum existierte zu kurz, um sich ein Repertoire anerkannter Zeichen verschaffen zu können. Und was im Nationalsozialismus in dieser Hinsicht geschah, das hat eine völlig andere Dimension, vor allem brachen die entsprechenden Bemühungen bewußt mit der Kaiserzeit. So hat das 1871 gegründete und 1945 untergegangene Deutsche Reich kaum Gelegenheit gehabt, gleichermaßen populäre wie über seine ganze Geschichte verbindliche Symbole zu schaffen. Nach 1945 verpflichtete sich die Bundesrepublik Deutschland schließlich zu großer Zurückhaltung hinsichtlich staatlicher Selbstdarstellung, war den Politikern der Nachkriegszeit doch immer auf schmerzliche Weise bewußt gewesen, welche unheilvolle Macht von Symbolen ausgehen kann. Die Deutsche Demokratische Republik wählte eigene Zeichen, die sich von denen der Bundesrepublik unterschieden, aufgrund der Auflösung des Staates aber ihre Bedeutung verloren. Auch die Bundesrepublik Deutschland besitzt bis heute nur sehr wenige verbindliche Symbole, wie die Bundesflagge, die bereits von den Revolutionären 1848 getragen worden ist. Das insgesamt ambivalente Verhältnis weiter Teile der Gesellschaft zu staatlichen Symbolen ist – angesichts der jüngeren deutschen Geschichte nicht verwunderlich – noch immer spürbar.[23]

Die Mittel staatlicher Selbstdarstellung – seien es nun Symbole, Denkmäler oder ausgewählte Bauten – haben ihre spezifische Bedeutung im Prozeß der Festigung nationaler Identität. Die Ursachen und Wege der Herausbildung nationaler Identitäten wurden in den vergangenen Jahren intensiv untersucht.[24] Der Begriff »Identität« ist inzwischen allerdings durch Gebrauch in unterschiedlichsten Zusammenhängen unscharf geworden. Ursprünglich beheimatet in der Soziologie und der Psychoanalyse fand er zunächst Verbreitung in Fächern wie der Ethnologie. Auch die historische Forschung befaßt sich seit Jahrzehnten mit dieser Thematik, bevorzugt mit der »kulturellen Identität«. Hinzu kommen jetzt fächerübergreifende Arbeiten zum historischen Bewußtsein.[25] Insofern wird die aktuelle politische Diskussion über die deutsche Identität vor einem vielfältigen wissenschaftlichen Hintergrund durchgeführt, mit dem sie unentwirrbar verbunden ist (und umgekehrt). Dabei handelt es sich um eine internationale Erscheinung, die auch im Zusammenhang mit der seit den späten 1980er Jahren zunehmenden Wertschätzung regionaler Traditionen steht, die nicht selten gegen staatliche Großstrukturen gerichtet ist.

Im Zusammenhang mit der Identitätsforschung spielen nicht nur soziologische und psychologische, sondern auch anthropologische Aspekte eine große Rolle. Für die Kulturanthropologie liegt es angesichts ihrer Forschungen in außereuropäischen Kulturen auf der Hand, daß ethnische Identitätsbildung vergangenheitsorientiert ist.[26] Vergleichbare Prozesse lassen sich im Prinzip, wenn auch in viel komplexerer und reflektierter Form, in den europäischen Nationalstaaten des 19. Jahrhunderts wiedererkennen, denn der Rückbezug auf Geschichte diente hier ganz offensichtlich der Stabilisierung des nationalen Selbstverständnisses, der Bildung und Stärkung von Identität. Selbst die Geschichtswissenschaften, die ihrem Selbstverständnis nach einem solchem Vorgehen prinzipiell entgegenarbeiten, haben sich in dieser Sache teilweise instrumentalisieren lassen.

Als bedeutender Faktor nationaler Identitätsbildung erweist sich im 19. Jahrhundert die Pflege des historischen Erbes der Architektur. Die Denkmalpflege erhielt, wenn auch nicht den einzigen, so doch einen ihrer stärksten Impulse aus der Identitätssuche der bürgerlichen Nationalstaaten. Georg Dehio, einer der Altväter deutscher Kunstgeschichte, sagte in einer Festrede an der Kaiser-Wilhelm-Universität in Straßburg anläßlich des Kaisergeburtstages 1905: »Wir konservieren ein Denkmal nicht, weil wir es für schön halten, sondern weil es ein Stück unseres nationalen Daseins bildet.«[27] Damit sind ästhetische Auswahlkriterien für Baudenkmäler zugunsten von politischen zurückgedrängt worden. In der Sammlung der preußischen Gesetzesbestimmungen zum Denkmalschutz (wie heute handelte es sich um eine Aufgabe der Bundesländer) hieß es 1908 unter dem Stichwort »Zweck der Denkmalpflege«: »Nationales Empfinden, vaterländische Gesinnung, Liebe zur Heimat sollen an den stummen Zeugen ruhmvoller Zeiten geweckt, gebildet und zu begeisterter Huldigung für die Taten unserer Vorfahren geführt werden.«[28] Die Begeisterung für das Mittelalter, seine Könige und seine Kaiser fand ihren Niederschlag in der sorgfältigen Konservierung und gegebenenfalls Rekonstruktion der wichtigsten Monumente dieser Epoche, wie der sogenannten Kaiserdome am Rhein in Speyer, Mainz und Worms sowie vieler anderer romanischer oder gotischer Kirchen.[29] Demonstrative politische Zeichen sind mit den Restaurierungen der Marienburg in Danzig und der Hohkönigsburg im Elsaß – an der Ost- und an der Westgrenze des Reiches – gesetzt worden. Durch die Denkmalpflege, deren Institutionalisierung im frühen 19. Jahrhundert begann und in Preußen bereits in der Jahrhundertmitte ein hohes Niveau erreichte, sind bestimmte Bauten ausgewählt worden, um sie nicht nur der Nachwelt zu erhalten, sondern als herausragende Zeugnisse ruhmvoller Vergangenheit auch der Gegenwart vor Augen zu führen.

Nicht nur nationale Symbole und historische Monumente, sondern auch neu errichtete, politische Gebäude können zeichenhafte Bedeutung in einem politischen Kontext erhalten. Hier ist die Situation aber weit komplexer und uneindeutiger als bei Objekten, denen ein zeichenhafter Charakter absichtsvoll verliehen wird: Öffentliche Architektur von Staaten, und um solche geht es in diesem Zusammenhang, hat zunächst einen repräsentativen und nicht sogleich einen symbolhaften oder im engeren Sinne identitätsstiftenden Charakter. Dennoch ist der Gebrauch von Kriterien, wie sie im Rahmen der Auseinandersetzung mit Nationaldenkmälern und nationalen Symbolen in Ansatz gebracht werden, auch hinsichtlich politischer Architektur sinnvoll: Welche Vorstellungen waren mit der Auswahl eines bestimmten Baustils verbunden? Diente die Architektur der Staatsbauten des Deutschen Kaiserreiches absichtsvoll der nationalen Identitätsbildung? Ist ihnen gar eine erzieherische Wirkung zugemessen worden?

Hier stellt sich sogleich ein methodisches Problem: die Beweisführung. Es läßt sich nicht umfassend feststellen, welche Assoziationen bestimmte Architekturformen in den Betrachtern ausgelöst haben. Als Quellenmaterial besitzen wir im Zusammenhang mit der Architektur des 19. Jahrhunderts noch die architekturtheoretischen Äußerungen, die sich mehrheitlich in den offiziellen Bauzeitschriften finden. Hinzu kommen Berichte über Neubauten, außerdem Kritiken zu neuen Bauwerken in der freien Presse. Diese Texte wimmeln geradezu von ideologischen Äußerungen zu Stilformen – nur sind sie leider völlig unübersichtlich. Kein Stil läßt sich anhand dieser Äußerungen auf einen ideologischen Nenner bringen. Offensichtlich ist zunächst allein, daß mit bestimmten Baustilen spezifische Vorstellungen verbunden sein konnten – aber nicht selbstverständlich verbunden waren. Die Auswertung der zeitgenössischen Architekturkritik stößt außerdem an soziologische Grenzen, denn ein umfassendes Wissen über die Bedeutung von Architektur ist lange Zeit auf eine schmale gesellschaftliche Schicht begrenzt gewesen. Soweit es ihre künstlerische Gestaltung anbelangt, blieb Architektur im Laufe der Geschichte weitgehend eine Angelegenheit der oberen Schichten. Erst im 18. und 19. Jahrhundert trat die obere Mittelschicht hinzu, aus der übrigens zahlreiche Architekten hervorgingen. Von daher beschränkten sich die Auseinandersetzungen um Stilfragen in der Architektur auch im 19. Jahrhundert auf einen Kreis von Gebildeten. Selbst die Presseveröffentlichungen anläßlich spektakulärer Neubauten spiegelten die öffentliche Meinung gewiß nicht vollständig wieder. Wir wissen gar nicht, wie die Architektur maßgeblicher Gebäude oder wie bestimmte Stilformen auf die untere Mittelschicht und die Unterschicht gewirkt haben. Das wird sich auch nur schwer erfassen lassen, und es ist bisher nicht einmal ein Versuch in dieser Richtung unternommen worden. Die im historisch-kritischen Verfahren

45

ausgewerteten, schriftlich überlieferten Reaktionen auf bestimmte Bauten gehören darum fast ausschließlich einem Kreis von Fachleuten und Kennern zu. Dieser Kreis ist allerdings im Verlauf des 19. Jahrhunderts beständig größer geworden. Mit steigendem Bildungsstand haben immer mehr Bürger Anteil an Kultur und Architektur genommen. Das spiegelte sich in der Entwicklung des Bauwesens wider: Mit den gründerzeitlichen Wohnquartieren des ausgehenden 19. Jahrhunderts erreichte das Formenrepertoire der Herrschaftsarchitektur von Renaissance und Barock schließlich auch breite Bevölkerungsschichten.

Ein vergleichbarer Prozeß läßt sich an der Entwicklung von Begriff und Vorstellung »Nation« von der zweiten Hälfte des 18. bis zum Beginn des 20. Jahrhunderts ablesen.[30] Anfangs beschränkte sich das Engagement für den Nationalstaat auf eine Elite. Erst Jahrzehnte später identifizierten sich breite Bevölkerungsschichten mit »ihren« Nationalstaaten, die ihrerseits unbedingt der Zustimmung ihrer Bürger bedurften. Dieser Prozeß ist auch durch die Einführung des Wahlrechts verstärkt worden. Nach langer Überzeugungsarbeit war es schließlich gelungen, ein ganz natürliches, positives Empfinden für Herkunft und Heimat, das sich in den Jahrhunderten zuvor auf die unterschiedlichsten Regionen gerichtet hatte, an ein übergeordnetes – und im Vergleich doch sehr theoretisches – Bezugssystem zu koppeln: die Nation. Eric Hobsbawm hat den Vorgang, einem Gedankengang von Ernest Gellner folgend, wie folgt zugespitzt: Erst kommt der Nationalismus, dann die Nation.[31] In Frankreich war dieser Prozeß viel schneller vorangekommen als in Deutschland, denn der französische Absolutismus und die Revolution sind wichtige Vorstufen und Schrittmacher der Etablierung der bürgerlichen Nationalstaaten gewesen. Wenn die Herausbildung eines Nationalstaates als Maßstab für politischen Fortschritt genommen wird, dann offenbart sich für Deutschland im 19. Jahrhundert eine Rückständigkeit, die aus der Geschichte der deutschen Länder resultierte.

In dem im 18. Jahrhundert beginnenden Prozeß der Etablierung bürgerlicher Nationalstaaten sind die deutschen Länder in mehrfacher Hinsicht mit einer spezifischen Situation konfrontiert gewesen. Der Untergang des Heiligen Römischen Reiches im Jahr 1806 bedeutete den Verlust einer Zentralinstanz. Die politische Situation der deutschen Länder hat darum bis 1871 den Eindruck eines dringenden Veränderungsbedarfes vermittelt. Aber schon das Heilige Römische Reich hatte nicht den Kriterien von Nationalstaatlichkeit entsprochen, wie sie Frankreich und England in fortschrittlicher Weise ausgebildet hatten. Die deutsche

Geschichte war in einigen entscheidenden Faktoren anders verlaufen; aus mehreren Gründen war das Land weder bis 1806 noch bis 1871 zu einem zentral organisierten Staat geworden, und auch mit der Reichsgründung war der Prozeß der Bildung einer stabilen nationalen Identität nicht sogleich an sein Ziel gekommen. Das Zusammenwachsen der Länder, der Gesellschaftsschichten und (charakteristisch für die deutsche Situation) der Konfessionen ist ein mühseliger Prozeß gewesen. Zum Zeitpunkt der Jahrhundertwende konnte er dann als weitgehend abgeschlossen gelten.

Der deutsche Nationalismus der Zeit um 1900 zeigte eine eigentümliche Besonderheit: Er berief sich noch einmal auf das Gedankengut der Romantiker aus der Zeit der Befreiungskriege. Als ein Beispiel sei Johann Gottlieb Fichte (1762–1814) genannt: Fichte, anfangs Student der Theologie – typisch für eine deutsche bürgerliche Karriere im frühen 19. Jahrhundert – und schließlich einer der wichtigsten deutschen Philosophen des Idealismus, hatte 1807/1808 seine »Reden an die deutsche Nation« gehalten. Als Buch erschienen sie bei Reclam bis weit nach 1900 in zahlreichen Auflagen. Die »Reden« bilden nur einen von vielen Texten, die der Vollendung der nationalen Einheit das Wort redeten und welche dem Nationalismus auch noch nach der Gründung des Deutschen Reiches Kraft zugeführt haben. Die hier sichtbar werdende Entwicklung des Nationbegriffes von einer Elite hin zu einer Vorstellung für die Massen hat allerdings ihre Spuren hinterlassen. Der Nationalismus des Jahres 1813 unterscheidet sich von demjenigen der Zeit um 1900; aber auch der Nationalismus der nationalliberalen Reichsgründungsära besitzt ein von diesen Epochen abweichendes Profil.

Um die Jahrhundertwende stand der deutsche Nationalismus in höchster Blüte und entfaltete eine große Breitenwirkung. Das Gedankengut der romantischen Nationalisten fand nun in arg verwässerter Form über die Bücher der sogenannten »Kulturphilosophen«, die sich als Pädagogen einer nationalen Erziehung verstanden, weite Verbreitung. Viel gelesen wurde Julius Langbehn (1851–1907), der »Rembrandtdeutsche«, der in einer Epoche des rationalistischen Naturalismus einen aus der deutschen Romantik abstrahierten Irrationalismus favorisierte und damit großen Erfolg hatte.[32] Auch Paul de Lagarde (1827–1891) kann hier genannt werden. Einfluß gewann auch der von dem 1882 verstorbenen, französischen Rassetheoretiker Joseph Arthur Gobineau beeinflußte Houston Stewart Chamberlain (1855–1927), aus dessen nationalistischen bis völkisch-mystischen Büchern Wilhelm II. längere

Zeit seinen Hofdamen vorgelesen hatte. Chamberlains »Grundlagen des 19. Jahrhunderts« waren ein Bestseller.[33] Diese Pseudowissenschaft geriet in ihrer extremsten Form zu einer rasseideologischen Ersatzreligion für ein von aufgeklärter Wissenschaft enttäuschtes Publikum. Der solchermaßen aufgeladene Nationalismus zeigte sich zugleich von einem tief sitzenden Kulturpessimismus bestimmt, der den Verlust älterer, traditioneller Bindungen an Regionen oder auch Konfessionen bitter beklagte. Innovationswille und bisweilen geradezu regressiver Konservatismus gerieten damit in ein zunehmend gefährliches Spannungsverhältnis.

Um die Wende zum 20. Jahrhundert war der Nationalismus in der westlichen Welt zu einer geradezu selbstverständlichen Haltung gegenüber dem Staat geworden, mit der sich weite Bevölkerungsteile – nicht nur – in Deutschland identifizierten. Wie anders ließe sich die (allerdings nur kurzzeitig aufflammende) Kriegsbegeisterung im August 1914 erklären, in deren Verlauf sich viele Männer freiwillig zum Dienst für das »Vaterland« meldeten. Darüber kann leicht in Vergessenheit geraten, daß der heute so selbstverständlich – und auch erschreckend – erscheinende, die gesamte Bevölkerung eines Landes einbeziehende Nationbegriff erst ein Resultat politischer Entwicklungen des 18. Jahrhunderts gewesen ist (mit Wurzeln im späten Mittelalter). Gerade seine relative Neuheit hatte es ja anfangs erforderlich gemacht, die jungen Nationen des 19. Jahrhunderts möglichst weit in der Geschichte zu verankern. Weite Bereiche der Geschichtswissenschaften, der Denkmalpflege wie auch der Architektur der Stile dienten – unter anderem – der Identitätsbildung der Nationalstaaten oder wurden dafür in Dienst genommen. (Es sei betont, daß es sich hier um die Heraushebung eines Aspektes der Architektur des Historismus handelt, während beispielsweise ästhetische Fragen vorerst unberücksichtigt bleiben.) Das konnte gar nicht ohne Geschichtsklitterung gehen. Ernest Renan konstatierte schon im Jahr 1882, daß keine Nation ohne die Fälschung der eigenen Geschichte auskommt (wiewohl Renan französischer Patriot blieb).[34] Insofern bildete eine wirklich gründliche, historisch-kritische Geschichtsforschung eine latente und mit zunehmendem Wissensstand stärker werdende Gefahr für die vereinfachende Indienstnahme von Geschichte zum Zweck der nationalen Identitätsbildung.

Die Staatsarchitektur des Deutschen Kaiserreiches bietet sich für eine detaillierte Untersuchung des Verhältnisses von »Architektur und Politik«, d.h. die politische Vereinnahmung von Baukunst zum Zwecke

nationaler Identitätsbildung insofern an, als sie in einem eindeutig faß-
baren politischen Kontext entstanden ist. Damit wird eine Fokussierung
auf eine abgrenzbare Auftraggeberschaft möglich – die nichtsdestoweniger recht komplexe Konturen aufweist. Das Reichstagsgebäude in Berlin gibt eines der anschaulichsten Beispiele dafür, wie politische Ideologie mit wechselnden Schattierungen mit Architektur verbunden
worden ist. Das als bedeutendster Staatsbau des Kaiserreiches errichtete
Reichstagsgebäude verlor seine politische Bedeutung bereits im Jahr
1933, während es dann nach 1945 mit scharfer und oftmals ungerecht-
fertigter, ja vordergründiger Kritik bedacht wurde. Seine Wiederherstellung war im Inneren bewußt in den schlichten Formen der Moderne
geschehen, um damit ein Zeichen für den demokratischen Neuanfang
zu setzen. Der Bau hat dabei Federn lassen müssen, viel Ornament ging
verloren, die historische Innenausstattung gibt es nicht mehr. Immerhin
wurde er nicht abgebrochen, denn auch das ist erwogen worden.

Die Bedeutung des Reichstagsgebäudes hat sich seitdem – erneut –
gewandelt. So ist in den vergangenen Jahren – im Unterschied zur
Nachkriegszeit – der politisch schwache Reichstag des Deutschen Kaiserreiches als die zu wenig genutzte, aber immerhin vorhanden
gewesene Chance für eine Demokratisierung der Gesellschaft in der
Kaiserzeit anerkannt worden. Das bleibt nicht ohne Folgen für die Beurteilung der Architektur des Reichstagsgebäudes, dem heute eine dop-
pelte Bedeutung zukommt. Einerseits Teil der europäischen Architekturgeschichte, zählt es andererseits zu den wenigen Baudenkmälern in
Deutschland, die zu einem Kristallisationskern politischer Auseinandersetzungen geworden sind. Ihm kommt, ebenso wie der Frankfurter
Paulskirche[35] und dem Brandenburger Tor, ein zwar komplexer und
widersprüchlicher, doch nichtsdestoweniger zeichenhafter Charakter
zu. Von seinem Symbolcharakter ist darum von mehreren Politikern
anläßlich der Übernahme des umgebauten Parlamentsgebäudes am 19.
April 1999 gesprochen worden.

Internationale Neurenaissance:
Der Baustil der Reichsgründungsära

Die Architektur in Preußen, damit auch in Berlin, befand sich zum Zeitpunkt der Reichsgründung in einer Umbruchsituation. Die Schinkelschule hatte ihre unangefochtene Vorherrschaft eingebüßt, weder der Klassizismus in seinen verschiedenen Spielarten noch der preußische Rundbogenstil waren für die Architektur in diesem Land und seinen großen Provinzen noch allein maßgebend. Im privaten Bauwesen und im Geschäftsbau war der Klassizismus völlig aus der Mode gekommen, was angesichts des langen Zeitraumes seiner Beliebtheit ab der zweiten Hälfte des 18. Jahrhunderts nicht überrascht. Die Neugotik hatte sich zwar parallel zum Klassizismus als ein einflußreicher Baustil auch in Preußen etablieren können, ihre Bedeutung hielt sich jedoch in engen Grenzen. So nahm die Suche nach neuen Formen ihren Anfang – und es stellte sich die Frage, wie die Bauverwaltungen Preußens einerseits und des Deutschen Reiches andererseits darauf reagieren würden.

Der Stilpluralismus des späten 19. Jahrhunderts hielt eine Fülle von Stilformen für die unterschiedlichsten Bauaufgaben bereit. Im Hinblick auf öffentliche, repräsentative Architektur der Staaten reduzierten sich jedoch die Auswahlmöglichkeiten, denn bei diesen Bauten sind bestimmte Baustile bevorzugt worden. So dominierte in der ersten Hälfte des Jahrhunderts der Klassizismus, während in der zweiten Hälfte im wesentlichen der »Renaissancismus« dessen Rolle übernahm. Die Neugotik war zwar ebenfalls beliebt (zum Beispiel Houses of Parliament in London (Abb. 41), Reichsrathaus in Budapest (Abb. 42), Rathäuser in Wien und München), doch blieb ihr Anteil bei hochrangigen Staatsbauten im internationalen Vergleich gesehen relativ gering. Das öffentliche Bauwesen in Europa, in Amerika und darüber hinaus wurde im letzten Drittel des 19. Jahrhunderts von der Neurenaissance wesentlich geprägt.

Die internationale Neurenaissance war vom Klassizismus und von verschiedenen regionalen Voraussetzungen ausgegangen. Seit der Jahrhundertmitte verloren die älteren Bautraditionen jedoch an Bedeutung. Das Motivrepertoire wurde länderübergreifend immer einheitlicher. Seit den 1860er Jahren tendierte das private Bauwesen ebenso wie das gewerbliche in ganz Europa und in Amerika zur internationalen Neurenaissance. Man findet diese Werke auch in Lateinamerika und in allen größeren Kolonialstädten, das Zentrum der damals unter englischer Herrschaft stehenden ägyptischen Hauptstadt Kairo oder die unter europäischem Einfluß stehende chinesische Stadt Kanton sind – um nur willkürlich ausgewählte Beispiele zu nennen – noch immer von dieser Architektur geprägt. Die Neurenaissance in ihrer späten, formenreichen Ausprägung wurde internationaler: »Internationale Neurenaissance« ist dafür der angemessene Begriff.[36]

Das wichtigste europäische Zentrum für die Ausbildung von Architekten im Sinne der Stilformen von Antike und Renaissance ist im 19. Jahrhundert Paris gewesen. Von der École des Beaux-Arts ging eine weit über die französischen Grenzen hinausreichende Wirkung aus.[37] Im frühen 19. Jahrhundert hatte sich diese Schule dem Klassizismus in enger Anlehnung an antike Vorbilder verschrieben. Schon bald wurden aber alle Schüler der École im Rahmen ihrer Ausbildung obligatorisch für längere Zeit nach Italien geschickt, um dort nicht nur die Antike, sondern vorzugsweise auch die Architektur der Renaissance zu studieren. Um 1820 war die italienische Renaissance in der französischen Architektenschule bereits vollständig anerkannt. Die École des Beaux-Arts hat sich italienischer Renaissance und später auch italienischem Barock bis zum Ende des 19. Jahrhunderts verpflichtet. Ab 1853 nahm sie unter dem Lehrer Lesueur (1794–1883) auch Formen französischer Renaissance in ihr Ausbildungsprogramm auf, weshalb in der Schule aber nicht der wahllose Eklektizismus ausgebrochen ist. Die Orientierung an der Antike blieb das unumstößliche Prinzip bis zur Wende zum 20. Jahrhundert. Im Unterschied zu Architekturschulen in Deutschland oder England ist das Mittelalter konsequent gemieden worden. Zu den prominenten Schülern der École des Beaux-Arts zählten Hector-Martin Lefuel (1810–1881) und Charles Garnier (1825–1911), der Architekt der Pariser Oper. Sie gehörten zu den einflußreichen Architekten, welche die Neurenaissance durch Verwendung voluminöser Formen und üppigen Dekors in einer barocken Richtung weiterentwickelten. Die École des Beaux-Arts sah sich allerdings in der zweiten Hälfte des 19. Jahrhunderts andauernder Kritik der »Rationalisten« ausgesetzt, die in Viollet-le-Duc (1814–1879) ihren prominentesten Fürsprecher hatten. Henri Labrouste (1801–1875) opponierte mit Gußeisenbauten wie der Bibliothèque Nationale von 1855–1875, die das statische Gefüge sichtbar werden läßt. Auf die Ausbildung an der École vermochten die Kritiker dennoch kaum Einfluß zu nehmen.

International viel beachtet wurde in der Jahrhundertmitte der Neue Louvre, der als Nordflügel den Alten Louvre mit dem (1871 niedergebrannten) Tuilerien-Schloß verband. Louis Tullius Joachim Visconti (1791–1853) und Hector-Martin Lefuel (ab 1853) errichteten ihn in den Jahren 1852–1857. Die Neurenaissance der Fassaden war selbstverständlich von der Architektur des Louvre aus dem 16. und 17. Jahrhundert inspiriert, ging in ihrem Dekorreichtum aber weit darüber hinaus. War der Neue Louvre noch ein relativ frühes Bauwerk der dekorreichen Neurenaissance, so kulminierte dieser Stil wenige Jahre später bereits in der Großen Oper von Charles Garnier, der das Formenvokabular der Hochrenaissance in üppigster Weise aufgreift, ohne aber ein wirklich neubarockes Bauwerk zu errichten. Die Oper gilt als typischer Ausdruck gesellschaftlichen Geschmacks unter der Regentschaft Napoleons III. Errichtet von 1861 bis 1874 erlebte der Kaiser, der nach dem verlorenen Krieg 1871 abdanken mußte, ihre Vollendung aber nicht mehr[38] (Abb. 15).

Ein mit Doppelsäulen unter einer hohen Attika versehenes Obergeschoß akzentuiert die Eingangsfassade der Pariser Oper auf eindrucks-

15 Paris, Große Oper (Académie Nationale de Musique). Charles Garnier 1861–1874

volle Weise. Im Inneren beeindruckte das große Treppenhaus die Besucher zu allen Zeiten, Kritiker meinten sogar, es würde den Zuschauerraum an Wirkung überbieten. Aber obwohl der Dekorreichtum die Architektur teilweise verschleiert, ist die Struktur des Theaters sehr klar gegliedert. Treppenhaus, Zuschauerraum und Bühnenhaus folgen konsequent aufeinander und sind außen ablesbar. Garniers Pariser Oper übte darum einigen Einfluß auf spätere Theaterbauten aus, und dies nicht nur in Frankreich. Die Schule der École des Beaux-Arts kannte aber auch schlichtere Formen. So zeigt der von Jacques Hittorf (1792–1867) in den Jahren 1856–1864 errichtete Gare du Nord sehr viel flächigeren Dekor an den Fassaden, die sorgfältig aus Sandstein – dem bevorzugten Material der Schüler der École – gearbeitet sind.

1855, 1867, 1878, 1889 und 1900 fanden Weltausstellungen in Paris statt. Sie boten der Architektur der École des Beaux-Arts ein wirksames Podium, weil viele Ausstellungsbauten von ihren Schülern errichtet worden sind. Im Jahr 1900 präsentierte Paris noch einmal demonstrativ üppige Neurenaissance mit den noch heute genutzten Ausstellungsbauten Grand Palais von Henri Deglane (1855–1921) und Albert Louve (1860–1936) sowie Petit Palais von Charles Girault (1851–1932). Weltweite Wirkung erzielte die École außerdem durch die Ausbildung ausländischer Studenten. Aus Deutschland waren Wilhelm Baeumer, Martin Haller, Ernst von Ihne, Karl Küntze, André Lambert, Emil von Lange und Heinrich Wagner gekommen.[39] Viele deutsche Architekten hatten Reisen nach Paris und Frankreich unternommen, unter ihnen Wilhelm Stier (1799–1856) und Friedrich August Stüler. Gottfried Semper wiederum ist Assistent bei Jacques Hittorf gewesen. Außerdem sind einige französische Architekten in Deutschland tätig geworden, so Alexis de Chateauneuf (1799–1853), der allerdings ein Neugotiker wurde, und Auguste de Meuron (1812–1898) in Hamburg. So übte die Architektur der Pariser Schule auch auf das Baugeschehen in den deutschen Ländern Einfluß aus.

In Deutschland ist Gottfried Semper (1803–1879) der einflußreichste Protagonist der Neurenaissance gewesen. Seine frühen Dresdener Bauten, wie das nicht erhaltene erste Hoftheater und das 1847 begonnene Neue Museum am Zwinger, zeigten eine nachhaltige Wirkung auf die Architektur nicht nur der deutschen Länder. Seine Auseinandersetzung mit italienischer Renaissance verdankt sich nicht zuletzt einer Italienreise im Jahr 1833. Als er nach der Revolution von 1848 Deutschland verlassen mußte, ging er nach Paris und London, um dann von

1855–1871 in Zürich zu arbeiten. Hier entwarf er auch das neue Hoftheater für Dresden, die im Zweiten Weltkrieg zerstörte und wieder aufgebaute »Semperoper«, deren Architektur ein qualitätvolles Beispiel der Neurenaissance ist.[40] Anschließend ging Semper bis zum Abschluß seines Schaffens im Jahr 1876 als Kaiserlicher Architekt nach Wien und trug hier in erheblichem Maße dazu bei, der Stadt hinsichtlich des späthistoristischen Baugeschehens im Stil der Neurenaissance noch vor Paris die führende Position zu sichern.

Wien besitzt noch heute, wie keine andere europäische Metropole, repräsentative Neubauten im Stil der Neurenaissance. Kaiser Franz-Joseph, der 1848 den Thron bestiegen hatte, eiferte damit dem Umbau von Paris unter Napoleon III. nach. Nachdem die Befestigungsanlagen Wiens geschliffen worden waren, fiel 1858 die Entscheidung zugunsten eines großzügigen Ausbaus des weiten Areals der Ringstraße nach dem preisgekrönten Entwurf von Ludwig von Förster (1797–1863).[41] Der Neurenaissance galt dabei der Vorzug, daneben spielte der Rundbogen-stil eine Rolle, aber auch an der Neugotik zeigte Wien Interesse und ließ sich von Friedrich von Schmidt (1825–1891) in den Jahren 1872–1883 mit dem Rathaus eines der größten neugotischen Bauwerke Europas errichten, welches Hauberissers Münchner Rathaus (1864–1874, erweitert 1899–1909) weit in den Schatten stellt. Nahezu gleich-zeitig baute Theophil von Hansen an der Ringstraße mit dem neuen Reichsratgebäude eines der letzten monumentalen Werke des Klassizis-mus. Doch Reichsrathaus und Rathaus wirken fast anachronistisch in der riesigen Bautengruppe der Ringstraße. Die Neurenaissance domi-niert hier alles, ohne sich allerdings direkt an den Pariser Bauten zu orientieren. Erst nach der Jahrhundertwende fand das ehrgeizige Projekt seinen Abschluß.

Eines der bemerkenswertesten Gebäude der Ringstraße ist das Burg-theater, errichtet von Gottfried Semper und Karl von Hasenauer, der bald zum Antipoden des sächsischen Architekten avancierte, in den Jah-ren 1874–1888 gegenüber dem Rathaus (Abb. 16). Im Unterschied zum neuen Hoftheater in Dresden ist hier der Fassadendekor volumenhalti-ger, die Pilasterordnungen übergreifen mehr als ein Geschoß. Beide Architekten bauten auch das Kunsthistorische und das Naturhistorische Museum (1872–1881), die einander in gleicher Gestaltung am Maria-Theresien-Platz vor dem Burgtor gegenüberliegen (Abb. 17) und schu-fen zwischen den Museen und der Hofburg in den Jahren 1881–1894 die Neue Hofburg.[42] Auf diese Weise entstand eines der eindrucksvollsten

16 Wien, Burgtheater. Gottfried Semper und Karl von Hasenauer, 1874–1888

17 Wien, Kunsthistorisches Museum. Gottfried Semper und Karl von Hasenauer 1872–1881

und noch weitgehend erhaltenen Ensemble internationaler Neurenaissance.

Eines der größten öffentlichen Gebäude des 19. Jahrhunderts darf hier nicht unerwähnt bleiben: das Palais de Justice von Joseph Poelaert in Brüssel, das ab 1866, also wenige Jahrzehnte nach der Gründung des belgischen Staates, als ein nationaler Prunkbau mit einer hohen Kuppel errichtet worden ist. Der internationalen Neurenaissance verpflichtet gehört es doch eigentlich bereits dem Neubarock an.

Berlin und damit Preußen reagierte im Unterschied zu anderen deutschen Ländern zurückhaltend auf die internationale Neurenaissance. Der durch Karl Friedrich Schinkel ausgeprägte Klassizismus blieb hier lange Zeit bestimmend. Die Akademie des Bauwesens – das preußische Gegenstück zur École des Beaux-Arts – bildete Baumeister vorzugsweise in dieser Tradition aus. Friedrich August Stüler (1800–1865), ab 1834 als Dozent an der Akademie, war einer der ersten, der Formen italienischer Renaissance in seine Bauten aufnahm. Damit stand er zwar noch längere Zeit allein, dennoch neigte die Berliner Schule insgesamt seit der Jahrhundertmitte italienischer Frührenaissance zu, ohne allerdings ihre Schüler obligatorisch nach Italien zu schicken. Italienische Renaissance hatte sich in besonderer Weise angeboten, weil bereits der preußische Rundbogenstil auf die christliche Spätantike und damit auf Vorbilder Italiens zurückgegriffen hatte.

In den 1860er und 1870er Jahren gewann die Neurenaissance durch einschlägig orientierte Lehrer an der Akademie des Bauwesens zunehmend an Einfluß. Richard Lucae (1829–1877) lehrte ab 1862, Hermann Ende (1829–1907) ab 1877 und Julius Raschdorff (1823–1914) ab 1878. Die Beliebtheit dieser Stilrichtung offenbarte sich auch in den Ergebnissen der monatlichen Wettbewerbe des Architekten-Vereins zu Berlin, in denen Entwürfe dieser Stilform in den sechziger und den siebziger Jahren vorherrschten.[43] Dennoch blieb die Neurenaissance des öffentlichen Bauwesens in Preußen stets einer Schlichtheit verpflichtet, die sie von den Entwicklungen in den anderen europäischen Ländern deutlich unterschied.

Auf das Bauwesen in Berlin hat im letzten Drittel des 19. Jahrhunderts Friedrich Hitzig (1811–1881) bedeutend eingewirkt[44], der nach einem Studium in Berlin im Jahr 1837 seine Baumeisterprüfung ablegte und anschließend eine erfolgreiche Laufbahn als Privatbaumeister begann. 1835 hielt er sich in Paris auf, und 1845 reiste er nach Italien. Sein vom preußischen Klassizismus ausgehendes, aber durch internationale Formen bereichertes, architektonisches Schaffen hatte großen Erfolg in Berlin, in Preußen und im Ausland. Obwohl er nicht die in Preußen obligatorische Karriere in der Bauverwaltung (vom Stadtbaumeister in der Provinz zum Berliner Baurat) absolvierte, stieg er schließlich 1876 zum Präsidenten der Akademie der Künste auf, der auch die Akademie des Bauwesens unterstand. Für die ersten politischen Bauten des Kaiserreiches in Berlin gaben seine späten Monumentalbauten, die der Neurenaissance angehören, aber in ihren klar gegliederten Formen noch einem klassischen Ideal verpflichtet sind, wichtige Anregungen.

Friedrich Hitzig errichtete in den Jahren 1859–1863 den viel beachteten Neubau der Börse an der Ecke Friedrichstraße/Burgstraße[45] (Abb. 18). Der (zerstörte) Bau war breit gelagert, mit einem sehr flachen Dach, das in der Ansicht ästhetisch nicht wirksam wurde. Das hohe Erdgeschoß war gequadert, vor der etwas zurückliegenden Fassade des Obergeschosses standen unter dem breiten Dachgesims korinthische Säulen. Hitzig kannte selbstverständlich aus seiner Pariser Zeit die in antiken Formen errichtete Börse von Alexandre-Théodore Brongniart aus dem Jahr 1808, eines der richtungsweisenden Gebäude dieses damals neuen Bautyps, bei der beide Geschosse vom Sockel bis zur Traufe durch korinthische Säulen zusammengefaßt sind. Zu denken ist auch an die 1671 vollendete Ostfassade des Louvre mit ihren aus Doppelsäulen gestalteten Kolonnaden vor dem Obergeschoß. Hitzigs Œuvre scheint

18 Berlin, Börse. Friedrich Hitzig 1859–1863 (zerstört)

auch in besonderer Weise vom französischen Außenministerium in Paris inspiriert zu sein. Jacques Lacornée (1782–1856) hat das Gebäude in den Jahren 1845–1856 in strenger Neurenaissance mit einem flachen Dach und kurzen Vorbauten an den Seiten der Straßenfront errichtet. Seine Hauptfassade ist in beiden Geschossen mit Halbsäulen zwischen den Fenstern streng symmetrisch gegliedert.[46] Die Architektur von Hitzigs Berliner Börse zeigte in den folgenden Jahrzehnten Auswirkungen auf das öffentliche Bauwesen in Berlin. Mit der Vollendung der (teilweise erhaltenen) Technischen Hochschule in Charlottenburg, deren Entwurfsvollendung und Ausführung er 1878 von dem verstorbenen Richard Lucae übernommen hatte, realisierte Friedrich Hitzig einen monumentalen Großbau im Stil der Neurenaissance mit zahlreichen italienischen Motiven.[47] Ein wichtiger Akzent der Fassade ist ein vorgezogener Eingangsbereich mit Säulen vor der etwas zurückgelegten Wand des Obergeschosses, wobei es sich um eine reduzierte Variante der Obergeschoßgestaltung der Börse handelt.

Unterdessen rezipierte das private Bauwesen in Berlin die Neurenaissance schon viel lebhafter, ebensowenig gab sich die Geschäftswelt seit den 1860er Jahren nicht mehr mit der eleganten, klaren – vor allem aber zurückhaltend gegliederten – Architektur der Berliner Schule zufrieden. Einen wichtigen Durchbruch erlebte die internationale Neurenaissance in der Stadt mit dem (nicht erhaltenen) Palais Borsig, das Richard Lucae 1875–1877 in der Voßstraße 1 an der Ecke zur Wilhelmstraße, also mitten im Regierungsviertel, errichtet hat (Abb. 19). Die Fenster beider Geschosse waren mit Säulen- beziehungsweise Pilasteraedikulen umrahmt, über der breiten Traufe stand eine Balustrade vor dem flachen Dach, und der Eingang war in einem loggienartigen Anbau untergebracht; das Palais zeigt Anklänge an römische Stadtpaläste der Zeit um 1500.[48] Eine Fülle von Wohnhäusern in diesem Baustil sowie zahlreiche Geschäftsbauten wie die Kaisergalerie kündeten in der Reichshauptstadt vom Siegeszug der internationalen Neurenaissance.[49]

Das aufstrebende Bürgertum, das überall die Herrschaft des Adels zurückgedrängt hatte, hat mit der internationalen Neurenaissance in der zweiten Hälfte des 19. Jahrhunderts seinen bevorzugten Baustil gefunden. Ein ganzes Bündel verschiedener Ursachen lag dem zugrunde, wovon hier nur zwei angedeutet seien: Die Neurenaissance war im Unterschied zur Neugotik konstruktiv leichter zu handhaben, und sie war ideologisch weniger brisant (es gab keine konfessionellen Bindun-

19 Berlin, Palais Borsig, Voßstraße 1/Wilhelmstraße 78. Richard Lucae 1875–1877 (zerstört)

gen) und damit unaufgeregter, oftmals auch unauffälliger. Die Neurenaissance war einerseits zeitgemäß beziehungsweise »modern«, durch Semper hatte sie sogar die Aura des Demokratischen verliehen bekommen. Andererseits verarbeitete sie unverkennbare Reminiszenzen an barocke Schloßbauten und damit an Herrschaftsarchitektur. Erker oder Eingangsportale mit Säulen und Giebeln haben eindeutige Assoziationen ausgelöst. Die Neurenaissance der bürgerlichen Nationalstaaten war Ausdruck von Liberalität und neuer Macht zugleich.

Darüber hinaus waren mit diesem überwiegend aus italienischer, aber auch aus französischer Renaissance abgeleiteten Baustil spezifische geistige Vorstellungen verbunden: Die Neurenaissance wurde in Beziehung gesetzt zum Humanismus der Renaissanceepoche, sie erinnerte an den Anbruch der bürgerlichen Aufklärung und die beginnende Emanzipation des Bürgertums von der Kirche. Internationale Neurenaissance galt als aufgeklärt, humanistisch und weltoffen. Dabei handelte es sich keineswegs allein um eine deutsche, sondern um eine europäische, ja um eine weltweite Erscheinung. Die im Deutsch-Französischen Krieg von 1870/71 als Gegner einander gegenüberstehenden Nationen bauten bis zum Ende der 1880er Jahre in verwandten Stilformen, und beide Seiten verstanden diese Gebäude als Ausdruck ihrer Nationalität. Erst nachträglich, im Zuge einer um 1890 einsetzenden, verschärften nationalen Differenzierung ist darin ein Widerspruch gesehen worden. Die Neurenaissance selbst ging deshalb nicht sogleich unter, sie lebte im kommerziellen Wohnbau bis nach der Jahrhundertwende fort und erreichte in den sogenannten »Gründerzeitquartieren«, die bis heute noch zahllose Städte an den Randbereichen der alten Innenstädte prägen, breite Bevölkerungsschichten.

Die Reichsbauabteilung: Abgrenzung von Preußen

In der Zeit nach der Reichsgründung bot sich die internationale Neurenaissance als geeigneter Baustil auch für deutsche Staatsbauten scheinbar wie selbstverständlich an. Paris und Wien waren Schrittmacher dieser europäischen Entwicklung. Aber Preußen hat lange Zeit nur sehr zurückhaltend auf diesen Baustil reagiert. Das Deutsche Kaiserreich war in dieser Situation aufgefordert, Stellung zu beziehen: In welchem Stile würde es bauen? Eine Fülle von Neubauten, die für die Instanzen von Politik und Verwaltung des Reiches errichtet werden mußten, ließen die Beantwortung dieser Frage unumgänglich werden.

Die meisten Reichsbehörden sind in Berlin angesiedelt worden. Das durch den preußisch gesinnten Rudolf Delbrück bis 1876 mit großer Machtfülle geleitete Reichskanzleramt nahm hier zunächst die Aufgaben eines Ministeriums für Innere Angelegenheiten, Handel, Finanzen usw. wahr; darüber hinaus verwaltete es den Bundesrat und bis 1879 auch das Reichsland Elsaß-Lothringen. Um dem Wachstum der Reichsaufgaben gerecht werden sowie die Preußen übertragene Verwaltung bestimmter Aufgaben (wie der Justiz) zum Reich holen zu können, sind sukzessive Abteilungen im Reichskanzleramt eingerichtet worden, woraus im folgenden mehrere selbständige Reichsämter und schließlich einige Reichsministerien hervorgingen. Bismarck hatte oftmals die Einrichtung von Reichsämtern bevorzugt, um den eigenständigeren Status von Ministerien zu verhindern. Er balancierte bis zum Ende seiner Regierungszeit zwischen der Abgrenzung von Preußen und der Wahrung seiner unangefochtenen Macht an der Spitze der Reichsregierung.

60

Der Reichstag übte seinen Einfluß auf die Verwaltung allein über die Bewilligung der Budgets aus.

Als erstes eigenständiges Reichsressort neben dem Reichskanzleramt wurde das Reichseisenbahnamt im Jahr 1873 eingerichtet. 1876 folgte das Reichspostamt, 1877 das Reichsjustizamt, 1879 das Reichsschatzamt und das Reichsamt des Inneren, welches viele Aufgaben des Reichskanzleramtes übernahm. Eine Sonderstellung erhielt im Deutschen Reich schon ganz früh die Marine mit der Einrichtung der Kaiserlichen Admiralität im Jahr 1872; 1889 ist dann unter Wilhelm II. das Reichsmarineamt gegründet worden, wodurch die Verwaltung der Reichsmarine vom militärischen Oberbefehl getrennt wurde. Das Auswärtige Amt des Deutschen Reiches war schon in der Zeit des Norddeutschen Bundes aus dem preußischen Ministerium der auswärtigen Angelegenheiten heraus entwickelt worden. Es wurde auch nach 1871 von Bismarck mitverwaltet. Die deutschen Länder behielten zunächst überwiegend ihre eigenen Auslandsvertretungen, das Konsulatswesen blieb anfangs beim Bundesrat.[50]

Alle diese Institutionen des Reiches benötigten Gebäude. Anfänglich konnten einige in Berlin vorhandene Bauten genutzt werden, die teilweise von Preußen übernommen worden sind. Doch das genügte nur wenige Jahre. Nach und nach wurde schließlich ein Regierungsviertel des Reiches in der Berliner Wilhelmstraße und ihrem Umfeld ausgebaut, wo auch bereits viele preußische Ministerien ihren Dienstsitz hatten. Reichsbauten entstanden aber nicht nur in Berlin, sondern auch außerhalb der Hauptstadt, beispielsweise in Potsdam und Leipzig. Die meisten Neubauten für Reichsinstitutionen sind von der Mitte der 1870er bis in die 1890er Jahre errichtet worden. Die Zerstörungen im Zweiten Weltkrieg haben jedoch vieles davon nicht nur aus dem Bild der Städte, sondern auch aus dem öffentlichen Bewußtsein getilgt.

Das Deutsche Reich gründete für die Errichtung und Unterhaltung seiner Dienstgebäude auch eine eigene Bauabteilung, die zunächst dem Reichskanzleramt, ab 1884 beim (1879 gegründeten) Reichsamt des Inneren zugeordnet war. Die von ihr realisierten Bauten sind die Basis dessen, was zu den »Staatsbauten des Deutschen Kaiserreiches« gerechnet werden kann: die Gebäude für Reichsministerien sowie Reichsämter und der Reichstag in Berlin. Neubauten für das Reichsgericht in Leipzig und den Reichsrechnungshof in Potsdam fielen zwar in den Zuständigkeitsbereich anderer Reichsämter, die sich in Bauangelegenheiten aber ebenfalls auf die Reichsbauabteilung stützten. Die Kaiserlich-Deutschen Botschaften entstanden unter der Leitung des Auswärtigen Amtes in enger Zusammenarbeit mit Preußen. Hinzu kamen die öffentlichen Bauten im Reichsland Elsaß-Lothringen, das dem Reichskanzleramt bis 1879 direkt unterstellt war; anschließend ist in Straßburg das Ministerium für Elsaß-Lothringen eingerichtet worden, das dem Reichskanzler verantwortlich blieb. Vollständigkeit der Darstellung kann es bei den Bauten der für die Infrastruktur des Deutschen Reiches zuständigen Instanzen – der Reichspost, der Reichseisenbahn und der Reichsbank – derzeit nicht geben, denn die Zahl der von diesen Institutionen (mit Ausnahme der Reichsbank) errichteten Gebäude ist so groß, daß es bis heute nicht einmal einen Überblick gibt. Außerdem hatten sie eigene und teilweise sehr bedeutende Bauabteilungen (so die Reichspost).

Die unmittelbaren Anfänge der Reichsbauabteilung sind nur unzureichend erfaßbar.[51] 1877 wurde erstmals die Stelle des leitenden Baubeamten besetzt und zwar mit Wilhelm Neumann gen. von Mörner (zur Person s.u.). Dieser Baumeister hatte auch schon in den Jahren zuvor vom Deutschen Reich Aufträge übernommen und zwar in seiner Funktion als Baumeister beim preußischen Ministerium der öffentlichen Arbeiten. Wie eine ganze Reihe anderer Aufgaben ist das in der politischen Hierarchie als weniger bedeutend angesehene Bauwesen des Reiches anfangs offenbar durch Preußen verwaltet worden. Möglicherweise fällt die Einrichtung der Stelle eines Baubeamten auch mit dem durch Bismarck provozierten Rücktritt des preußisch gesinnten Leiters des Reichskanzleramtes Rudolf Delbrück im Jahr 1877 zusammen.

Die Einrichtung einer eigenen Reichsbauabteilung eröffnete die Chance der Herausbildung einer spezifischen Architektur für Bauten des jungen Staates, mithin die Möglichkeit der Mitarbeit an der Ausprägung seiner politischen Identität mit Hilfe architektonischer Formen. Die Reichsbauabteilung verfolgte auch nach Kräften das Ziel, ihre Architektur eigenständig zu gestalten, sie hatte dabei aber mit einer Fülle von Problemen zu kämpfen. Ein wesentliches Charakteristikum und letztlich eines der größten Probleme der Reichsbauabteilung war ihre enge Verflechtung mit den preußischen Baubehörden. Die preußische Dominanz im Deutschen Reich und die Auswahl Berlins als Reichshauptstadt hatten entsprechende Bahnen vorgezeichnet. Bismarck selbst hat sich mit den Bauaufgaben des Reiches auch persönlich beschäftigt. Im Jahr 1880 stellte er schließlich einen organisatorischen Mangel fest: Es gab keine klar geregelte und zuverlässige Prüfung, keine »Superrevision«

für die Reichsneubauten. Die Reichsbauabteilung war aufgrund ihrer knappen personellen Besetzung nicht in der Lage, eine eigene Kontrollinstanz einzurichten, und Bismarck war nicht willens, sie entsprechend auszustatten. Der Reichskanzler unterstellte darum die Reichsbauabteilung der Kontrolle durch die zweifellos sehr erfahrene preußische Bauverwaltung. Kaiser Wilhelm I. unterzeichnete am 7. Juli 1880 den im wesentlichen bis 1902 in Kraft gebliebenen Erlaß. Bismarck hatte zwar, »reichsfreundlich« gesinnt, auf Abgrenzung der Reichsverwaltung von Preußen geachtet, schenkte der Bauabteilung aber nicht genügend Bedeutung, um sie völlig unabhängig von Preußen zu machen. Damit war durch den an symbolischer Darstellung des Reiches wenig interessierten ersten Reichskanzler eine strukturelle Richtungsentscheidung getroffen, die erhebliche Auswirkungen zeigen sollte.

Gemäß dem Erlaß vom 7. 7. 1880 übernahm die einflußreiche Bauabteilung im preußischen Ministerium der öffentlichen Arbeiten, das Bismarck intern als das »preußische Bauministerium« ansprach, die Superrevision der Reichsbauten, was vor allem technische Belange und die Kosten betraf, aber auch Auswirkungen auf die Architektur selbst zeigte.[52] Von 1879 bis 1891, also in der für die Reichsbauten entscheidenden Phase, stand die Bauabteilung unter der Leitung des Ministers der öffentlichen Arbeiten Albert von Maybach, einem der ganz wenigen Katholiken in der preußisch-deutschen Verwaltung. Darüber hinaus wurde bei wichtigen Bauten die preußische Akademie des Bauwesens als Kontrollinstanz für architektonische Fragen eingeschaltet. All das folgte nahezu vollständig dem preußischem Vorbild.[53]

Das preußische Bauwesen war hoch entwickelt. Schon seit dem frühen 19. Jahrhundert sind in Berlin qualifizierte Baumeister für die Verwaltungen – nicht in erster Linie für den Privatbau – ausgebildet worden.[54] Einflußreiche Privatbaumeister hat es darum in Preußen lange Zeit nur wenige gegeben. Auch Karl Friedrich Schinkel ist Baubeamter gewesen. Karl Hinkeldeyn (1847–1927, seit 1894 Mitglied der Akademie des Bauwesens) berichtete im Jahr 1905 vor seinem König und Kaiser Wilhelm II. über die Aufgaben und Ziele der preußischen Hochbauverwaltung. Bezeichnenderweise entschuldigte er sich anfangs dafür, daß die Hochbauverwaltung nicht zur Wirtschaft beitragen würde, wie die Eisenbahnverwaltung, sondern auch Museen und Kirchen zu ihren Aufgaben zählten.[55] Das war gegenüber Wilhelm II. wohl nicht nötig, spricht aber für die nüchterne, in künstlerischen Fragen zuweilen restriktive Haltung der Baubehörden. Über deren Prinzipien sagte Hin-

Altpreußen:
Sparen aus
Prinzip nicht
aus Not.

keldeyn am Schluß seiner Rede: »Die Staatsbauten im Plan und in der Raumverteilung zweckmäßig zu gestalten, sie in Bauart und Baustoffen standsicher und möglichst dauerhaft zu errichten, die äußere Erscheinung wahr und klar aus dem inneren Organismus des Grundrisses zu entwickeln und ihr fern von Dürftigkeit, aber auch fern von Prunk eine der Bestimmung des einzelnen Bauwerkes entsprechende Würde zu verleihen, zugleich aber dabei den bewährten altpreußischen Grundsatz: mit den verfügbaren Geldmitteln haushälterisch zu verfahren, nicht außer acht zu lassen.«[56] Fraglos hat die nach diesen Grundsätzen arbeitende Bauabteilung im Ministerium der öffentlichen Arbeiten zu einer hohen Qualität der öffentlichen Bauten in Preußen sowie seinen Provinzen maßgeblich beigetragen. Wie sie und insbesondere die Akademie das Bauwesens sich aber hinsichtlich architektonischer beziehungsweise künstlerischer Belange nach 1871 verhalten haben, das soll im weiteren Verlauf in Verbindung mit den Reichsbauten noch diskutiert werden.

Die Regelung der Zusammenarbeit zwischen Preußen und dem Reich vom 7.7.1880 legte zwei Kostengrenzen für Bauvorhaben (ausschließlich Grunderwerb) fest, oberhalb derer die preußischen Instanzen regelmäßig einzuschalten waren: über 30.000 Mk die Bauabteilung im Ministerium der öffentlichen Arbeiten und über 750.000 Mk zusätzlich die Akademie des Bauwesens. Es ist aber jederzeit möglich gewesen, auch Projekte mit geringerem Kostenvolumen zur Prüfung vorzulegen. Im Zusammenhang mit dieser Regelung hatte Bismarck von Beginn an festschreiben lassen, welche Bautengruppen obligatorisch durch die Akademie des Bauwesens begutachtet werden sollten: Dienstgebäude der Zentral- und Provinzialverwaltungen, Dienstgebäude der Gerichtsbehörden, Verwaltungsgebäude für die Oberpostdirektionen, Bauten der Eisenbahn, Institutsgebäude der Universitäten und Hochschulen, Gymnasien und Realschulen sowie bestimmte Bauten des Sozialwesens. Außerdem wurden Bauaufgaben genannt, die der Akademie unbedingt vorzulegen waren, auch wenn die Bemessungsgrenze von 750.000 Mk nicht erreicht werden sollte: der Reichstag, der preußische Landtag, alle Ministerien und Reichsbehörden, die Generalstabsgebäude der Armee, Kirchenbauten für mehr als 1500 Gottesdienstbesucher, Museen und Galerien, Landesbibliotheken, Kollegienhäuser der Universitäten und Technischen Hochschulen, Kriegsakademien, die Haupt-Kadettenanstalt (Berlin-Lichterfelde) sowie Projekte zur Anlage öffentlicher Plätze.[57] Damit ist der Akademie des Bauwesens ein großer Einfluß auf die öffentlichen Bauten des Deutschen Kaiserreiches zuerkannt worden.

Er kann allerdings nicht in allen Fällen detailliert nachvollzogen werden, denn ihre Geschichte ist bisher nicht systematisch erforscht worden (was insofern nicht überrascht, als einem solchen Unternehmen erhebliche Überlieferungslücken entgegenstehen).[58]

Die Akademie des Bauwesens war eine preußische Institution. Mit der Reichsgründung ist ihr Verantwortungsbereich aber auf das gesamte Reichsgebiet ausgedehnt worden. Ihre beratenden Mitglieder, die überwiegend hoch angesehene Architekten gewesen sind, kamen nicht nur aus Preußen, sondern stammten aus dem gesamten Deutschen Reich[59], so daß preußische Bautraditionen bei ihren Entscheidungen gewiß eine große Rolle gespielt haben, aber nicht allein maßgebend waren. Dennoch war sie nicht unumstritten: Das *Organ für Christliche Kunst*, das in Köln beständig für die Neugotik eintrat, hatte sie als »doctrinäre Anstalt« bezeichnet; bei dieser Kritik dürften allerdings die politischen Kontroversen zwischen Altpreußen und der überwiegend katholischen Provinz am Rhein keine ganz unerhebliche Rolle gespielt haben.

Die Akademie des Bauwesens befaßte sich mit hochrangigen Bauaufgaben ebenso wie mit bedeutenden Aufgaben der Denkmalpflege: die Restaurierung des Straßburger Münsters (1880), das Theater in Riga (1883), das Domhotel in Köln (1889) oder das Rathaus in Aachen (1890). Viele Berliner Bauten waren begutachtet worden: die Neue Kirche am Gendarmenmarkt (1880), das Naturhistorische Museum (1882), der Dom (1889), der Umbau des Weißen Saales im Königlichen Schloß (1890) usw. Die Akademiegutachten setzen sich, soweit sie heute noch bekannt sind, zunächst mit folgenden Aspekten auseinander: Zweckmäßigkeit im Hinblick auf die Aufgabenstellung, innere Wegführung, Belichtung, Außenerscheinung, Einpassung in das Umfeld usw. Dann wurde die Architektur der entworfenen Bauten diskutiert. Erstaunlicherweise unterbleibt in nahezu allen Fällen eine Diskussion über den Baustil. Es ist auch kein Beispiel bekannt, in dem die Akademie einen Entwurf wegen der Entscheidung für einen bestimmten Baustil abgelehnt hätte.

Seit 1880 konnte kein Reichsbauvorhaben durchgeführt werden, ohne daß es zuvor von der preußischen Bauverwaltung revisioniert und oftmals verändert worden wäre. Mit ziemlicher Sicherheit sind auch die zwischen 1871 und 1880 ausgeführten Reichsbauten durch die preußischen Instanzen geprüft – wenn nicht sogar, wie zu vermuten ist, geleitet – worden, denn ohne Revision konnte ein öffentlicher Bau in Berlin gar nicht errichtet werden. Damit bestand permanent die Gefahr, daß das Deutsche Reich veranlaßt oder gar gezwungen war, »preußisch« zu bauen. Die Auseinandersetzung mit dem preußischen Bauwesen und seiner Tradition gehörte darum nolens volens zu den Wesensmerkmalen der Reichsbauabteilung. Dieses Schicksal teilte sie mit vielen anderen Instanzen des Reiches. Noch ein weiterer Aspekt erschwerte die Position der Reichsbauabteilung: Der leitende Baurat Wilhelm Neumann zeigte sich seiner Aufgabe schon nach wenigen Jahren aus bislang unbekannten Gründen nicht mehr gewachsen. Bismarck bezeichnete ihn schon 1882 als »unbrauchbar«[60] und hätte ihn gern entlassen, was sich allerdings als nicht möglich erwies. Diese Mißlichkeiten dürften den Reichskanzler darin bestärkt haben, sich in Bauangelegenheiten in erheblichem Maße auf Preußen zu stützen.

Die Unterordnung unter die preußische Revisionsinstanz und die Schwäche in der Führungsposition haben es der Reichsbauabteilung vor allem in der Anfangszeit schwer gemacht, ein eigenes Profil zu gewinnen. Dennoch hat sie ihr möglichstes getan, um von der preußischen Reglementierung nicht völlig überformt zu werden und ihr schließlich soweit möglich zu entgehen. Eine relative Eigenständigkeit erlangte die Reichsbauabteilung trotz aller widrigen Umstände auf dem Umweg über mehrere vom Reichstag geforderte Architektenwettbewerbe für wichtige Reichsbauaufgaben wie das Reichstagsgebäude, das Reichsgericht in Leipzig und das Kollegiengebäude der Kaiser-Wilhelm-Universität in Straßburg. Was sie selbst an Entwurfsarbeiten nicht zu leisten vermochte, mußte auf diese Weise nicht den preußischen Bauverwaltungen überantwortet werden, die solche Aufgaben selbstverständlich sehr gern übernommen hätten. Mehreren Wettbewerbsentscheidungen kommt darum richtungweisende Bedeutung für die Architektur im Deutschen Kaiserreich zu. Das gilt insbesondere für den Reichstag im Stil der internationalen Neurenaissance, der sich deutlich von preußischen Traditionen absetzte.

Fünf Jahre nach der Anbindung der Reichsbauabteilung an Preußen versuchte die Reichspost aus der preußischen Superrevision herauszukommen. Das tat sie mit gutem Recht, gehörte sie doch zu den größten öffentlichen Auftraggebern für Architektur und besaß eine entsprechend ausgestattete eigene Bauabteilung. Im ganzen Reich errichtete sie Post- und Telegrafenämter sowie die zugehörigen Verwaltungs- und Direktionsbauten. Der Staatssekretär im Reichspostamt warf der preußischen Bauverwaltung in diesem Zusammenhang vor, ihre Loyalität sei »anfechtbar« und bezeichnete die Verfügung vom 7.7.1880 als verfassungswidrig! Die Arbeit der Akademie des Bauwesens hielt er dessenungeachtet für sinnvoll. Bismarck lehnte es jedoch kategorisch ab, eine eigene Kontrollinstanz beim Reich einzurichten, und verwies auf die »üblen Erfahrungen«, die man mit dem Reichsbaurat Wilhelm Neumann gemacht habe. Gewiß nicht ganz zufällig hatte der preußische Minister der öffentlichen Arbeiten dem Reichskanzler kurz zuvor mitgeteilt, daß seine Tätigkeit für das Reich nicht so erfolgreich ausfallen würde wie erwartet und die preußische Verwaltung dringend der Hilfe des Reichstages bei der Errichtung eines neuen Dienstgebäudes bedürfe.[61] Diese Konflikte wurden allerdings vorerst beigelegt.

Im Unterschied zur Reichspost konnte die Bauverwaltung der Marine sich aber schon bald der Superrevision durch das preußische Ministerium entziehen. Wilhelm I. gewährte ihr im Jahr 1885 Souveränität in Baufragen.[62] Das Bauwesen der Reichspost hingegen wurde schließlich im Jahr 1891 zumindest teilweise aus der Unterordnung unter Preußen herausgelöst und entwickelte fortan die leistungsfähigste Bauabteilung innerhalb der Reichsverwaltung.

Im Jahr 1901 unternahm die preußische Bauverwaltung schließlich den Versuch, das Reichsbauwesen vollständig zu übernehmen. Konkreter Anlaß war der Tod des Baurates August Busse (zur Person s. u.) im Jahr 1896. Busse war Baubeamter in der Reichsbauabteilung gewesen, wo er einen großen Teil von Neumanns Aufgaben wahrgenommen hatte. Nach seinem Tod hat ein preußischer Baubeamter seine Tätigkeit vertretungsweise ausgeübt, worin das preußische Ministerium der öffentlichen Arbeiten seine Chance zur gänzlichen Übernahme der Reichsbauabteilung erblickte. Das Reichsamt des Innern und die Reichskanzlei wehrten sich jedoch erfolgreich gegen diesen Übergriffsversuch. Weil die Reichsbauabteilung allerdings weiterhin außerstande gewesen ist, eine eigene Kontrollinstanz einzurichten, mußte eine interne Kompromißlösung gefunden werden: Die Superrevision wurde der Reichspost übertragen. Auf diesem Wege gelang es schließlich im Jahr 1902, das »preußische Bauministerium« aus dem Reichsbauwesen ganz herauszudrängen. Die Einschaltung der Akademie des Bauwesens stand jedoch zu keiner Zeit in Frage.

Die Verselbständigung der Reichsbauabteilung im Jahr 1902 geschah allerdings unter Voraussetzungen, die eine eigenständige architektonische Entwicklung kaum noch zuließen. Zum einen ist kurz nach der Jahrhundertwende völlig klar gewesen, daß die Zahl der Neubauten des Reiches zukünftig gering sein würde, waren doch fast alle wichtigen

Administrationsbauten inzwischen vollendet. Zum anderen genehmigte Kaiser Wilhelm II. diese Verselbständigung nur unter der Voraussetzung, daß ihm alle Entwürfe für Bauten, die mehr als 100.000 Mk kosten sollten, persönlich vorgelegt würden (die Akademie des Bauwesens wurde erst jenseits 750.000 Mk eingeschaltet!).[63] Damit wurde eine neue Konstellation geschaffen, denn einerseits wurde die Reichsbauabteilung zwar von der preußischen Superrevision befreit, andererseits erhielt der Kaiser einen sehr großen Einfluß auf die Gestaltung der Architektur zukünftiger Neubauten. Von der Verfassung her war die Sachlage nicht zu beanstanden, denn Wilhelm II. war als Kaiser des Reiches auch oberster Dienstherr der Reichsbauabteilung. Letztlich gelang es der Reichsbauabteilung darum auch jetzt nicht, wirklich Autonomie zu gewinnen. Wilhelm II. hatte bereits unmittelbar nach seinem Regierungsantritt im Jahr 1888 einen erheblichen Einfluß auf öffentliche Bauten in Preußen und im Reich genommen, und es war für ihn nach dieser formal festgeschriebenen Regelung noch leichter geworden, die Reichsbauabteilung, die keinen leitenden Baurat mehr hatte, zu dominieren. Allerdings ist ihm zugute zu halten, daß er in Baufragen keineswegs nur preußisch dachte. Vielmehr war er der erste, der sich in einer Spitzenposition des Reichsbauwesens ausdrücklich mit der Frage befaßt hat, welche Architektur der deutschen Nation einen angemessenen Ausdruck verleihen könne.

Die Architekten der Reichsbauabteilung

Als nach der Reichsgründung in Berlin ein provisorisches Reichstagsgebäude eingerichtet werden mußte, erhielt der renommierte Berliner Privatarchitekt Friedrich Hitzig den Auftrag. Das ist insofern sehr bemerkenswert, als die spätere Entwicklung zeigt, daß auch zu diesem Zeitpunkt bereits Baumeister aus den preußischen Bauverwaltungen hätten herangezogen werden können. Mit dieser Wahl war schon frühzeitig eine Entscheidung gegen die ältere Tradition der Berliner Schule in ihrer strengen Ausrichtung getroffen worden, deren Position in dieser Zeit bereits stark geschwächt war. Im privaten Bauwesen hatte sie ihren Führungsanspruch schon fast vollständig eingebüßt. Hitzig hatte den Reichstag auch nach dem ersten, gescheiterten Wettbewerb hinsichtlich eines Neubaus eines Reichstagsgebäudes beraten. In gleicher Weise waren auch Richard Lucae und Hermann Ende tätig. Die

68

20 Berlin, Reichsbank, Jägerstraße. Friedrich Hitzig 1873–1876 (zerstört)

Reichsregierung stützte sich gerade in den ersten Jahren nach der Reichsgründung auf solch bedeutende Architekten, doch starb Lucae im Jahr 1877 und Hitzig im Jahr 1881. Später griffen Reichstag und Reichskanzleramt beziehungsweise das Reichsamt des Inneren dann nicht mehr auf solch renommierte Persönlichkeiten zurück.

Im Jahr 1873 ist in Berlin der von Friedrich Hitzig bereits 1869 entworfene (nicht erhaltene) Neubau der Königlich Preußischen Hauptbank in der Jägerstraße begonnen worden (Abb. 20). Der im Vergleich zur Börse (Abb. 18) viel geschlossenere Baukörper folgte deutlich italienischer Renaissance – das stand einem Geldinstitut gut an, konnten doch so Assoziationen an die reichen Bankhäuser der italienischen Stadtstaaten mitsprechen. Das Erdgeschoß war gequadert, das Obergeschoß zeigte vergleichsweise große ungegliederte Wandflächen, die rundbogigen Obergeschoßfenster waren mit Aedikulen umrahmt. 1876 war das Gebäude vollendet. Die Königliche Preußische Bank wurde schon bald in die Kaiserliche Reichsbank umgewandelt. Mit der Vollendung dieses Gebäudes hatte Hitzig also einen der ersten Reichsbauten ausgeführt. Dies hatte sich zwar ganz absichtslos ergeben, dennoch wirkten seine monumentalen Finanzbauten auf die Architektur der Reichsbauabteilung und haben gewiß zur Vergabe des Auftrages für das

69

provisorische Reichstagsgebäude an Hitzig beigetragen. Hitzig erhielt schließlich auch von Preußen noch einen politisch bedeutenden Auftrag: den Umbau des Zeughauses Unter den Linden (heute Museum der Deutschen Geschichte) zu einer Ruhmeshalle für die Siege des preußischen Militärs, der 1877–1880 ausgeführt worden ist.[64]

Der erste Baubeamte des Deutschen Reiches Wilhelm Neumann, gen. von Mörner (14.6.1826 Guhrau bei Breslau – 16.3.1907 Berlin)[65] begann seine Laufbahn als preußischer Offizier. Im Jahr 1860 schied er aus dem Militär aus. 1870 wurde er Bauinspektor in der Bauabteilung im preußischen Ministerium der öffentlichen Arbeiten. Davor war er offenbar als Privatbaumeister in Berlin tätig. 1872–1874 führte er seinen ersten Auftrag für das Deutsche Reich aus, den vollständigen Umbau der Reichskanzlei in der Wilhelmstraße 74. Er tat das vermutlich noch als Mitarbeiter der preußischen Bauverwaltung. 1877 wurde er leitender Baurat in der Reichsbauabteilung beim Reichskanzleramt mit der Eigenschaft eines »vortragenden Rates«, d. h. dem Recht der persönlichen Berichterstattung vor dem zuständigen Minister, in diesem Fall dem Reichskanzler. 1878 erhielt er durch Adoption den Briefadel und trug seither den Namen von Mörner; das ist bei der Erfassung seiner Werke zu berücksichtigen, die seit diesem Jahr unter dem neuen Namen verzeichnet werden. Über Neumanns Leben ist nur wenig bekannt, darum läßt sich auch nicht beurteilen, warum Bismarck ihn schon 1882 als »unbrauchbar« bezeichnet hat. Aus der Zeit nach dem Jahr 1880, damals war Neumann 54 Jahre alt, sind keine Bauten mehr von ihm bekannt.

Neumann kam aus der Tradition der Berliner Schule, als Baubeamter der preußischen Bauverwaltung war das fast selbstverständlich zu erwarten. Eine ganze Reihe von Aufträgen für preußische Staatsbauten in Berlin band ihn weit stärker als freie Architekten, wie beispielsweise Friedrich Hitzig, in diese Traditionen ein. Zudem hatte ihn seine Ausbildung (soweit bekannt) nicht ins Ausland geführt. Neumann orientierte sich in seiner Anfangszeit bei der Reichsbauabteilung stark an den Werken von Friedrich August Stüler. Stüler hat zwar noch in der Tradition der Schinkelschule gewirkt, er war aber in der Rezeption italienischer Renaissance mit ersten Hochrenaissancemotiven einen bedeutenden Schritt weiter gegangen. Ein wichtiges Werk dieser Richtung war das (nicht erhaltene) preußische Kriegsministerium, dessen Fassade in der Leipziger Straße Stüler 1845/1846 errichtet hatte (Abb. 21). Hier waren zwei Geschosse gequadert, nur das dritte Geschoß war mit

21 Berlin, Preußisches Kriegsministerium, Leipziger Straße 5. Friedrich August Stüler 1845/1846 (zerstört), rechts das preußische Herrenhaus (um 1910)

Rundbogenfenstern sowie zwischengestellten Pilastern gegliedert. Das mit einem flachen Dach versehene Kriegsministerium, an dessen Stelle jetzt das Reichsluftfahrtministerium von Ernst Sagebiel aus den Jahren 1935/1936 steht, zeigte sich als ein für Preußen typischer Bau im Stil italienischer Frührenaissance. Für Neumann eröffnete die Orientierung an Stüler die Chance, sich von der strengen Tradition der Schinkelschule schrittweise zu emanzipieren. Das verdeutlicht der 1869/1870 errichtete Erweiterungsbau für das preußische Ministerium für Handel, Gewerbe und öffentliche Arbeiten in der Wilhelmstraße 80 (zerstört)[66], der sich unmittelbar an den Kernbau von 1852/1855 anschloß, den Friedrich August Stüler entworfen hatte, wobei Neumann Stülers Formen ohne eigene Interpretation aufgriff.

Vor seiner Tätigkeit in der preußischen Bauverwaltung errichtete Wilhelm Neumann in Charlottenburg ab 1866 das Wohnheim Wilhelm-Stift, Spandauer Damm 62 (Abb. 22). Dieser früheste von ihm bekannte (heute zerstörte) Bau hatte eine schlichte Backsteinfassade mit

22 Berlin, Wohnheim Wilhelm-Stift, Spandauer Damm 62. Wilhelm Neumann, gen. von Mörner, ab 1866 (zerstört)

23 Berlin, Münze, Unterwasserstraße 2–4. Wilhelm Neumann, gen. von Mörner, 1868–1871 nach einem Vorentwurf von Friedrich August Stüler (zerstört)

24 Berlin, Preußisches Finanzministerium, Erweiterungsbau Dorotheenstraße 84. Wilhelm Neumann, gen. von Mörner, vor 1877

einem Eingangsrisalit, der mit Fenstern in gotischen Formen und anderen gotischen Motiven verziert war. Zu Beginn seiner Tätigkeit bei der preußischen Bauverwaltung baute Neumann – noch völlig unberührt von der Neurenaissance – im preußischen Rundbogenstil. 1868–1871 baute er den (heute zerstörten) Neubau der Münze in der Unterwasserstraße 2–4, dessen Vorentwurf noch von Stüler herrührte[67] (Abb. 23). In diesem Zusammenhang gehört auch ein Erweiterungsbau für das preußische Finanzministerium in der Dorotheenstraße 84 aus dem Jahr 1877 (Abb. 24). Ein herausragendes Beispiel für den Rundbogenstil, der als Spielart preußischer Architektur einige Wirkung auf das Berliner Stadtbild ausgeübt hat, ist das aus Backstein errichtete »rote« Rathaus von Hermann Friedrich Waesemann (1813–1879) aus den Jahren 1860–1866.

Nach der Reichsgründung erhielt Neumann mehrere Aufträge für Bauten, die nicht erhalten sind: 1871/1872 die Preußische Central-Boden-Kreditbank, Unter den Linden 34, 1873/1874 die Württembergische Gesandtschaft in der Voßstraße 11, 1873–1875 das Palais Ratibor in der Moltkestraße 19. Ein (nicht erhaltenes) eigenes Wohnhaus errichtete Neumann sich 1873/1874 am Lützowplatz 7 (Abb. 25). Über

ein schlichtes, gequadertes Erdgeschoß stellte er ein flaches Zwischengeschoß mit Motiven früher Renaissance, er brachte zwischen den
Fenstern Reliefs an, welche an die antiken Spolien erinnern, die in die
Fassaden italienischer Renaissancepaläste zuweilen eingefügt wurden.
Das Motiv eines niedrigen Zwischengeschosses wiederholte der Architekt bei einigen seiner Reichsbauten. Das repräsentative Hauptgeschoß
des Wohnhauses erhielt große Rundbogenfenster mit keilförmig
umlaufender Putzgliederung und waagerechter Putzgliederung in den
Wandflächen.

Neumann erbaute sein Wohnhaus im Stil florentinischer Renaissance, einem Baustil, der im preußischen Bauwesen in der Mitte des

25 Berlin, Wohnhaus Wilhelm Neumann, gen. von Mörner, Lützowplatz 7.
Entworfen und errichtet vom Architekten 1873/1874 (zerstört)

19. Jahrhunderts eine Rolle gespielt hat. Entscheidende Merkmale waren großflächige Quaderungen und Rundbogenfenstern, wie sie an Palazzi des 15. Jahrhunderts in Florenz vorkommen. Dabei orientierte er sich nicht so sehr an einem Bauwerk wie dem wehrhaft erscheinenden Palazzo Pitti, wie etwa Leo von Klenze 1826 beim Königsbau der Münchner Residenz, sondern an Bauten wie dem Palazzo Medici-Riccardi, begonnen von Michelozzo 1444 oder dem Palazzo Ruccellai von Leon Battista Alberti 1446. Ebenfalls im florentinischen Stil hatte Friedrich Hitzig nach 1859 das ehemalige Reichenheimsche Haus an der Ecke Leipziger Platz und Leipziger Straße errichtet.[68] Doch die preußischen Bauverwaltungen reagierten nur zurückhaltend auf diesen Baustil. So erscheint Wilhelm Neumann als ein in der preußischen Tradition stehender Baumeister, der zwar in mehreren Baustilen zu entwerfen verstand, sich aber immer im Rahmen der Berliner Schule bewegte. Erst in den letzten Jahren seiner Tätigkeit als Baubeamter des Deutschen Reiches tendierte er zu einer dekorreicheren Neurenaissance, die allerdings nie die dekorreichen Formen der internationalen Neurenaissance rezipierte.

Für das Deutsche Reich baute Neumann das (nicht erhaltene) Reichsamt des Innern in der Wilhelmstraße 74 sowie den (bereits in den 1890er Jahren abgerissenen) provisorischen Reichstag in der Leipziger Straße um. Außerdem schuf er folgende Neubauten: das Reichsschatzamt, das Reichsjustizamt (Abb. 35 u. 36) und das Statistische Reichsamt, welches unterging, ohne Spuren zu hinterlassen. Obwohl es ihm nicht gelang, die Architektur der Verwaltungsbauten des Deutschen Kaiserreiches mit einer charakteristischen Handschrift zu gestalten, suchte er doch aus preußischer Bautradition kommend nach etwas Neuem im Stil der Neurenaissance. In Erinnerung blieb davon nichts: Neumanns Werke waren bis vor ganz kurzer Zeit völlig in Vergessenheit geraten, zumal gerade seine Bauten für Reichsbehörden alle vernichtet sind.[69]

Im Jahr 1879 trat August Busse (27. 1. 1839–9. 1. 1896) in die Reichsbauabteilung ein.[70] Seine Ausbildung hatte er bei seinem Vater, bei Gustav Möller und bei Hermann Ende erhalten. Ursprünglich Stadtbaumeister in Görlitz, arbeitete er im Marineministerium, seit 1876 im Kriegsministerium und war Mitglied der Ministerialbaukommission beim Ministerium der öffentlichen Arbeiten. Seine Ausbildung prädestinierte ihn eigentlich für eine Fortsetzung preußischer Bautraditionen, doch gelang es ihm, sich ein vielfältiges Formenvokabular anzueignen. Nach 1880 entwarf er anstelle von Neumann die anstehenden

Verwaltungsbauten des Reiches. Die Stelle des seit dieser Zeit untätigen leitenden Baubeamten bekam er aber nicht übertragen. Vor seinem Eintritt in die Reichsbauabteilung hat Busse an den Entwürfen für das Kriminalgericht in Moabit mitgearbeitet, bei dessen Ausführung 1879–1881 er die Bauleitung innehatte (1906 durch einen erhaltenen Neubau ersetzt). Wenige Jahre zuvor hatte er die Bauleitung beim Bau der großen Hauptkadettenanstalt in Berlin-Lichterfelde (teilweise erhalten, heute Bundesarchiv und andere Nutzungen). Um 1879 entwarf und baute er die Generalmilitärkasse in der Königgrätzer Straße, einen (zerstörten) dreigeschossigen Backsteinbau im Rundbogenstil, der sogleich Empörung auslöste: Als »Geheimratbaustil« wurde die Architektur beschimpft, die nun tatsächlich einen Anachronismus darstellte, wie er allerdings für Militärbauten nicht ganz untypisch gewesen ist.[71] Busse gelang es dennoch im Rahmen seiner Tätigkeit bei der Reichsbauabteilung sehr bald, sich ganz aus den Traditionen der Berliner Schule zu lösen. Für das Deutsche Reich schuf er einen (mittlerweile zerstörten) Erweiterungsbau für das Statistische Reichsamt, das (erhaltene) Reichspatentamt, das (ebenfalls erhaltene) Reichsversicherungsamt, das (zerstörte) Reichsgesundheitsamt (Abb. 37–39) und, zusammen mit Paul Spieker, einige Gebäude für die Physikalisch-Technische Reichsanstalt in Charlottenburg. Wie zahlreiche andere Architekten seiner Generation baute er dabei in den verschiedensten Stilen.

Die Gebäude für Reichsbehörden in Berlin

Die meisten der Berliner Reichsverwaltungsbauten entstanden in der Wilhelmstraße und ihrem Umfeld. Die Wilhelmstraße beginnt südlich der Straße Unter den Linden unweit des Brandenburger Tores neben dem Hotel Adlon. Sie kreuzt von hier aus kommend die Voßstraße und anschließend die Leipziger Straße. Beginnend in preußischer Zeit hat sich hier ein Regierungsviertel gebildet, das bis 1945 beständig vergrößert worden ist (Abb. 26; Zustand 1896). In der Wilhelmstraße sind schon im frühen 19. Jahrhundert neben Adelspalästen zahlreiche preußische Ministerien errichtet worden, die sich äußerlich kaum von privaten Palais unterschieden. Mehrere Botschaften traten im Laufe der Jahrzehnte hinzu. Auch die Verwaltungsinstanzen des Norddeutschen Bundes bezogen in der Wilhelmstraße ihren Dienstsitz. In ihrer Tradition wurden nach 1871 die Reichsämter gebaut.

26 Berlin, das Regierungsviertel um die Wilhelmstraße mit Reichstag im Nord-
westen, 1896

27 Berlin, Preußisches Ministerium des Inneren, Unter den Linden 72/73.
Julius Emmerich 1873–1876 (zerstört)

Der preußische Landtag – Herrenhaus und Abgeordnetenhaus – errichtete nach der Jahrhundertwende seinen umfangreichen (und bis
heute zumindest äußerlich erhaltenen) Neubau an der Südseite der
Leipziger Straße, von wo aus er sich bis zur Prinz-Albrecht-Straße
(heute Niederkirchnerstraße) erstreckt (Abb. 29 u. 30). Das Abgeordnetenhaus bezog 1993 der Berliner Senat, das Herrenhaus bezieht der
Bundesrat. In der Zeit der Weimarer Republik kamen im Regierungsviertel bedeutende Erweiterungsbauten hinzu. Und schließlich wurden
hier nach 1933 Schlüsselbauten der nationalsozialistischen Herrschaft
errichtet: die neue Reichskanzlei von Albert Speer in der Voßstraße
(zerstört) und das Reichsluftfahrtministerium von Ernst Sagebiel an der
Ecke Wilhelmstraße/Leipziger Straße (heute Bundesministerium der
Finanzen).[72]
    Der Zweite Weltkrieg hinterließ hier zahllose Ruinen. Vieles von
dem, was die Bomben nicht vernichtet haben, wurde später – teils aus
politischen Gründen – abgebrochen, wie die neue Reichskanzlei Adolf
Hitlers. Gezielte Zerstörung bis zur Tiefentrümmerung galt auch den

Gebäuden des Reichssicherheitshauptamtes in der Prinz-Albrecht-Straße, denn der Name »Prinz-Albrecht-Straße« war bald nach 1933 zu einem in ganz Deutschland gefürchteten Begriff geworden. Hier befindet sich heute das Ausstellungsgelände »Topographie des Terrors«. Die unmittelbare Nähe dieses Gebietes zur Berliner Mauer hatte weitere Abbrüche nach sich gezogen. Dennoch boten die überlieferten Bauten und die Grundstücke genügend Anknüpfungspunkte, um hier nach der Wiedervereinigung wieder zahlreiche Ministerien des Bundes und

28 Berlin, Preußisches Ministerium der geistlichen, Unterrichts- und Medizinal-Angelegenheiten, Unter den Linden 4. Bernhard Kühn 1879 (zerstört)

andere öffentliche Verwaltungsbauten ansiedeln zu können, so daß die Tradition des ehemaligen preußischen und deutschen Regierungsviertels, das sich schon im 19. Jahrhundert auch nach Norden über die Straße Unter den Linden bis zum Reichstags ausdehnte, jetzt wieder auflebt.

Preußen hat auch noch nach 1871 Staatsbauten in Berlin errichtet, denen nun im Vergleich mit den zeitgleich ausgeführten Gebäuden des Reiches ein besonderes Interesse zukommt: Die meisten der nach 1871 neu errichteten preußischen Ministerialbauten entstanden in den Stilformen eines Schinkel verpflichteten und von Stüler geprägten Klassizismus mit einer Hinwendung zu Formen italienischer Frührenaissance. Beispielsweise das preußische Ministerium des Innern, Unter den Linden 72/73, von Julius Emmerich 1873–1876 (Abb. 27) und das preußische Ministerium der geistlichen, Unterrichts- und Medizinal-Angelegenheiten (das Kultusministerium), Unter den Linden 4, von Bernhard Kühn 1879 (Abb. 28). Die beiden östlich der Wilhelmstraße ehemals einander gegenüberliegenden Gebäude, die in der Straße Unter den Linden naturgemäß wenig Spielraum für kühne Neuerungen hatten, haben noch vergleichsweise große ungegliederte Wandflächen, wie sie bei Bauten Palladios oft zu sehen sind. Die Eingänge im Fassadenzentrum sind in schmalen, risalitartig vorgezogenen Bauteilen mit korinthischen Säulen vor dem Erdgeschoß und Pilastern vor dem Obergeschoß angelegt.

Beim Neubau des preußischen Landtages wurde dieser Baustil um 1890/1900 noch einmal demonstrativ zur Schau gestellt, obwohl er angesichts der Entwicklung der internationalen Architektur nun ganz und gar unmodern erscheinen mußte. Das große Gebäude entstand ab 1892 in zwei Phasen nach Entwurf von Friedrich Schulze-Colditz[73] (Abb. 29 u. 30). Das Entstehungsdatum täuscht jedoch, denn der Entwurf war bereits 1884 aus einem internen Wettbewerb zwischen den preußischen Baubeamten Karl Hinkeldeyn, Christoph von Tiedemann und dem Sieger hervorgegangen.[74] 1892–1899 wurde das preußische Abgeordnetenhaus in der Prinz-Albrecht-Straße (heute Niederkirchnerstraße) gebaut (Abb. 29). Die gegenüber dem Kunstgewerbemuseum gelegene Hauptfassade hat ein gequadertes Erdgeschoß mit Rundbogenfenstern, ungegliederte Wandflächen vor dem Ober- und Mezzaningeschoß sowie Pilasteraedikulen um die Fenster des ersten Obergeschosses. Das flache Dach wird von einer Balustrade umrahmt. Charakteristisch für diese Architektur ist ein breiter, zentraler Bereich der Hauptfassade, der durch ein Hervortreten aus der Bauflucht sowie

29 Berlin, Preußisches Abgeordnetenhaus, Niederkirchnerstraße (ehem. Prinz-Albrecht-Straße). Friedrich Schulze-Colditz 1892–1899 (heute Berliner Senat)

30 Berlin, Preußisches Herrenhaus, Leipziger Straße 4. Friedrich Schulze-Colditz 1899–1904 (zukünftig Bundesrat)

Skulpturen auf der Dachbalustrade betont wird. Vor dem Haupteingang im Erdgeschoß steht ein schlichter Pfeilerportikus in Formen des preußischen Klassizismus. Bemerkenswert ist die Obergeschoßgestaltung mit schmalen, ornamentierten Wandflächen an den Seiten und einer loggienartig zurückgezogenen Wandfläche mit großen Rundbogenfenstern, der eine Reihe korinthischer Säulen nach Art einer Kolonnade vorgelegt ist. Friedrich Hitzig hat dieses Motiv bereits bei der Technischen Hochschule in Charlottenburg verwirklicht. Eine vergleichbare Fassadengestaltung fand sich in Berlin auch am (zerstörten) Erweiterungsbau der Reichsbank am Hausvogteiplatz von Max Hasak und Julius Emmerich aus den Jahren 1892–1894 (Abb. 31).

Das preußische Herrenhaus wurde 1899–1904 in der Leipziger Straße 4 anstelle des nun abgerissenen provisorischen Reichstagsgebäudes errichtet, so daß Abgeordneten- und Herrenhaus Rücken an Rücken stehen (Abb. 30). Hier wurde repräsentativ und konservativ im Sinne adliger Stadtpalais mit einem vorgelagerten Ehrenhof gebaut. Friedrich Schulze-Colditz wählte hierfür Bauformen italienischer Hochrenaissance und gab mit einem Säulenportikus sowie einer durchgängigen

31 Berlin, Reichsbank, Erweiterungsbau am Hausvogteiplatz. Max Hasak und Julius Emmerich 1892–1894 (zerstört)

Natursteinbekleidung der Fassaden dem Gebäude einen noblen Charakter. Preußen signalisierte mit diesem Baukomplex Kontinuität in der Architektur seiner Staatsbauten. Der neue Landtag steht beispielhaft für die preußische Staatsarchitektur im späten 19. Jahrhundert, die ein wiedererkennbares Profil abseits des »moderneren« Privatbauwesens und der Bauten der Reichsbauabteilung bewahrt hat. Konfrontiert mit der internationalen Neurenaissance entschied Preußen sich für seine vom Klassizismus geprägte Tradition. Dabei ist allerdings zu berücksichtigen, daß die preußischen Verwaltungsbauten in den Provinzen nicht in gleicher Konsequenz in dieser letztlich von Schinkel herrührenden Bautradition errichtet worden sind, vielmehr dort in – fortschrittlicher Weise – eine Orientierung an den historischen Bautraditionen der jeweiligen Region gesucht worden ist. Es wäre falsch, Preußen einen rigiden Konservatismus in der Architektur vorzuwerfen, denn die einheitliche, vom Klassizismus und schlichter Frührenaissance geprägte Stilhaltung findet sich vor allem bei den repräsentativen Staatsbauten in Berlin, die hier in der langen klassizistischen Tradition Altpreußens stehen. Der preußische Staatsbau des späten 19. Jahrhunderts in Berlin war im internationalen Vergleich konservativ, nichtsdestoweniger war diese auf eine lange Tradition gegründete Architektur von hoher Qualität.

Die politisch wichtigsten Instanzen des Deutschen Kaiserreiches sind nach der Reichsgründung im Jahr 1871 das Reichskanzleramt und der Reichstag gewesen.[75] Beide wurden zunächst in vorhandenen Bauten untergebracht, die für die neue Nutzung lediglich umgebaut worden sind, wobei sie neue Fassaden erhielten. Der Reichstag bezog seinen vorerst provisorischen Sitz in den zu diesem Zweck umgebauten Gebäuden der Königlichen Porzellanmanufaktur in der Leipziger Straße 4 (ab 1899 wurde hier das preußische Herrenhaus gebaut). Friedrich Hitzig erarbeitete den Umbauentwurf in Zusammenarbeit mit Gropius und Schmieden. Nach wenigen Monaten konnte das Gebäude bereits benutzt werden. Bei den Abgeordneten war es beliebt, die Größe des Sitzungssaales bildete später den Maßstab für den Neubau am Königsplatz. Das Vorderhaus wurde dann aber bereits 1874 durch Wilhelm Neumann für den Bundesrat umgebaut, wobei es eine neue Fassade erhielt (Abb. 32). Wie die von Hitzig gestaltete Fassade aussah, und ob diese auf Neumanns Entwurf eingewirkt hat, ist nicht geklärt. Neumann gab dem Erdgeschoß eine tief profilierte Quaderung mit rechteckigen Fenstern. Darüber grenzte ein Gesims die zwei Obergeschosse ab, welche eine waagerechte Putzgliederung erhielten; die oberen Fen-

32 Berlin, provisorisches Reichstagsgebäude, Leipziger Str. 4 (vormals Kgl. Preuß. Porzellanmanufaktur). Fassade Wilhelm Neumann, gen. von Mörner, 1874, Umbau im Inneren Friedrich Hitzig 1871 (1898, 1899 für den Neubau des Preußischen Herrenhauses abgebrochen)

ster waren rundbogig, es gab ein breites Dachgesims. Neumann baute hier erstaunlicherweise im florentinischen Stil. Diese sehr schlichte Gestaltung überrascht in dieser Zeit und an diesem Ort, denn der Bau stand unmittelbar neben dem preußischen Kriegsministerium, dem Friedrich August Stüler fast 30 Jahre zuvor bereits eine Fassade im Sinne italienischer Renaissance mit einer Pilastergliederung vor dem zweiten Obergeschoß gegeben hatte (Abb. 21). Einziger Fassadendekor des provisorischen Reichstagsgebäudes war ein zweigeschossiger Säulenportikus mit seitlichen Pfeilern über dem Haupteingang. Darüber stand auf der Dachbalustrade eine Germaniagruppe.

84

Das Reichskanzleramt ging aus dem Kanzleramt des Norddeutschen Bundes hervor und übernahm dessen Dienstsitz in einem Palais des 18. Jahrhunderts in der Wilhelmstraße 74. Der Bundesrat, der durch das Reichskanzleramt verwaltet worden ist, erhielt hier einen Sitzungssaal. 1872–1874 baute Wilhelm Neumann das (nicht erhaltene) Haus für die neue Zweckbestimmung vollständig um (Abb. 33). Dabei bekam es eine Fassade im Stil einer gemäßigten Neurenaissance. Das Erdgeschoß und das erste Obergeschoß erhielten eine Quaderung – die Quaderung von zwei Geschossen war ein sehr verbreitetes Motiv bei öffentlichen Bauten in Berlin. Vor dem zweiten Obergeschoß wurden korinthische Dreiviertelsäulen angebracht, zwischen denen die Wappen der deutschen Bundesstaaten eingefügt worden sind. Elf von insgesamt 21 Achsen der Fassade wurden durch ein leichtes Hervortreten aus der Bauflucht sowie eine Überhöhung betont. Über der Mittelachse der Fassade  wurde eine von Pohlmann geschaffene Plastik der Germania mit

33 Berlin, erstes Reichskanzleramt (ehem. Kanzleramt des Norddeutschen Bundes), Wilhelmstraße 74. Ab 1878 Reichsamt des Inneren. Umgebaut durch Wilhelm Neumann, gen. von Mörner, 1872–1874 (zerstört)

Reichswappen aufgestellt. Diese Architektur ist noch der Tradition der preußischen Bauverwaltungen im Sinne von Friedrich August Stüler verpflichtet. Die Quaderung von zwei der drei Geschosse mit scharf-kantig eingeschnittenen Fenstern ohne Verdachungen findet sich bei-spielsweise auch bereits beim preußischen Kriegsministerium in der Leipziger Straße (Abb. 21), das Stüler ab 1845 in dieser Gestalt hatte umbauen lassen; auch hier gab es rundbogige Fenster im zweiten Ober-geschoß mit seitlichen Pilastern.

Im Jahr 1878 zog das Reichskanzleramt im Zuge der Ausdifferen-zierung der Reichsämter aus dem Gebäude Wilhelmstraße 74 aus. Zurück blieb hier das Reichsamt des Inneren, das zuvor noch Teil des Reichskanzleramtes gewesen war. Die weitere Geschichte des Gebäude bis zu seiner Zerstörung im Zweiten Weltkrieg verlief unspektakulär: 1885/86 erhielt es einen Anbau (Busse/Gerard), und 1891 wurde es über dem ehemaligen Bundesratssaal erhöht. Das Reichskanzleramt hin-gegen bezog 1878 das barocke Palais Radziwill in der Wilhelmstraße 77 (Abb. 34) unweit der Voßstraße. Wilhelm Neumann baute es im Inne-ren für die Zwecke des Reichskanzlers um, der hier fortan seine politi-schen Geschäfte und die so einflußreichen Gesprächsrunden führte.

34 Berlin, ehem. Palais Radziwill, Wilhelmstraße 77. Palais des Reichskanz-lers und Reichskanzleramt seit 1878 (1881, zerstört)

35 Berlin, Reichsschatzamt, Wilhelmplatz. 1874–1877 durch Wilhelm Neumann, gen. von Mörner, als Auswärtiges Amt errichtet, Reichsschatzamt ab ca.
1880 (zerstört)

Das Palais des Reichskanzlers erhielt im Jahr 1928 einen bemerkenswerten Anbau in schlichten neoklassizistischen Formen nach dem Entwurf
von Eduard Jobst Siedler, der schließlich als Eingangsgebäude in der
neuen Reichskanzlei von Albert Speer aufgehen sollte und mit ihr
unterging.

Das Auswärtige Amt des Deutschen Reiches war aus dem Ministerium der Auswärtigen Angelegenheiten des preußischen Staates (ab 1870
Auswärtiges Amt des Norddeutschen Bundes) heraus entwickelt worden. Hier bestand eine höchst bemerkenswerte politische Kontinuität,
die sich auch auf die Bauten auswirken sollte. Das preußische Außenministerium hatte seinen Dienstsitz in barocken Wohnhäusern in der
Wilhelmstraße 75/76 (1938 abgebrochen). Wilhelm Neumann erbaute
1874–1877 einen ergänzenden (nicht erhaltenen) Neubau am Wilhelmplatz, nahe der Ecke Wilhelmstraße/Leipziger Straße. Bereits Anfang
der 1880er Jahre verließ das Auswärtige Amt dieses Gebäude wieder, um
in das inzwischen erweiterte ursprüngliche Haus zurückzuziehen, und
das Reichsschatzamt zog hier ein[76] (Abb. 35).

Wilhelm Neumann brach auch bei seinem Entwurf für das Auswärtige Amt beziehungsweise Reichsschatzamt nicht völlig mit der Tradition Stülers, aber er bereicherte die Formen zeitgemäß im Sinne einer Annäherung an die dekorreichere Hochrenaissance. Die beiden unteren Geschosse waren gequadert, aber die Profilierung ist viel stärker als bei Stüler gewesen. Hinzu kamen Balkone und Brüstungen vor den rundbogigen Fenstern im ersten Obergeschoß. Die Gebäudeecken waren risalitartig hervorgeschoben, womit das Gebäude eine körperhaftere Erscheinung erhielt. Das zweite Obergeschoß war beinahe zu einem Mezzaningeschoß reduziert, die dreifachen Fenster waren durch Hermenpfeiler geteilt. Ein ganz ähnliches Geschoß fügten Gropius und Schmieden 1876 – also zeitgleich – dem (erhaltenen) Kunstgewerbemuseum in der Prinz-Albrecht-Straße hinzu, wo es Teil einer klaren, tektonischen Architektur ist, wie sie typisch im Berlin der 1860er und 1870er Jahre gewesen ist, aber vorwiegend auf Zweckbauten beschränkt blieb. Den oberen Abschluß des Reichsschatzamtes bildete eine betont vorkragende Traufe mit Balustrade vor dem flachen Dach. Die Bildhauerarbeiten der Fassaden schuf Pohlmann, über der dem Wilhelmplatz zugewandten Fassade stand eine Germaniagruppe.[77]

Mit der vorsichtigen Herauslösung aus der von der Schinkelschule geprägten preußischen Bautradition verlor diese Architektur einerseits an Schlichtheit und Eleganz, wie sie sich andererseits im gleichen Maße moderneren, dekorreicheren Strömungen zuwandte. Ein solch massiver, fast wehrhaft erscheinender Baukörper war beispielsweise bei den Gebäuden für Berliner Bankhäuser durchaus nicht ungewöhnlich. Eine Annäherung an bürgerlichen Geschmack ist nicht zu übersehen, und tatsächlich findet sich dieser Baustil auch bei Geschäftsbauten, wie dem in Sichtweite in der Mohrenstraße 66 errichteten Bankgeschäftshaus, das Hermann Ditmar 1890–1892 baute (erhalten, bis 1990 Gästehaus der DDR). Hier im Zentrum des Regierungsviertels hat sich also eine der zahlreichen Banken bewußt an den Reichsbauten orientiert.

1878–1880 errichtete Neumann wiederum nach eigenem Entwurf das Reichsjustizamt in der Voßstraße 4–5 (Abb. 36). Der dreigeschossige Bau mit elf Fensterachsen besaß ein gequadertes Erdgeschoß mit rundbogigen Fenstern und darüber ein schmales Zwischengeschoß, wie es auch von Neumanns Privathaus bekannt war. Beim zweiten Obergeschoß griff Neumann mutiger zu einer Hochrenaissancegliederung, wie er sie schlichter bereits beim Reichsinnenministerium verwirklicht hatte: Die rundbogigen Fenster sind etwas zurückgelegt und werden

88

von Säulen und Bögen überfangen sowie mittels ionischer Dreiviertelsäulen voneinander geschieden. Diese Gestaltung folgte der Libreria di
San Marco Sansovinos in Venedig (Mitte und Ende 16. Jahrhundert).
Den Abschluß des Daches des Reichsjustizamtes bildeten eine dekorreiche Traufe und eine Balustrade. Reminiszenzen an die Architektur
Stülers sind noch zu erkennen, speziell die seitlich zurücktretend ange-
fügten Eingangsbauten zitierten ähnliche Anbauten an Stülers Kriegsministerium von 1845/1846 (Abb. 21). Von Wilhelm Neumann stammt
außerdem der Entwurf für das Statistische Amt des Deutschen Reiches
am Lützowufer 6–8, das in schlichten Formen 1874–1876 entstand.
August Busse hat es 1885–1887 durch einen rückwärtigen Anbau erweitert. Dieser Bau ging jedoch unter, ohne Spuren zu hinterlassen, nicht
einmal ein Foto ist bekannt.

August Busse trat erst gegen Ende der 1880er Jahre als Architekt für
Neubauten des Deutschen Reiches in Erscheinung. Die europäische
Architektur hatte sich seit Neumanns Rückzug weiter entwickelt, und
Busse suchte nun nach neuen Bauformen für seine Entwürfe. Dieser

36 Berlin, Reichsjustizamt, Voßstraße 4–5. Wilhelm Neumann, gen. von Mörner,
1878–1880 (zerstört)

37 Berlin, Kaiserliches Patentamt, Luisenstraße 33/34. August Busse 1887–1891, erweitert 1895 (um 1900)

Busse

Baumeister baute mehrfach im Stil der Neurenaissance, allerdings hat er die Pfade der preußischen Bauschule endgültig verlassen, aus mehreren seiner Bauten läßt sich sein Interesse für flämische Architektur des 16. und 17. Jahrhunderts erkennen. Seiner Tätigkeit vorausgegangen war die richtungweisende Entscheidung für Paul Wallots Reichstagsentwurf.

In den Formen einer oppulenten, fast manieristischen Neurenaissance baute August Busse in den Jahren 1887–1891 das (weitgehend erhaltene) Kaiserliche Patentamt in der Luisenstraße 33/34 (Abb. 37). Der dreigeschossige Bau ist in eine Straßenfront eingebunden. Vortretende Eckrisalite sowie ein Mittelrisalit mit Durchfahrt und einem Dreieckgiebel vor dem Dach zeichnen die Fassade aus. Das Erd- mit Sockelgeschoß ist mit einer stark profilierten, waagerechten Bossengliederung gestaltet. Zwischen den Fenstern ist eine vortretende Pilastergliederung angefügt, die sich bis zum Dach durchzieht und alle Geschosse miteinander verklammert. Die zwei oberen Geschosse haben eine sorgfältig ausgearbeitete Sandsteinverkleidung. Das Dach ist im Vergleich mit allen bisherigen Staatsbauten relativ hoch, es folgt französischen beziehungsweise flämischen Vorbildern des 16. Jahrhunderts, d. h. Busse brach mit der preußischen Tradition, die stets flache Dächer nach italienischem Vorbild bevorzugt hatte. Gerade bei diesem Bau fällt im Unterschied zu Neumanns Entwürfen die Einbeziehung französischer und flämischer Motive auf, was die zuweilen geäußerte These widerlegt, nach dem Sieg über Frankreich im Jahr 1871 habe das Deutsche Reich aus nationalistischen Gründen auf die Rezeption französischer Renaissance bewußt verzichtet. 1895 kam ein Erweiterungsbau hinzu (dessen Vorderhaus im Zweiten Weltkrieg zerstört worden ist).

1891–1894 entstand nach Plänen von August Busse in der Königin-Augusta-Straße 25–27, heute Reichpietschufer 50–54, das (weitgehend erhaltene) Reichsversicherungsamt (Abb. 38). Auch hier wurde als Baustil eine dekorreiche Neurenaissance gewählt, allerdings ist die Fassade des Gebäudes viel flächiger gestaltet als diejenige des Patentamtes. Busse hat sich möglicherweise von Ludwig Hoffmanns 1887 begonnenem Reichsgerichtsneubau in Leipzig beeinflussen lassen, dessen schlichte

38 Berlin, Reichsversicherungsamt, Reichpietschufer 50–54 (ehem. Königin Augusta Straße 25–27). August Busse 1891–1894

Neurenaissance mit glatten Wandflächen schon fast wieder an Schinkels Klassizismus erinnert. Der dreigeschossige Bau des Reichsversicherungsamtes mit einem waagerecht bossierten Sockel- und Erdgeschoß verfügt über zwei Obergeschosse mit verdachten Fenstern und eine Balustrade vor dem flachen Dach. Er besitzt einen vortretenden Mittelrisalit und betonte Eckrisalite. Der Mittelrisalit ist vor den Obergeschossen mit Pilastern und einem Dreieckgiebel portikusartig ausgebildet. Die breit gelagerte Bossierung der unteren Geschosse und vor allem die großen rundbogigen Fenster in den Eckrisaliten mit eingestellten, kapitellosen Pfeilern waren ein Motiv aus der frühen italienischen Renaissance, das letztlich auf die spätrömischen Thermenfenster zurückgeht, und das bald weit über die Neurenaissance hinaus bis in die archaisierende Architektur der Jahrhundertwende hinein Verbreitung finden sollte.

August Busse errichtete auch das Reichsgesundheitsamt in der Klopstockstraße 19–20, das um 1895 begonnen worden ist. Der Bau war in eine Straßenfront einbezogen, seinen linken Abschluß bildete ein Turm mit Erker, rechts setzte ein Risalit mit Treppengiebel einen Akzent (Abb. 39). Busse hatte hier als dem einzigen Fall von Reichsverwaltungsbauten den neuromanischen Baustil gewählt: Den Eingang bildet ein Rundbogenportal mit eingestellten Säulen, wie es im hochromanischen Kirchenbau häufig vorkommt, am Turm und am Risalit gibt es Säulen und Bögen nach spätromanischen Vorbildern, zwischen dem Erdgeschoß und dem ersten Obergeschoß war ein Rundbogenfries angebracht. Doch trotz dieser Verwendung von romanischen Motiven entspricht die Erscheinung des Reichsgesundheitsamtes nicht dem neuromanischen Stil, wie er durch Kaiser Wilhelm II. in möglichst getreuer Nachempfindung mittelalterlicher Vorbilder gefördert worden war. Der Erker am Turm des Gesundheitsamtes erinnert an den nordischen Manierismus in der Architektur, der Treppengiebel am Risalit ist zwar auch ein romanisches Motiv (vgl. Overstolzenhaus in Köln), kam aber in Niederdeutschland und den Niederlanden bis in das 17. Jahrhundert vor. So schuf Busse einen zeitgemäßen Zweckbau mit romanischen Motiven, der Anspielungen an den Profanbau des späten Mittelalters und der frühen Neuzeit verarbeitet. Eine gewisse Unentschlossenheit ist nicht zu übersehen.

Auf dem Gelände der Physikalisch-Technischen Reichsanstalt in Charlottenburg entstanden nach der Gründung 1886 mehrere Bauten unter der Leitung von August Busse in schlichter Neurenaissance unter

39 Berlin, Reichsgesundheitsamt, Klopstockstraße 19–20. August Busse, beg.
ca. 1895 (zerstört)

Beteiligung von Paul Spieker (1826–1896), der Mitglied der preußischen Ministerialbaukommission gewesen ist. Spieker hatte bereits
1871–1873 das Dienstgebäude der »Normal-Aichungskommission« auf
einem Grundstück der Sternwarte errichtet. Er gehörte zu den preußischen Baubeamten, die zeitweise für Reichsbauten tätig waren.

   Die preußischen Staatsbauten in Berlin sind bis zum Ende des
19. Jahrhunderts in dem einheitlichen Stil einer fortentwickelten Tradition der Schinkelschule mit Motiven italienischer Frührenaissance
errichtet worden. Damit wahrte die preußische Staatsbauverwaltung
gegen die internationale Neurenaissance ihre Identität. Nun eröffnete
sich die Frage, welche Position die Reichsbauabteilung beziehen würde,
die ja organisatorisch und personell eng mit der preußischen Bauverwaltung kooperieren mußte. Tatsächlich ging man schon nach wenigen
Jahren eigene Wege. Wilhelm Neumann wandte sich der internationalen Neurenaissance immer stärker zu, und August Busse hat schließlich
jede Verbindung zur preußischen Schule aufgekündigt. Von richtungs-
weisender Bedeutung für die Architektur der Staatsbauten des Kaiserreiches in Berlin ist die Entscheidung für Paul Wallots Reichstagsentwurf gewesen. Spätestens seit dieser Zeit bewegten sich der preußische

Staatsbau und die Architektur des Deutschen Reiches definitiv in verschiedene Richtungen.

Das Reichstagsgebäude

Das Reichstagsgebäude in Berlin steht derzeit wie kaum ein anderes historisches Monument im Mittelpunkt der Diskussionen zur jüngeren deutschen Geschichte. Nach Wiedervereinigung und Hauptstadtbeschluß ist es zu einem Kristallisationskern deutschen Selbstverständnisses geworden. Das ist lange Zeit ganz anders gewesen, denn nach einem wechselvollen Schicksal nach dem Ende des Kaiserreiches und schweren Zerstörungen im Zweiten Weltkrieg fristete der Bau jahrzehntelang ein wenig beachtetes Dasein vor der Berliner Mauer. Im Jahr 1995 haben Christo und Jeanne-Claude den Reichstag schließlich nach jahrelangen Planungen verhüllen können. Sie haben ihn kurze Zeit den Blicken der Betrachter entzogen. Verhüllung und Enthüllung sind im Grunde ganz unpolitische Ereignisse gewesen, sie ließen die Zuschauer an einen Zauberer denken, der einen Gegenstand geheimnisvoll mit einem Tuch bedeckt, um es dann plötzlich zu lüften. Das Publikum erwartet selbstverständlich eine Überraschung, eine Veränderung. Dieser spielerische Aspekt der Reichstagsverhüllung hat dem Bau tatsächlich die Chance einer Neuinterpretation gegeben.[78] Aber selbstverständlich konnte nicht allein die Verhüllung eine veränderte Sicht auf das Reichstagsgebäude bewirken: Die Zeit für eine differenziertere Beurteilung der Architektur des Kaiserreiches war mit zunehmendem Abstand ohnehin gekommen.

Das Gebäude des Reichstages erlebte ein wechselvolles Schicksal.[79] Seine Errichtung hat sich lange verzögert, die Ausführungsentwürfe wurden wiederholt geändert. Nach den Tumulten in den Jahren 1918/1919 war das Gebäude zwei Jahre lang unbenutzbar, der Reichstag versammelte sich im Weimarer Nationaltheater. 1933 brannte der Plenarsaal aus. Der Reichstagsbrand wurde von den Nationalsozialisten sogleich propagandistisch genutzt, wiewohl die Hintergründe der Brandstiftung bis heute nicht mit völliger Sicherheit aufgeklärt werden konnten. Im Dritten Reich wurde nach der Annahme der Ermächtigungsgesetze die politische Wirksamkeit des Reichstages bis zur Bedeutungslosigkeit reduziert. Das Marionettenparlament der Nationalsozialisten tagte in der ehemals gegenüber dem Reichstag gelegenen

94

Krolloper.[80] Immerhin wurde das Reichstagsgebäude nicht abgerissen, denn das war im Rahmen der gigantischen Neubauplanungen für Berlin erwogen worden. Im Zweiten Weltkrieg wurde der zu einer Festung ausgebaute Bau schwer beschädigt. Für die Rote Armee war seine Eroberung von symbolischer Bedeutung für den Sieg – die politisch ungleich mächtigere Reichskanzlei hatte sich den Militärs offenbar noch nicht genügend eingeprägt; und Stalin scheint es so gewollt zu haben. Das Hissen der vom Obersten Sowjet übersandten sowjetischen Flagge auf seiner Mauerkrone wurde zu einem Zeichen des Sieges über das Deutsche Reich. Ein (wahrscheinlich nachgestelltes) Foto dieses Ereignisses prägte sich der Erinnerung an den deutschen Zusammenbruch weltweit ein.

Nach dem Ende des Zweiten Weltkrieges hat es kontroverse Diskussionen über die Zukunft des Reichstagsgebäudes gegeben. Schließlich wurde es nach einem von Paul Baumgarten 1966 vorgelegten Entwurf als Parlamentsgebäudes der Bundesrepublik Deutschland und Versammlungsort der Bundesversammlung in schlichten Formen im Stil der Zeit ausgebaut. Die ursprüngliche, im Zweiten Weltkrieg bereits stark beeinträchtigte Innenausstattung ist seitdem nahezu vollständig verloren. Die Kuppel, deren Stahlkonstruktion noch bis 1954 in schwer beschädigtem Zustand erhalten war, wurde gesprengt. Außerdem sind viele Schmuckelemente des Außenbaus entfernt worden, so daß die Architektur im Vergleich zum ursprünglichen Zustand nackt und kahl erscheint. Die Wiederherstellung des Reichstagsgebäudes war auch politischer Ausdruck für den Wunsch nach der Einheit Deutschlands und ein Symbol für die Bedeutung Berlins als Hauptstadt, denn faktisch nahm der Bundestag seinen Sitz in Bonn. Darüber hinaus wurden die vereinfachten Architekturformen ohne Kuppel und Eckturmbekrönungen zusammen mit dem Innenausbau in modernen Formen als politisches Signal gegen deutschen Größenwahn und insbesondere den sogenannten Wilhelminismus verstanden.

Den Hintergrund dafür bildete die nach 1945 geführte, kritische Auseinandersetzung mit der jüngsten deutschen Vergangenheit, insbesondere mit dem Nationalsozialismus. Historiker waren daran ganz wesentlich beteiligt, was nicht zuletzt in der deutschen Tradition des 19. Jahrhunderts stand, in dem Historiker hohe gesellschaftliche Anerkennung genossen haben und weit über ihr Fach hinaus gehört worden sind.[81] Die Ursachen für die Entstehung des gewalttätigen Nationalsozialismus sind dabei auch im Deutschen Kaiserreich und seinem ideologischen Rückgriff auf die deutsche Romantik gefunden worden. Darum stand beziehungsweise steht die Epoche von 1871 bis 1918 im historischen Rückblick unter keinem guten Stern. Nichtsdestoweniger sind die Auswirkungen des Kaiserreiches auf die deutsche Geschichte nach 1918 bis heute umstritten.

Die kritische Auseinandersetzung mit dem 1871 gegründeten und 1945 untergegangenen Deutschen Reich hat einen dunklen Schatten auf das Reichstagsgebäude geworfen. Über die Kolossalordnung der Fassade mit einem Portikus und den über Treppen erreichbaren Eingang etwa hieß es, sie hätten eine abweisende Wirkung auf die Bürger gehabt[82], überhaupt würden die öffentlichen Gebäude des Deutschen Kaiserreiches von »wilhelminischem Größenwahn« künden.[83] Die Architektur der Kaiserzeit sei Ausdruck »Wilhelminischen Auftrumpfens«[84]. Bei genauerem Hinsehen haben diese in erster Linie politischen Beurteilungen aber Mühe, ihre Argumente am Reichstagsgebäude stichhaltig zu belegen, denn die Architektur selbst macht in dieser Hinsicht keineswegs eindeutige Aussagen. Für die Beurteilung des Reichstagsgebäudes war es vielmehr geradezu schicksalhaft, daß es vorwiegend aus einer politischen Perspektive beurteilt worden ist, wobei seine architekturgeschichtliche Bedeutung in den Hintergrund rückte.

Die Architektur des Reichstagsgebäudes ist weder besonders spektakulär noch exklusiv, sie fügt sich vielmehr nahtlos in das internationale Baugeschehen des späten 19. Jahrhunderts ein. Die Parlamentarier und die Reichsbauabteilung sind mit dem Reichstagsgebäude auch keineswegs unbescheiden gewesen, denn die meisten europäischen Parlamentsneubauten waren deutlich größer. Als eine politische Machtdemonstration des Reichstages konnte das Gebäude auch nur eingeschränkt gelten, denn sein Einfluß war begrenzt: Der Reichstag konnte das Veto des Bundesrates nicht überwinden, er hatte kein Selbstversammlungsrecht, er konnte vom Kaiser in Übereinstimmung mit dem Bundesrat aufgelöst werden, und der Reichskanzler war ihm formell nicht verantwortlich. Doch trotz dieser Beschränkungen demonstrierte der Reichstag mit diesem Bau seine Präsenz im Machtgefüge des Deutschen Kaiserreiches.

Erste Parlamentsgebäude waren in der westlichen Welt bereits im 18. Jahrhundert errichtet worden. In dieser Zeit und bis in das frühe 19. Jahrhundert hinein ist der Klassizismus der bevorzugte Baustil für diese Bauaufgabe gewesen. Bereits in den Jahren 1728–1731 ist durch Edward Lovett Pearce das Parliament House in Dublin im klassizistischen Stil errichtet worden (heute Bank of Ireland). Die zweite Kammer des französischen Parlamentes, die direkt gewählte Assemblée Nationale tagt seit 1795 im Palais Bourbon in Paris.[85] Dieses aus dem Jahr 1722 stammende Bauwerk erhielt 1806–1808 einen klassizistischen Säulenportikus mit korinthischen Säulen von Bernard Poyet. Das Giebelrelief schuf Jean Pierre Cortot, es zeigt La France im Zentrum und die Personifikationen von öffentlicher Ordnung und Freiheit zu ihren Seiten. Den Sitzungssaal gestaltete Jules de Joly 1828–1833 ebenfalls klassizistisch.

Größte Aufmerksamkeit erfuhr im 19. Jahrhundert das klassizistische Kapitol in Washington, das für den Parlamentsbau vieler Bundesstaaten der USA Vorbildcharakter besaß (Abb. 40). Der Mittelbau war von William Thornton (1759–1828) und Benjamin Latrobe (1764–1820) in den Jahren 1792–1827 errichtet worden. 1851–1867 fügte Thomas Walter (1804–1887) die großen Flügelbauten mit je einem Säulenportikus sowie die hohe Kuppel hinzu, die auf einer Gußeisenkonstruktion ruht.[86] Der Senat sowie das Repräsentantenhaus, die zusammen den Kongreß bilden, besaßen jeweils einen Sitzungssaal in den niedrigen

40 Washington, Kapitol. Thornton und Latrobe 1792–1827, Thomas Walter 1851–1867

Flügelbauten zu beiden Seiten der großen Kuppel, die eine zentrale Halle überwölbt. Die Sitzungen fanden bei offenen Türen statt, so daß die Besucher von der zentralen Halle aus die Präsidenten beider Häuser sehen konnten.

Neben dem Klassizismus ist in einigen Ländern auch die Neugotik für bedeutende Parlamentsbauten gewählt worden. In London wurden nach einem Brand die Houses of Parliament durch Sir Charles Barry (1795–1860) in den Jahren 1840–1865 am Ufer der Themse im neugotischen Stil errichtet (Abb. 41). In diesen Bau wurde die Westminster Hall aus dem 14. Jahrhundert integriert.[87] In dem Neubau gibt es je einen Sitzungssaal für das Oberhaus und für das Unterhaus. Dieses Parlamentsgebäude greift Formen der englischen Gotik auf und setzt damit nationale Akzente.

Zu den größten Parlamentsneubauten des 19. Jahrhunderts gehört das ungarische Reichsrathaus in Budapest am Donauufer, das von Imre von Steindl (1839–1902) ab 1885 nahezu zeitgleich mit dem deutschen Reichstagsgebäude begonnen wurde, aber erst 1902 vollendet werden konnte (Abb. 42). Auch im ungarischen Reichsratgebäude gibt es zwei architektonisch nahezu gleichwertige Sitzungssäle für die Magnaten-Tafel und die Repräsentanten-Tafel. Das gut erhaltene Gebäude wird von einer hohen Kuppel überragt, die über einer zentralen Halle angeordnet ist, welche als Treffpunkt der Mitglieder beider Häuser dient. Von Steindl hatte bei der Stil- und der Formwahl möglicherweise die Houses of Parliament in London im Sinn, vielleicht auch den neugotischen Entwurf für das deutsche Reichstagsgebäude, den George Gilbert Scott zum ersten Wettbewerb im Jahr 1872[88] eingereicht hatte und worin ebenfalls eine Kuppel vorgesehen war.[89]

Ganz in klassizistischen Formen wurde in den Jahren 1874–1883 nach einem Entwurf des gebürtigen Dänen Theophil von Hansen (1813–1891) in Wien das neue Reichsrathaus an der repräsentativen Ringstraße errichtet.[90] Das Gebäude steht noch heute an einem Platz seitlich vor dem von der Ringstraße zurückgesetzten neugotischen Rathaus, am rechten Abschluß des Platzes wurde die Universität erbaut (Abb. 43 u. 44). Das Abgeordnetenhaus und das Herrenhaus erhielten im österreichischen Reichsrathaus je einen Sitzungssaal, die sich an den Seiten des über einem rechteckigen Grundriß errichteten Baukomplexes gegenüber liegen. Im Zentrum befindet sich hinter einem antikisierenden Portikus ein verbindendes »Peristyl«. Hinsichtlich der inneren Konzeption orientierte Hansen sich am Washingtoner Kapitol. Der Ausstat-

41 London, Houses of Parliament. Charles Barry 1840–1865

42 Budapest, Reichsratgebäude. Imre von Steindl 1885–1902

43 u. 44 Wien, Reichsratgebäude. Theophil von Hansen 1874–1883

tung wurde besondere Aufmerksamkeit geschenkt, die Böden und Wände sind mit kostbaren Steinsorten farblich sorgfältig aufeinander abgestimmt. Kaiser Franz Joseph hatte die Ausstattung mit Skulpturen zunächst ausgesetzt, und obwohl Hansen bis zum Ende seines Lebens mühsam für ihre Vollendung kämpfte, blieb ihm die Aufstellung von Figuren bedeutender Österreicher im Peristyl versagt.

Die Parlamentsneubauten in Wien und in Budapest waren durch den österreich-ungarischen Ausgleich im Jahr 1867 möglich geworden, der die Doppelmonarchie bis zu ihrem Untergang im Jahr 1918 begründete.

Wien stellte sich dabei architektonisch mit seinem klassizistischen Reichsrathaus in die antike Tradition, was besonders bemerkenswert ist, weil der Klassizismus für Staatsbauten in dieser Zeit kaum noch eine Rolle gespielt hat. Die Stilwahl verantwortete in einem erheblichen Maße Theophil von Hansen, der den Auftrag für das österreichische Parlamentsgebäude ohne Ausschreibung (offenbar mit einer Zusage von Kaiser Franz Joseph) erhalten hat. Hansen hatte bereits im Jahr 1865 einen klassizistischen Entwurf für ein Herrenhaus angefertigt, welcher im Neubau des Reichsrathauses verwertet worden ist. Der Architekt hat wiederholt die vorbildliche Bedeutung der hellenischen Politik betont. In der für den Neubau zuständigen Parlamentskommission hatte es durchaus Kritik an der Stilwahl gegeben, die jedoch einvernehmlich zugunsten des klassizistischen Entwurfes beigelegt worden ist. Der Wiener Bau hat gewiß dazu beigetragen, daß in Budapest wenig später der Parlamentsneubau in einem ganz anderen Stil errichtet worden ist, denn architektonisch kannte der Historismus keinen größeren Gegensatz als den zwischen Klassizismus und Neugotik.

Das deutsche Reichstagsgebäude fügt sich in diesen internationalen Kontext als ein Bau von vergleichsweise bescheidener Dimension und Ausstattung ein, was sich schon nach wenigen Jahren nachteilig auf die Arbeit der Abgeordneten auswirken sollte. Die Parlamentsneubauten in Budapest und London sind mit 289 m beziehungsweise 285 m Fassadenlänge wesentlich größer. Die Hauptfassade des Reichsratgebäudes in Wien ist 161 m lang, während die Fassadenlänge des deutschen Reichstagsgebäudes auf 138 m beschränkt worden war. Nicht wenige der im 19. Jahrhundert errichteten Parlamentsgebäude trugen Kuppeln, was in dieser Zeit, in der ebenso Justizgebäude, Bibliotheken und Museen mit Kuppeln versehen worden sind, nicht ungewöhnlich war. In dem breiten Spektrum der stilistischen Möglichkeiten des Parlamentsbaus im 19. Jahrhundert setzte das Reichstagsgebäude des Deutschen Reiches nichtsdestoweniger einen eigenen Akzent.

Der Architektenwettbewerb 1872: Ludwig Bohnstedt

Wie nur wenige Staatsbauten des Kaiserreiches galt das Reichstagsgebäude Teilen der Politik und der Öffentlichkeit als ein nationales Monument. Während die Errichtung der zuvor vollendeten Bauten für Reichsbehörden kaum Beachtung fand, sollte das Reichstagsgebäude zu einem repräsentativen Staatsbau des jungen Nationalstaates werden. Der intendierten Wirkung der Architektur wurde allerdings von vornherein unterschiedliches Gewicht beigemessen. Der im Reichstag am 19. April 1871 akzeptierte Antrag auf Errichtung eines neuen Reichstagsgebäudes lautete recht nüchtern: »Die Errichtung eines den Aufgaben des deutschen Reichstags entsprechenden und der Vertretung des deutschen Volkes würdigen Parlamentshauses ist ein dringendes Bedürfnis.« Diese Formulierung war auf Intervention der liberalen Fortschrittspartei angenommen worden. Der zuvor diskutierte Vorschlag der Nationalliberalen dagegen hatte noch gelautet: »Die Errichtung eines monumentalen Parlamentshauses, würdig, die Erfolge des Jahres 1870 zu verherrlichen, ist ein Bedürfnis der deutschen Nation.« (Antrag der Nationalliberalen Partei vom 30.3.1871)[91] Den Tenor der nationalliberalen Formulierung würde man womöglich rückblickend als konsensbildend für die Inangriffnahme des Neubaus eines Reichstagsgebäude beurteilen, tatsächlich haben aber keineswegs alle Parteien und Politiker so gedacht. Es sind vor allem die Nationalliberalen gewesen, die ein monumentales Reichstagsgebäudes als ein »nationales Denkmal« für den Sieg über Frankreich und die vollzogene Reichseinheit errichten wollten. Viele andere Abgeordnete erachteten die Errichtung eines Reichstagsgebäudes dagegen für zu teuer, insbesondere das Zentrum brachte im Reichstag mehrere Initiativen für die Inangriffnahme eines Neubaus zu Fall.

Eine im Jahr 1874 vom Bundesrat und vom Reichstag gegründete Kommission sollte die Möglichkeiten für einen Neubau weiter erörtern, wobei es vor allem um den lange Zeit umstrittenen Bauplatz ging. Die Kommission trat schließlich mit folgender Überlegung vor das Reichstagsplenum, »daß das Parlamentsgebäude, die Idee des in seiner Volksvertretung geeinigten Deutschland verkörpern soll und daß es darum im gleichen Maße, wie es unser Schloß als Repräsentant der Kaiserwürde thut – nicht allein durch seinen architektonischen Werth an sich, sondern auch durch seine Lage diejenige dominierende Bedeutung bekommen muß, die ihm als dem nationalsten Bauwerk Deutschlands unbedingt gebührt«[92]. Doch die enthusiastische, von nationaler Begeisterung durchtränkte Stimmung der Zeit nach der Reichsgründung legte sich allmählich. Der Reichstag sollte noch 23 Jahre in seinem Provisorium in der Leipziger Straße verbringen, und er hat das überwiegend mit großer Zufriedenheit getan.

Im Vorfeld der Errichtung des Reichstagsgebäudes erwies sich die Suche nach einem geeigneten Grundstück als besonders schwierig. Ein

Standort im Tiergarten ist immer wieder erwogen worden, doch lehnte es Wilhelm I. rigoros ab, einen Teil dieses öffentlichen Parkes der Stadtbevölkerung zu entziehen. Diskutiert wurde auch eine kostengünstige Lösung im Bereich hinter dem provisorischen Reichstagsgebäude in der Leipziger Straße, wofür das Zentrum beharrlich eintrat. Die Befürworter einer monumentalen Lösung plädierten dagegen für einen freistehenden Bau entweder unter den Linden anstelle der Universität oder am Königsplatz vor den ehemaligen Stadtmauern des alten Berlin, unweit des Brandenburger Tores. Am Königsplatz boten sich drei verschiedene Möglichkeiten, das Reichstagsgebäude zu erbauen: An der Westseite stand die Krolloper, eine Vergnügungsstätte mit Theater, die 1843/1844 auf Initiative König Friedrich Wilhelms IV. nach dem Vorbild einer Festhalle in Breslau errichtet worden war. (Entwurf Ludwig Persius und Karl Ferdinand Langhans, Ausführung Eduard Knoblauch. Nicht erhalten.) Viele Reichstagsmitglieder wollten aber nicht mit ihrem Haus an die Stelle dieses »Etablissements« treten. Der Bauplatz an der Nordseite, der Alsenplatz, bot eigentlich die günstigsten Voraussetzungen, das Areal wurde jedoch von Preußen nicht freigegeben. So verfiel der Reichstag von Anfang an auf das Grundstück mit der Villa des polnisch-preußischen Diplomaten Athanasius Raczynski (1788–1874) an der Ostseite des Königsplatzes. Graf Raczynski hatte das Grundstück von Friedrich Wilhelm IV. unter der Bedingung erhalten, daß er seine in der Villa eingerichtete Kunstsammlung der Öffentlichkeit zugänglich machen würde. Er weigerte sich deshalb entgegen den anfänglichen Erwartungen des Reichstages bis zu seinem Tode, einer Enteignung zuzustimmen. Kaiser Wilhelm I. war schon aus Respekt vor seinem Bruder und Vorgänger nicht bereit, ein Enteignungsverfahren einzuleiten. Bismarck hatte im Rahmen seiner machtpolitischen Winkelzüge im Vorfeld der Neubauplanung angedroht, den Sitz des Reichstages nach Potsdam oder Kassel zu verlegen. Das Zentrum stand dieser Überlegung zuweilen durchaus nicht abgeneigt gegenüber, doch handelte es sich letztlich um eine taktische Argumentation.

Die Errichtung von Parlamentsgebäuden war eine Bauaufgabe, die erst mit der Gründung der bürgerlichen Nationalstaaten im späten 18. und 19. Jahrhundert wirkliche Bedeutung erlangt hat. Dabei galt es, die sehr komplexen Funktionen im Inneren einzurichten und zugleich den Ansprüchen an eine repräsentative Erscheinung der Architektur zu genügen. Die Lösung dieser Aufgabe erwies sich als schwierig, zumal es in Deutschland keine Erfahrungen mit Parlamentsbauten dieser Größenordnung gab. In Berlin konnte man allerdings auf Entwürfe für preußische Parlamentsneubauten zurückblicken, die Friedrich August Stüler in den 1860er Jahren angefertigt hatte. Die Preisaufgaben zum Schinkelfest in den Jahren 1859 und 1868 haben ebenfalls ein »monumentales Parlamentsgebäude für Preußen« zum Thema gehabt. Im ersten Verfahren war ein Entwurf im Rundbogenstil gekürt worden (Lauenburg), im zweiten einer im Stil der Berliner Schule mit Renaissanceorientierung (Schwechten).[93] Ausgangspunkt der konkreten Überlegungen für ein neues Reichstagsgebäude in Berlin ist dann aber vor allem der provisorische Reichstag in der Leipziger Straße gewesen. Selbst Paul Wallot reiste erst nach Annahme seines zur Ausführung bestimmten Entwurfes nach Paris und London, um die dortigen Parlamentsbauten zu besichtigen.

Der erste von zwei Wettbewerben zur Errichtung des Hauses des Deutschen Reichstages ist im Jahr 1872 ausgeschrieben worden. Es war von großer Bedeutung, daß überhaupt ein Wettbewerb ausgeschrieben worden ist, denn die leistungsfähige preußische Bauverwaltung hat dieses Instrument nicht gern gesehen, weil ihre Baumeister Entwürfe für öffentliche Bauten üblicherweise selbst geschaffen haben. Der Reichstag stand trotzdem hinter der Entscheidung für einen Wettbewerb, außerdem hatte die deutsche Architektenschaft in dieser Richtung interveniert; zwei diesbezügliche Petitionen waren eingereicht worden.[94] Die deutschen Architekten forderten darüber hinaus – gewiß im eigenen Interesse – die Beschränkung des Wettbewerbes auf deutsche und österreichische Teilnehmer. Darauf ließ der Reichstag sich aber nicht ein und schrieb international aus.[95]

Im ersten Wettbewerb für das Reichstagsgebäude war der Gebäudegrundriß mit den Maßen 150 × 115 m vorgegeben worden.[96] Auf dieser im Vergleich mit der zweiten Konkurrenz noch relativ großen Grundfläche konnten die Architekten ohne sonderliche Schwierigkeiten planen. Die Anordnung des Sitzungssaales in repräsentativer Lage und die Zuführung von großzügigen inneren Verkehrsachsen für Parlamentarier und Publikum bereitete kaum Schwierigkeiten. Sehr schnell wurden allerdings Unzulänglichkeiten in der Vorbereitung offenbar: Im Wettbewerbsprogramm waren nur ungenaue Angaben für die Raumaufteilung gemacht worden, außerdem sind die Entwürfe bereits vor der endgültigen Entscheidung der Öffentlichkeit zugänglich gemacht worden, wodurch die Jury unter den Druck der Presse geriet. Was den Bauplatz anbelangte, war das Raczynski-Grundstück an der Ostseite des

Königsplatzes vorgesehen, obwohl die Eigentumsfrage noch völlig ungeklärt gewesen ist!

Neben der großen Zahl deutscher Beiträge erwiesen sich auch viele Entwürfe aus England als konkurrenzfähig. In die engere Wahl kamen die Einlieferungen von Ende & Boeckmann, Mylius & Bluntschli, Scott & Scott sowie Kayser & von Großheim, welchem lange die Priorität galt. Siegreich ging aber schließlich in einer angespannten Entscheidungslage der Architekt Ludwig Bohnstedt (1822–1902) aus der Konkurrenz hervor, der zu dieser Zeit in Gotha ein Architekturbüro führte und vorher in St. Petersburg tätig gewesen war (Abb. 45). Bohnstedt hatte ein Gebäude in den Stilformen der internationalen Neurenaissance mit erhöhtem Eingangsbereich im Zentrum der Hauptfassade, leicht vortretenden Eckpavillons und einer flachen Kuppel entworfen. Der Entwurf sah zwei große Innenhöfe, eine weite Vorhalle vor dem Sitzungssaal, Erfrischungsräume usw. vor. Die Fassade sollte einen offenen Gang hinter Säulen erhalten. Der Eingang führt hier durch eine hohe, massive Bogenöffnung. Der Renaissancestil war wie selbstverständlich auch bei den meisten anderen Entwürfen gewählt worden, außer beispielsweise durch Scott, der einen neugotischen Beitrag mit einer hohen Kuppel eingereicht hatte.[97]

Bohnstedts Entwurf fand in der Öffentlichkeit große Resonanz. Die Boulevardpresse hielt an ihm bis in den zweiten Wettbewerb hinein fest. Die Jury und die Reichstagsbaukommission waren sich jedoch von Anfang an darüber im Klaren, daß die Entscheidung für Bohnstedt aus mehrerlei Gründen (vor allem wegen des unzureichend vorbereiteten Wettbewerbsverfahrens) nicht endgültig sein konnte. Dennoch war mit der Preisvergabe an Bohnstedt im ersten Architekturwettbewerb für Staatsbauten des jungen Deutschen Reiches deutlich gemacht worden, daß Architektur in preußischer Bautradition nicht in Frage kommen würde, denn die Großzügigkeit, mit der Bohnstedt die Formen internationaler Neurenaissance angewandt hatte, widersprach allen Erwartungen im öffentlichen Bauwesen Berlins. Das trifft vor allem auf die Säulen vor dem offenen Gang in der Hauptfassade und die große Portalöffnung in deren Zentrum zu, stellten sie doch höchst ungewöhnliche Motive dar. Vergleichbares hatte man bei Semper, Lucae oder Hitzig nicht gesehen. Der erste Wettbewerb für ein Reichstagsgebäude erwies sich damals als eine Richtungsentscheidung von grundsätzlicher Bedeutung, denn das Kaiserreich orientierte sich kurz nach seiner Gründung an den aktuellen Standards internationaler

45 Ludwig Bohnstedt, Entwurf für das Reichstagsgebäude, 1. Preis im 1. Wettbewerb 1872

Repräsentationsarchitektur. (Bezeichnenderweise murrte vor allem
der Berliner Architekten-Verein.) Bohnstedts Entwurf wurde zwar
nicht verwirklicht, beeinflußte aber den zweiten Reichstagsbauwettbewerb.

Der Architektenwettbewerb 1882: Paul Wallot

Zehn Jahre verstrichen, bevor der zweite Wettbewerb für ein Reichstagsgebäude ausgeschrieben werden konnte. Eine wichtige Initiative für die Inangriffnahme des Bauprojektes war von Kaiser Wilhelm I. ausgegangen, während Bismarck sich in dieser Angelegenheit zurückhielt. Inzwischen hatten die Erben des Grafen Raczynski das Grundstück an der Ostseite des Berliner Königsplatzes freigegeben. Am 9. Januar 1882 konstituierte sich die maßgebliche Kommission des Reichstages zur Durchführung des Wettbewerbes. Neben Mitgliedern von Bundesrat und Reichstag wurden die Architekten Friedrich Adler, Hermann Ende und Reinhold Persius[98] hinzugezogen. Diese Kommission stellte das Wettbewerbsprogramm auf, das nun wesentlich präziser als in der ersten Konkurrenz formuliert worden ist. Das Verfahren erregte größte Aufmerksamkeit, 800 Exemplare des Wettbewerbsprogrammes wurden verschickt. Dem Text waren zur Orientierung drei Grundrisse des provisorischen Reichstagsgebäudes in der Leipziger Straße beigefügt.

An die sich am Wettbewerb beteiligenden Architekten erging die Forderung, ein Haus für den »Geschäftsbetrieb« des Reichstages zu planen. Das Wettbewerbsprogramm verlangte vor allem Zweckmäßigkeit der inneren Raumaufteilung. Vor der Ausschreibung des Wettbewerbes hatte die Reichstagsbaukommission sich zwar die Unterlagen für den Bau des Reichsrathauses aus Wien kommen lassen, doch war an einen solch großzügigen Neubau in keiner Weise zu denken. Ein wesentlicher Aspekt des Wettbewerbsprogrammes von 1882 war das Fehlen eines Passus, der im ersten Wettbewerb eine bedeutende Rolle gespielt hatte: »Die Entwürfe sollten nicht bloß die zweckmäßige Lösung der Aufgabe versuchen, sondern zugleich die Idee eines Parlamentsgebäudes für Deutschland in einem monumentalen Sinn verkörpern und auf eine reiche Ausschmückung des Äußeren und Inneren durch Skulptur und Malerei Bedacht nehmen.« (Wettbewerbsprogramm 1872)[99] Der entscheidende zweite Wettbewerb für das deutsche Reichstagsgebäude fand damit unter merklich anderen Voraussetzungen statt als der erste. Der politische Wunsch nach einem »nationalen Denkmal« stand nicht mehr bestimmend im Vordergrund. Diesen Stimmungsumschwung hatten der Abstand von mehr als einem Jahrzehnt zur Reichsgründung sowie der Verlust des Einflusses der Nationalliberalen im Reichstag bewirkt, denn es sind in erster Linie nationalliberale Abgeordnete gewesen, die nach 1871 ein eigenständiges, monumentales Reichstagsgebäude gefordert hatten. Wie schon im ersten Wettbewerb unterblieben Vorgaben hinsichtlich des Baustils.

Mit hohen Preisgeldern wurden deutsche und österreichische Architekten sowie solche aus der deutschen Schweiz zur Beteiligung angeregt. Der vom Verband deutscher Architekten- und Ingenieurvereine schon für den ersten Wettbewerb geforderte Ausschluß nicht-deutscher Architekten war nun Realität geworden. Diese im Reichstag und der Fachpresse heftig diskutierte Klausel war im europäischen Kontext nicht außergewöhnlich; so blieb auch der Wettbewerb um das eidgenössische Parlamentsgebäude in Bern 1885 auf Schweizer Architekten beschränkt.

Die Resonanz auf die Ausschreibung war überwältigend, größer noch als im ersten Wettbewerb: 189 Entwürfe[100] sind schließlich eingereicht worden (1872: 102).[101] Die Jury setzte sich zunächst unter Ausschluß der Öffentlichkeit mit den zahlreichen Einreichungen auseinander, um nicht wie 1872 unter den Druck der öffentlichen Meinung zu geraten. Erst nach Abschluß des Verfahrens wurden die Entwürfe in einer Ausstellungshalle am Cantianplatz, der späteren Museumsinsel, der Öffentlichkeit vorgestellt. Die aus 21 Personen bestehende Jury setzte sich aus Mitgliedern des Bundesrates, des Reichstages sowie der Reichstagsbaukommission zusammen, und sie zog anerkannte Architekten hinzu: Friedrich Adler (Berlin), Reinhold Persius (Berlin), Joseph von Egle (Stuttgart), Martin Haller (Hamburg), Max Siebert (München – den eigentlich vorgesehenen, aber erkrankten Gottfried von Neureuther[102] vertretend), Friedrich von Schmidt (Wien), Vincenz Statz (Köln), außerdem den Berliner Maler Anton von Werner, der zahlreiche Staatsaufträge übernommen hatte. Damit waren international renommierte Architekten verschiedener Stilrichtungen versammelt. (Hitzig, Lucae und Semper waren inzwischen verstorben.) Martin Haller hatte an der École des Beaux-Arts studiert, Friedrich von Schmidt und Vincenz Statz, die als einzige bereits in der Jury des ersten Wettbewerbes mitgewirkt hatten, waren Vertreter der Neugotik, Anton von Werner war stets konservativ und monarchistisch. Aus der heterogenen Zusammensetzung der Jury konnte also nicht von vornherein eine Entscheidung für einen bestimmten Baustil hervorgehen. Einige bedeutende Architekten wie Julius Raschdorff und Hermann Ende verzichteten auf Mitgliedschaft in der Jury, da sie sich an der Konkurrenz beteiligt hatten.

Mit der eindeutigen Entscheidung von 19 zu 2 Stimmen wählte die Jury den Entwurf von Paul Wallot aus, der wie alle anderen anonym eingereicht worden war (Motto: »Für Staat und Stadt«) (Abb. 46). Friedrich Adler hatte ihn der Auswahlkommission vorgestellt. Adler kannte Wallot übrigens aus dessen Berliner Studienzeit an der Bauakademie in den Jahren 1861 und 1862, vielleicht hat der Referent sich auch deshalb so gut und wohlwollend gerade in diesen Entwurf hineinarbeiten können, jedenfalls blieb Adler bis zur langwierigen und schwierigen Vollendung des Reichstagsbaus eine der wichtigsten Stützen Wallots, wiewohl er vorzugsweise im Hintergrund agierte.

46 Paul Wallot, Entwurf für das Reichstagsgebäude, Motto »Für Stadt und Staat«, zur Ausführung bestimmter Entwurf im 2. Wettbewerb 1882

Damit war die Entscheidung zugunsten internationaler Neurenaissance gefallen, was insofern nicht überrascht, als auch im zweiten Wettbewerb die große Mehrheit der Teilnehmer diesen Stil gewählt hatte, teilweise ergänzt durch Formen deutscher Renaissance. Entwürfe in mittelalterlichen Stilformen waren nur in einer unbedeutenden Anzahl eingereicht worden, deutsche Renaissance als solche spielte keine Rolle.[103]

Die Öffentlichkeit im Deutschen Reich registrierte das Ergebnis des Wettbewerbes überwiegend wohlwollend, nicht zuletzt weil mit Paul Wallot ein Architekt der jungen Generation zum Zuge kam, der zudem nicht der Berliner Bauschule entstammte. In Berlin herrschte dagegen verständlicherweise Skepsis vor. Ein Teil der Berliner Presse rief Lud-

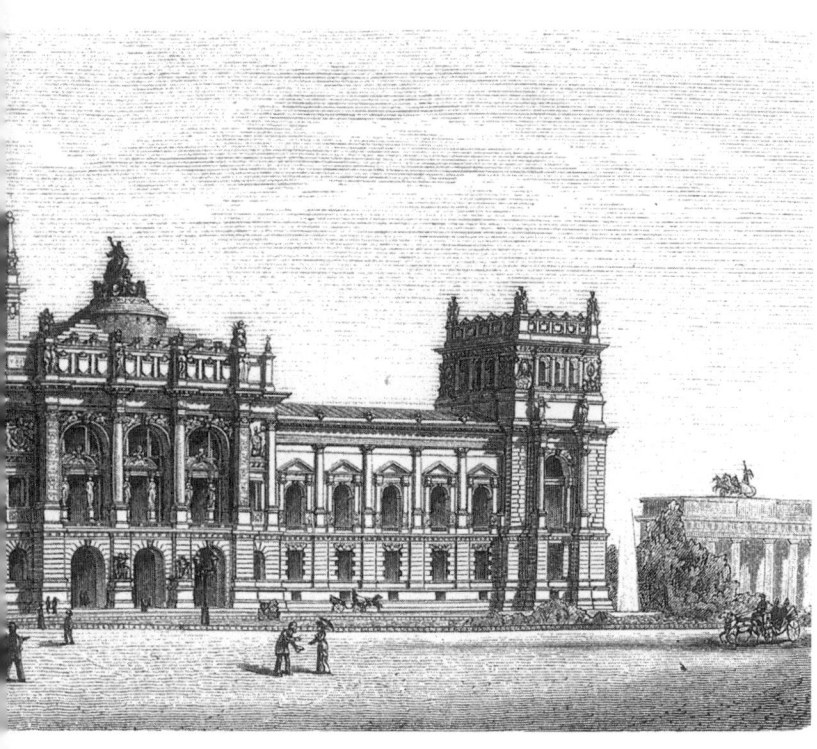

wig Bohnstedts Entwurf aus dem ersten Wettbewerb in Erinnerung.
Bohnstedt hatte sich auch am zweiten Verfahren mit einem Entwurf
beteiligt, der dem preisgekrönten Beitrag aus dem ersten Wettbewerb
sehr nahe kam, blieb aber ohne Chancen. Von den zahlreichen Berli-
ner Wettbewerbseinreichungen plazierten sich aber mehrere auf den
zweiten und dritten Plätzen. Die zweiten Preise erhielten Cremer &
Wolffenstein (Berlin), Kayser & von Großheim (Berlin) und Heinrich
Seeling (Berlin). Die dritten Preise erhielten Busse[104] & Schwechten
(Berlin), Ende & Boeckmann (Berlin), Giese & Weidner (Dresden),
Schupmann (Berlin) und Stier (Hannover).[105]

Wie konsequent die Entscheidung für Renaissance ausgefallen war,
wurde auch an einem weiteren ersten Preis deutlich, der Friedrich
von Thiersch (1852–1921) verliehen worden ist. In diesem Entwurf
war ebenfalls eine zentrale Kuppel vorgesehen, mit der niedrige Hauben
auf den Ecken des Baus korrespondierten.[106] In den Jahren 1891–1897

baute Thiersch schließlich in München den gut erhaltenen Justizpalast mit Anklängen an bayerischen Barock und einer Kuppel, die bis hin zur Stahlfachwerkkonstruktion im Inneren Wallots Reichstagskuppel zitiert.[107]

Paul Wallot hatte in seinem preisgekrönten Entwurf ein Gebäude mit vier erhöhten Eckpavillons, einem überhöhten Eingangsbereich mit

47 Berlin, Reichstagsgebäude. Paul Wallot 1884–1894, Zustand nach Vollendung

Säulenstellung vor der Fassade sowie einer hohen, vierseitigen Kuppel über dem Sitzungssaal entworfen. Diesem Entwurf sind die während der Italienreisen des Architekten gewonnenen Erfahrungen anzumerken (Abb. 46). Die Fassade zeigte ein Erdgeschoß mit rustizierter Steinquaderung, während das Hauptgeschoß große Fenster mit Dreiecksgiebeln und zwischengestellten Pilastern aufwies. Im Obergeschoß waren weitere Räume vorgesehen, die ihr Licht durch Oberlichter erhalten sollten und damit in der Fassade nicht in Erscheinung traten. Der Sitzungssaal war im Hauptgeschoß angeordnet, die Innenräume wiederum gruppierten sich um vier Höfe.

Die Abgeordneten trafen auf dem Weg zu ihrer Arbeitsstätte also zuerst auf die Fassaden der Rückseite, was sich auf die innere Verkehrsführung nachteilig auswirken mußte.

Eine wesentliche Voraussetzung des vorangegangenen Wettbewerbes war, daß der Sitzungssaal des Reichstages das Zentrum des Gebäudes bilden sollte. Der Sitzungssaal entsprach in der Größe demjenigen im provisorischen Reichstagsgebäude (Abb. 32). Diese Vorgabe war wesentlich akustisch begründet, denn in einem größeren Saal wären die Redner auf den hinteren Bänken nicht mehr verstanden worden. Der Bundesrat erhielt in der Ausführung einen kleinen Sitzungssaal im Südostturm. Die Mitglieder des Bundesrates besaßen außerdem Sitzplätze auf dem Podium des Reichstagspräsidiums gegenüber dem Reichstagsplenum. Das deutsche Reichstagsgebäude zählte damit international zu den wenigen Parlamentsgebäuden mit nur einem großen, öffentlich zugänglichen Sitzungssaal. Das politische Nebeneinander von Reichstag und Bundesrat kam also in der Architektur selbst nicht zum Ausdruck, was indes nur im ersten Gutachten der Akademie des Bauwesens bemängelt worden ist. In der Anordnung der Sitze der Bundesratsmitglieder neben dem Reichstagspräsidenten wurde vielmehr deutlich, daß der Bundesrat dem Reichstag politisch überlegen gewesen ist.

Abseits politischer Erwartungen an den Neubau stellten sich Planung und Realisierung des neuen Reichstagsgebäudes als ein recht nüchterner Prozeß dar. Die Bauleitung lag bei der Reichsbauabteilung im Reichsamt des Inneren. Aufgrund der Bedeutung des Gebäudes und des Bauvolumens gab es jedoch eine Besonderheit: Es wurde (wie beim Reichsgericht und dem Nord-Ostsee-Kanal) eine gegenüber der Bauverwaltung weitgehend selbständige Baukommission eingesetzt, die sich überwiegend aus Mitgliedern des Bundesrates sowie des Reichstages zusammensetzte.[112] Diese Reichstagsbaukommission, die sich von externen Architekten wie Adler, Ende und Persius beraten ließ, hat alle wichtigen inhaltlichen Entscheidungen vorbereitet und die meisten auch in ihrem Sinne durchsetzen können, wobei das Reichsamt des Inneren und das Reichskanzleramt unterstützend mitwirkten. Bundesrat und Reichstag als zukünftige Benutzer des Gebäudes haben ihren Einfluß über diese Kommission geltend gemacht.

Der Reichskanzler, Fürst Otto von Bismarck, und Kaiser Wilhelm I. sind verwaltungsgemäß die höchsten Instanzen bei der Errichtung des Reichstagsgebäudes gewesen. Sie haben viele wichtige Entscheidungen abgezeichnet. Dabei handelte es sich aber in erster Linie um eine formale Zuständigkeit, denn beide haben keine Entscheidungen über die Gestaltung der Architektur getroffen.[113] Die fachliche Beratung im Fortgang der Ausführung des Reichstagsgebäudes haben sie der Akademie des Bauwesens überantwortet. Wilhelm I. wünschte im Vorfeld lediglich, der Reichstag möge »würdig, aber zugleich in einfacher, nicht in prunkvoller Weise« ausgeführt werden.[114] Außerdem schaltete er sich in die Frage der Positionierung der Kuppel ein. Im Zusammenhang mit dem Reichstagsbau kam hinsichtlich der Architektur nirgendwo eine Aversion des Kaisers zum Ausdruck. Sein Verhältnis zu Wallot war gut.[115] Bismarck hat sich für die Architektur selbst nicht interessiert. Für die Veranschaulichung des nationalen Selbstverständnisses durch einen Monumentalbau hatte er keinen Sinn, erwies sich aber in allen Bauangelegenheiten des Reiches als ein Pragmatiker und drängte als solcher wiederholt auf die beschleunigte Ausführung des Reichstagsgebäudes. Vollendet wurde das Reichstagsgebäude schließlich unter Kaiser Wilhelm II., der sich ebenfalls für einen möglichst schnellen Abschluß der Arbeiten eingesetzt hat. Sein abschließendes Verdikt über die Stilform: »Gipfel der Geschmacklosigkeit«, korreliert durchaus nicht mit seinem tatsächlichen Verhalten als oberster Dienstherr der Reichsbauabteilung.

Sofort nach der Annahme seines Wettbewerbsentwurfes begann für Paul Wallot ein mühseliger Prozeß, in dem ihm durch die Akademie des Bauwesens eine gravierende Änderung nach der anderen abverlangt worden ist. Diese Eingriffe gingen schließlich so weit, daß Kritiker den prämierten Entwurf bald nicht mehr zu erkennen meinten, und konkurrierende Architekten die Chance zur Übernahme des Projektes witterten (vgl. Abb. 46). Man wundert sich rückblickend über Wallots Geduld, der sich zwar nie öffentlich beklagte, aber in den Briefen an seinen Freund Friedrich Bluntschli kein Blatt vor den Mund nahm. Kennern waren die Probleme natürlich nicht entgangen. Während der »Wallotfeier«, in der die deutschen Architekten den Meister am 7. Dezember 1894, zwei Tage nach der Schlußsteinlegung, feierten, lobte Wallot die konstruktive Zusammenarbeit mit den öffentlichen Baubehörden – doch entsprechender Beifall blieb aus, vielmehr beherrschten nachdrückliches Schweigen und Murren die Szene.[116]

Der am 7.7.1880 getroffenen Regelung zur Superrevision von Reichsbauten durch die Bauabteilung im preußischen Ministerium der öffentlichen Arbeiten zufolge sollte beim zukünftigen Neubau eines Reichstagsgebäudes die Akademie des Bauwesen auf jeden Fall eingeschaltet werden. Nun war eine Begutachtung aber insofern prekär, als

Projektes nach sich ziehen würde. Fest steht auch, daß letztlich die Akademie des Bauwesens diese Veränderung definitiv verlangt hat. Die Akademie erkannte nun die Gefahr, die aus den gravierenden Eingriffen in den prämierten Entwurf resultierte. Sie mußte sich vor Augen halten, daß sie die Veränderungen zu verantworten hatte, die den Architekten in Schwierigkeiten brachten, und entband Paul Wallot darum vom Festhalten an den Formen des ersten Projektes, was das erhebliche Abweichen des erst Jahre später vollendeten Gebäudes vom Wettbewerbsentwurf erklärt.[124]

Es stellt sich rückblickend die Frage, ob die von Wallot vorgesehene Raumdisposition zu Recht als problematisch angesehen wurde, denn in dem fast zur gleichen Zeit erbauten neugotischen Parlamentsgebäude in Budapest lagen die Sitzungssäle mit 16 m über dem Bodenniveau noch deutlich höher. Dennoch begab sich Wallot unverzüglich an die abermalige Änderung seiner Pläne: Das ursprünglich vorgesehene Erdgeschoß wurde zu einem niedrigen Sockelgeschoß reduziert, so daß das Obergeschoß zum Hauptgeschoß gemacht werden konnte und nur noch 6,25 m über dem Bodenniveau lag. Dies wirkte sich in gravierender Weise auf die Fassadengestaltung aus, denn das ursprünglich im Dachbereich fensterlos angeordnete Obergeschoß geriet nun ebenfalls in eine tiefere Position, womit der Fassade eine weitere Reihe Fenster hinzugefügt werden mußte. Die flache Pilasterordnung genügte daraufhin nicht mehr als plastische Gliederung, und Wallot ersetzte sie durch Dreiviertelsäulen mit Kompositkapitellen, die beide Geschosse zusammenfassen. Spätere Kritiker warfen dem Bau gerade wegen dieser Fassadengestaltung Prunkgebahren in barocken Formen vor, während es dem Architekten zunächst darum gegangen war, ein architektonisches Problem der Innenstruktur in den Fassaden ästhetisch zu bewältigen. Eine weitere Folge dieser Veränderungen war, daß der Haupteingang nicht mehr zu ebener Erde in das Gebäude führen konnte, denn hier befand sich nach Absenkung des Sitzungssaales nur noch ein untergeordnetes Sockelgeschoß. Es mußten nun vor der Westfassade Treppen angelegt werden, die einer Sondergenehmigung bedurften, weil sie über die in der Konkurrenz festgeschriebenen Grundstücksgrenzen hinausragten. Der Eingang erhielt im Zuge dieser Veränderung einen Portikus.

Im April 1883 lag der entsprechend geänderte zweite Entwurf vor, den der Reichstag am 9.6.1883 akzeptierte (Abb. 49). Nun bemängelte die Akademie des Bauwesens, daß die Einfahrten und Zugänge für den Kaiser und die Abgeordneten, die in der Südfassade angeordnet waren,

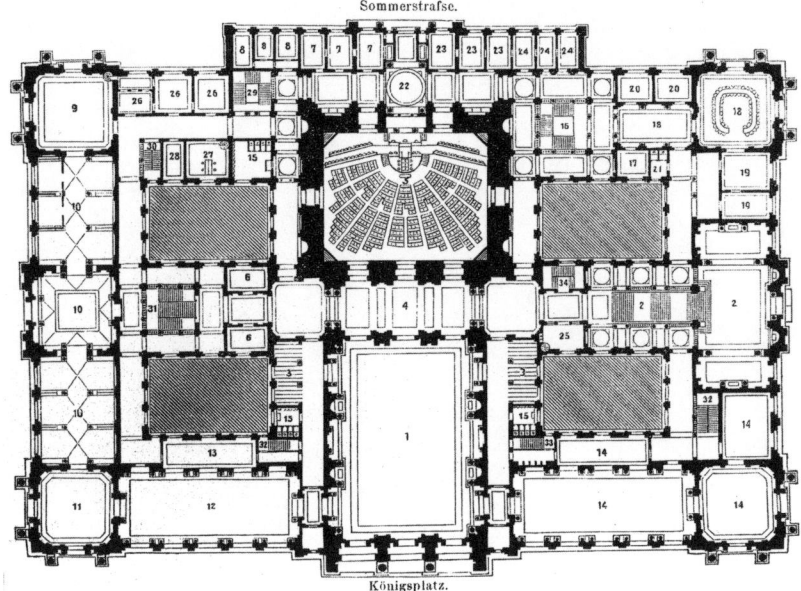

49 Paul Wallot, zweiter umgearbeiteter Entwurf zum Reichstagsgebäude. Grundriß Hauptgeschoß, April 1883

zu klein seien. Außerdem würde die steinerne Kuppel über dem Sitzungssaal den Einfall von Tageslicht zu stark einschränken, und das vor allem, weil der Saal nun mehrere Meter tiefer liegen würde! Die Akademie wies die Pläne erneut zurück.

Wallot wurde aufgefordert, die Kuppel vom Sitzungssaal über die Wandelhalle vor den Eingangsbereich der westlichen Hauptfassade zu verlegen. Damit waren Funktion und innere Gliederung des Gebäudes außen nicht mehr ablesbar, was einem wichtigen Grundsatz der preußischen Bauverwaltung völlig widersprach. Daß die Kuppel den Sitzungssaal auszeichnen und damit die Bedeutung des Parlamentes als Staatsorgan weithin verdeutlichen sollte, erkannten auch einflußreiche Architekten in der Akademie des Bauwesens. Friedrich Adler, Reinhold Persius und der Baubeamte Cornelius legten darum in dieser Sache ein internes Gegengutachten vor, in welchem sie in aller Deutlichkeit die Kritik an der Kuppel zurückwiesen. Die Reichstagsbaukommission, die sich von Adler und Persius nun direkt beraten ließ, sah ebenfalls keine

reren wütenden Gutachten die Kuppelverschiebung zu verhindern. Dennoch hatte Wallot mit seinem Kunstgriff letztlich Erfolg. Der Reichskanzler forderte im November 1889 unverzüglich die Genehmigung zur Errichtung über dem Sitzungssaal, und Kaiser Wilhelm II. drängte nun ebenfalls auf beschleunigte Vollendung.[128] Die Stahlkonstruktion wurde außen mit Kupfer bekleidet und anschließend vergoldet, damit sie mit den Sandsteinfassaden harmonierte. Auf der Spitze der Laterne wurde eine Kaiserkrone montiert (Abb. 52).

Wallot war es damit gelungen, die einzig sinnvolle Anordnung der Reichstagskuppel durchzusetzen. Er mußte allerdings hinnehmen, daß die zunächst ausgeführten Kuppelsubstruktionen ohne Sinn im Mauerwerk der Wandelhalle steckten. Für diesen Mißklang in der Struktur des Reichstagsgebäudes ist der Architekt später oft kritisiert worden – wiewohl er ihn nicht ursächlich zu verantworten hat. So geht die Errichtung der Kuppel über dem Sitzungssaal wesentlich auf das energische Insistieren Wallots in dieser Angelegenheit zurück. Darüber hinaus ist Kaiser Wilhelm II. im Hintergrund tätig gewesen, der seine abschließende Zustimmung bereits kurz nach seinem Regierungsantritt signalisiert hatte. Das zeigt einmal mehr, daß dieser Hohenzoller in architektonischen Fragen oftmals kompetente Entscheidungen getroffen hat – wenn er sich nicht provoziert und genötigt fühlte, aus sekundären Gründen über ein Werk zu polemisieren –, wie er es dann nach der Vollendung des Reichstagsgebäudes mit Wallots Werk getan hat.

Ein grundsätzliches Problem der inneren Struktur des Reichstagsgebäudes resultierte aus der Lage außerhalb der historischen Berliner Mitte. Die Abgeordneten, die Besucher, die Journalisten und die technischen Mitarbeiter erreichten das Gebäude zuerst an seiner Rückseite. Wallot hat diese Situation berücksichtigt, indem er im Inneren eine quer zur Hauptfassade verlaufende Verkehrsachse einfügte, die durch die Seiteneingänge im Norden und Süden zugänglich war. Diese Achse verlief fast unmerklich im Sockelgeschoß, über entsprechend zugeordnete Treppenhäuser wurden die Besucher im Haus verteilt (Abb. 53). Die Abgeordneten betraten das Reichstagsgebäude durch das Portal in der Mitte der zum Brandenburger Tor gewandten Südseite und gingen von dort durch die Garderobe zum Hauptgeschoß mit dem Sitzungssaal; auch die Hohenzollern betraten das Parlamentshaus durch diesen Zugang. Trotz einer entsprechenden Intervention von seiten der Akademie für das Bauwesen wurden die hier angeordneten Räume für den Kaiser nicht besonders aufwendig gestaltet. Das Publikum und die

52 Berlin, Reichstagsgebäude. Kuppel über dem Sitzungssaal, Stahlkonstruktion mit vergoldeter Kupferbekleidung (ausgebrannt 1933 und 1944/1945, gesprengt 1954)

Journalisten nutzten den Eingang in der gegenüberliegenden Nordfassade, spezielle Treppen führten zu den Zuschaueremporen und zu den Arbeitsräumen der Journalisten.

Der Außenbau des Reichstagsgebäudes, mit Sandstein aus verschiedenen deutschen Regionen bekleidet, war oberhalb des Sockelgeschosses an drei Seiten in drei Geschosse und an der repräsentativen Westseite in zwei Geschosse gegliedert. Über allen Fassaden gab es in der Mitte Giebel mit Skulpturen. Die Spitzen der wichtigsten vertikalen Gliederungselemente, besonders an den vier Ecktürmen, waren mit Skulpturen und dekorativen Aufsätzen geschmückt. Vieles davon ist heute jedoch verloren.

Am 5.12.1894 wurde das Reichstagsgebäude unter Anwesenheit von Kaiser Wilhelm II. eingeweiht.[129] Die Baukosten in Höhe von 23.348.000 Mark deckten Gelder aus dem französischen Reparations-

57 Berlin, Reichstagsgebäude, Königsplatz. Paul Wallot 1884–1894. Davor Bismarckdenkmal von Reinhold Begas 1901

fonds. Hinzu kamen Nebenkosten und die Ausgaben für die Ausstattung
in Höhe von mehreren Millionen Reichsmark. Die deutsche Architektenschaft lobte Paul Wallots Werk mit großem Nachdruck. Von Kaiser
Wilhelm II. wird dagegen berichtet, er habe von Rom aus den Bau als
den »Gipfel der Geschmacklosigkeit« beschimpft.[130] Man wird allerdings
dieses rasch hingeworfene Urteil des rastlosen Hohenzollern nicht zu
ernst hinsichtlich der Architektur nehmen müssen – es ist oft überbe-
wertet worden – denn noch im Jahr der Einweihung des Reichstagsgebäudes wurde der Grundstein zum Kaiserdom gelegt, den Julius Raschdorff in neubarocken Formen entworfen hat, und dessen Errichtung
Wilhelm II. ziemlich eigenmächtig vorantrieb. Die Architektur des
Reichstages und des Berliner Domes sind so weit nicht voneinander
entfernt, wie man angesichts der Kritik des Kaisers am Reichstagsgebäude erwarten sollte. Wahrscheinlich war Wilhelms Verdikt viel mehr
von Groll und Unverstand über die »Schwatzbude« beziehungsweise das

»Reichsaffenhaus« bestimmt, als das er den Reichstag als politisches Organ gegenüber dem Grafen Eulenburg wiederholt diffamiert hat.

Kaum zu übersehen war darüber hinaus, daß Wilhelm II. eine sehr schlechte Meinung von Paul Wallot hatte. Der Architekt des Reichstagsgebäudes erhielt für seine Arbeit keinen Orden, obwohl eine entsprechende Auszeichnung für die erfolgreiche Durchführung eines solchen öffentlichen Bauprojektes zu erwarten gewesen wäre. Paul Wallot hatte in einer ersten Besprechung mit dem Kaiser diesen spontan daran gehindert, eigenhändig in den Entwurf einzugreifen, wie Wilhelm II. es gern zu tun pflegte.[131] Es erscheint wohl denkbar, daß der labile Hohenzoller sich dadurch nachhaltig gekränkt gefühlt hat. Im übrigen galt der vom Kaiser bevorzugte Bildhauer Reinhold Begas, mit dem Wallot wegen der Germaniagruppe auf dem Portikus zusammenarbeitete, als Gegner des Reichstagsarchitekten; entsprechend vermutete man, Begas habe gegen Wallot intrigiert.

Paul Wallot war mit Energie und Kompromißbereitschaft schließlich die funktionsgerechte Vollendung des Reichstagsgebäudes gelungen. Er hat im Verlauf der Entwurfsänderungen viel Raum gewinnen können, indem er, mit Ausnahme der repräsentativen Westseite, im Zuge der

58 Berlin, Reichstagsgebäude (1912)

59 Berlin, Reichstagsgebäude. Blick vom Reichstagsufer auf die Rückseite
(vor 1901)

Absenkung des Sitzungssaales dem ganzen Gebäude ein Zwischengeschoß hinzufügte. Außerdem hat er die Höhe des Abschlußgesimses
gegenüber dem ersten Entwurf um drei Meter nach oben geschoben.
Dennoch erwies sich das Reichstagsgebäude schon nach wenigen Jahren als zu klein. Nach der Jahrhundertwende mußte bereits das Dach-
geschoß ausgebaut werden. Schließlich wurden nach dem Ersten Weltkrieg mehrere Entwürfe für einen Anbau beziehungsweise einen
Neubau in der Nähe für verschiedene andere politische Organe ausgearbeitet. Die politische Entwicklung des Deutschen Reiches gab allerdings keine Gelegenheit zur Verwirklichung der architekturgeschicht-
lich sehr interessanten Entwurfsideen.

Die Ausstattung

Paul Wallot hat das Reichstagsgebäude zusammen mit einem Stab von
Mitarbeitern sorgfältig ausstatten lassen. An alle Ansprüche der parlamentarischen Arbeit und die menschlichen Bedürfnisse war gedacht
worden. Es gab einen Erfrischungsraum, einen Lesesaal, Sprechzimmer,
Garderoben, Waschräume, Umkleideräume, Wagenzufahrten usw. Die

130

Technik des Gebäudes war auf dem neuesten Stand der Zeit. So gab es eine zentrale Heizungssteuerung mit Temperaturfernfühlern, Lüftungen mit elektrischen Ventilatoren, Doppelfenster, Telefone, Wasserspülung in den Toiletten usw. Oft sind die überall eingebauten elektrischen Zigarettenanzünder gelobt worden. Alle Ausstattungsstücke wurden mit größter Sorgfalt behandelt, die meisten waren eigens für dieses Gebäude entworfen worden. Viele Entwürfe stammten von Paul Wallot, beispielsweise für einige große Lampen (Abb. 69). Die Details, bis hin zu den aus Messing gegossenen Tür- und Fenstergriffen waren sorgfältig aufeinander abgestimmt. Ein für den Reichstag entworfener, fahrbarer Garderobenständer verkaufte sich im ganzen Land mit großem Erfolg.

Die ursprüngliche Wirkung des Reichstagsgebäudes auf die Besucher und die in ihm tätigen Parlamentarier läßt sich heute allerdings nicht mehr nachvollziehen, denn die Innenausstattung ist vollständig zerstört. Das beeinträchtigt die Voraussetzungen einer umfassenden Beurteilung des Gebäudes, denn die Außenarchitektur und die Innenausstattung standen selbstverständlich in einem Zusammenhang. Unsere Kenntnis von der inneren Gestaltung des Reichstagsgebäudes kann sich heute nur noch auf zeitgenössische Berichte und Fotografien stützen (Abb. 60–74).[132]

Gleichgültig, durch welchen der vier Eingänge beziehungsweise Wageneinfahrten ein Besucher – sei es ein Journalist, ein Abgeordneter oder der Kaiser – das Reichstagsgebäude betreten hat, bewegte er sich zunächst in einem aus sorgfältig bearbeiteten Sandstein gestalteten Treppenhaus (Abb. 60). Denselben optischen Eindruck erweckte auch die große Wandelhalle, die sich in einer Länge von 96 m quer zwischen dem Haupteingang und dem Sitzungssaal erstreckte (Abb. 61–63). Sie diente vor allem dem Gespräch zwischen den Abgeordneten im kleinen Kreis. Wallot hatte auch für die Wandelhalle eine Wandbekleidung aus Sandstein vorgesehen, aus Kostengründen ist jedoch nur ein putzähnlicher Inkrustatstein aufgestrichen worden, worüber sich viele Abgeordnete unzufrieden zeigten; um das Material dieser Wandgestaltung ist eine lange Auseinandersetzung geführt worden, die bis in das Reichstagsplenum hineinreichte. In der Mitte der Wandelhalle hing ein von Oskar Dedreux entworfener großer Ringleuchter, dessen Gestalt vom romanischen Heziloleuchter im Hildesheimer Dom abgeleitet war; in seinen zehn Türmchen standen Herrschergestalten.[133] Unter dem Leuchter wurde einige Jahre nach der Einweihung des Reichstagsgebäudes ein Bronzestandbild Kaiser Wilhelms I. von Johannes Pfuhl aufgestellt.

60 Berlin, Reichstagsgebäude. Treppe in der östlichen Vorhalle (vor 1901, zerstört)

Damit sind die mit Sandstein oder entsprechenden Imitaten gestalteten Innenräume im wesentlichen benannt. Die Fußböden waren in den Hauptfluren und Treppenhäusern aus Marmor und Granit, in untergeordneten Fluren sind Tonplatten verlegt worden. Die Böden in den Zimmern erhielten Linoleum und Teppiche. Es fällt hinsichtlich der Gestaltung der Wände im Inneren des Reichstagsgebäudes auf, daß keine kostbaren Steinsorten wie Marmor verwendet worden sind. Die von den Treppenhäusern und der Wandelhalle entfernteren Bereiche und vor allem die Sitzungssäle und Büros wurden mit Holz ausgekleidet. Das trifft vor allem auch auf den großen Sitzungssaal des Reichstages (Abb. 64) und den Sitzungssaal des Bundesrates (Abb. 68) zu. Im Hauptgeschoß dominierten Eiche und Esche, in den abgelegeneren

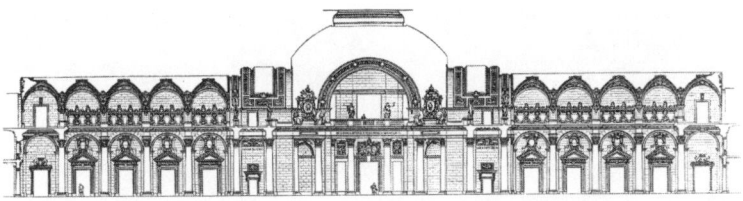

61 Berlin, Reichstagsgebäude. Große Wandelhalle, Zeichnung im vollendeten Zustand 1894

Räumen gebeizte Kiefer, auch Tropenhölzer kamen zum Einsatz. Im
großen Sitzungssaal waren die Vertäfelungen teilweise vergoldet.
  Welche Gründe hat es für die bevorzugte Verwendung von Holzvertäfelungen für die Innenausstattung des Reichstagsgebäudes gegeben?

62 Berlin, Reichstagsgebäude. Große Wandelhalle nach
Süden mit Kaiser-Wilhelm-Denkmal im Kuppelraum (vor
1910, zerstört)

63 Berlin, Reichstagsgebäude. Große Wandelhalle, Kuppelraum nach Nord-osten (vor 1901, zerstört)

Zunächst war dieses Material erheblich preiswerter als Stein oder Kunst-stein. Sparsamkeit bildete ein nicht unwichtiges Kriterium bei der Aus-führung des großen Hauses. Das Reichstagsgebäude des Deutschen Reiches war im Inneren hinsichtlich der Materialverwendung erheblich einfacher gestaltet, als beispielsweise das Reichsrathaus in Wien oder auch das vom bayerischen König Ludwig II. ohne jede politische Funk-tion errichtete Schloß Herrenchiemsee (Georg Dollmann 1878–1886, unvollendet). Für den großen Sitzungssaal des Reichstagsgebäudes hat-ten sich Holzvertäfelungen allerdings auch aus akustischen Gründen angeboten.

Hinter der Materialwahl verbargen sich aber – wie bei der gesamten Innenausstattung des Reichstagsgebäudes – nicht allein praktische Gründe. Es handelte sich viel mehr auch um eine Frage des Geschmacks und der Mode, letztlich des Stils: Während die Außenar-chitektur im Stil internationaler Neurenaissance entstand, entwarf Paul Wallot die Innenausstattung weitgehend in den Stilformen der deut-

schen Renaissance des 16. und 17. Jahrhunderts.[134] Was auf den ersten
Blick widersprüchlich erscheinen könnte, ist durchaus zeitgemäß
gewesen. Ein bezeichnendes Beispiel dafür ist die Villa des Münchner
Malers Friedrich August von Kaulbach (1850–1920), die Gabriel von
Seidl (1843–1913) in der Münchner Kaulbachstraße 15 nach 1886
errichtet hat. Das Äußere war ganz im Stil italienischer Villen gehalten,
während die Innenausstattung den Formen deutscher Renaissance
folgte.[135]

Diese Gestaltung der Sitzungsräume und Büros im Reichstagsgebäude
mit Holz ist durchaus als typisch deutsch aufgefaßt worden: »Eichenholz,
der Stolz des deutschen Waldes ... Aus dem Holzgetäfel, aus den Balken-
und kassettierten Holzdecken strömt Behagen, das wußten unsere Vorfahren und haben auch wir nach der langen Herrschaft einer kalten
Antike wieder in vollem Maße erkannt. Das Holz feiert einen vollen Tri-
umph im großen Sitzungssaal.« (Georg Buss)[136] Der große Sitzungssaal
des Reichstagsgebäudes demonstrierte mit seinem aus Holz gearbeiteten
Dekor eine fast schreinerhafte Kleinteiligkeit, die ein typischer Wesens-
zug der deutschen Renaissance gewesen ist: Vor den loggienartigen Rän-

64 Berlin, Reichstagsgebäude. Sitzungssaal (nach 1914, zerstört)

135

65 Berlin, Reichstagsgebäude. Sitzungssaal. Sitz des Reichstagspräsidenten, Rednertribüne mit Stenographensitzen und Wahlurnen (vor 1901, zerstört)

66 Berlin, Reichstagsgebäude. Sitzungssaal. Stuhl des Reichstagspräsidenten

67 Berlin, Reichstagsgebäude. Hammelsprungtür im Sitzungssaal mit Darstellung des Polyphem (vor 1901, zerstört)

68 Berlin, Reichstagsgebäude. Sitzungssaal des Bundesrates im Südostturm, Westwand (vor 1901, zerstört)

69 Berlin, Reichstagsgebäude. Ein Sitzungssaal, Leuchter nach Entwurf von Paul Wallot (um 1930?, zerstört)

70 Berlin, Reichstagsgebäude. Tür zum Zimmer des Reichstagspräsidenten (vor 1901, zerstört)

gen für Besucher, Journalisten sowie den Kaiser waren schmuckreiche
Pilaster und Friese angebracht, an der Stirnseite des Saales, oberhalb des
Präsidentensitzes befanden sich ornamentverzierte Aedikulen mit Her-
menpilastern, an den Seiten des Bundesratspodiums sind auf historischen
Abbildungen gebänderte Säulen zu sehen (Abb. 68). Die Aufnahme von
Motiven der deutschen Renaissance setzte sich von der wandfesten Aus-
stattung bis zum Mobiliar des Reichstages fort. Viele Türen waren mit
Dreieckgiebeln mit Fächerrosetten sowie seitlich aufgesetzten Obelisken
und Rollwerk verziert (Abb. 70).

Wie sehr das traditionelle Kunsthandwerk im Reichstagsgebäude
vorherrschte, zeigte sich am deutlichsten im Erfrischungssaal, der als ein

»Bräukeller« mit spätgotischem Rankenwerk am Gewölbe gestaltet worden ist (Abb. 71). Hier machte sich so etwas wie »deutsche Gemütlichkeit« breit, und es wird die Grenze zu einer ziemlich unpolitischen Deutschtümelei erreicht.[137] Ähnliches kam noch einmal in dem umstrittenen Repräsentationshaus des Deutschen Reiches mit einer Weinstube auf der Weltausstellung in Paris 1900 zum Ausdruck (Paul Wallot saß in

71 Berlin, Reichtagsgebäude. Erfrischungssaal zwischen Hauptfassade und Wandelhalle südlich des Hauptportales, Blick nach Norden (um 1900?, zerstört)

72 Berlin, Reichstagsgebäude. Restaurationsnebenraum im Südwestturm (vor 1901, zerstört)

der Auswahlkommission. S. u. S. 240). Es werden auch Assoziationen an den Saal im Palas einer Burg geweckt, wie ihn beispielsweise Bodo Ebhardt in den Jahren 1899–1908 auf der Hohkönigsburg bei Schlettstadt aus dem stark beschädigten Originalbestand heraus rekonstruiert und vergleichbar ausgestattet hat. Paul Wallots Ausbildung bei Hugo von Ritgen, dem Architekten des Ausbaus der Wartburg, kam hier voll zum Zuge.

Besonderes Augenmerk galt der Bibliothek des Reichstages im nördlichen Obergeschoß des Gebäudes.[138] Der Bestand betrug bei Einrichtung 90.000 Bände und war auf stattliche 320.000 Bände ausgelegt. Ihre gesamte Ausstattung war eigens für diese Zwecke entworfen worden. Die Geschosse der Büchermagazine waren in eine hängende Stahlkonstruktion eingebaut. Die Fußböden wurden in Riffelglas verlegt, damit auch die unteren Geschosse genügend Tageslicht erhielten. Dieser hohe technische Standard ging wie selbstverständlich mit einer historischen Raumausstattung einher: Der Lesesaal war mit einer Wendeltreppe mit gedrechselten Säulchen am Geländer und einem Mobiliar im Stil des 16. Jahrhunderts ausgestattet (Abb. 74).

Die Aufnahme der deutschen Renaissance in das Konzert der Architektur der Stile setzte ziemlich abrupt in den 1870er Jahren ein (s. a. S. 238f., Reichspatentamt). Erste wissenschaftliche Publikationen über diesen Stil erschienen nach 1870.[139] Die Aufnahme dieses Stiles beschränkte sich im vergangenen Jahrhundert aber keinesfalls auf Deutschland, sondern folgte etwa den Grenzen des Verbreitungsgebietes der sogenannten nordischen Renaissance des 16. Jahrhunderts, weshalb der Begriff »deutsche Renaissance« historisch nicht ganz korrekt gewesen ist – indessen charakterisierte er recht genau die mit nationalen Implikationen verbundene Rezeption dieses Stiles im Deutschen Kaiserreich. Die Renaissance nördlich der Alpen war eine eigentümliche Mischung aus weiterhin tradierten gotischen Formen einerseits und der aus der antiken Kunst entwickelten Renaissance Italiens andererseits. Einen besonderen Schwerpunkt setzte sie in der Gestaltung von Interieurs. Deshalb erschienen im späten 19. Jahrhundert mehrere Publikationen, die Vorbilder für die Gestaltung von Innenräumen im Stil der deutschen Renaissance vorstellten.[140]

Im Jahr 1884 hielt der Berliner Architekt Hubert Stier (1838–1907), der seit 1876 in Hannover lebte und arbeitete, auf der Wanderver-

73 Berlin, Reichstagsgebäude. Schreibtischgruppe (vor 1901)

74 Berlin, Reichstagsgebäude. Lesesaal der Bibliothek im Nordostturm, Blick nach Süden (vor 1901, zerstört)

sammlung der Architekten- und Ingenieurvereine in Stuttgart eine flammende Rede für die deutsche Renaissance, in der die mit der Rezeption dieses Stiles verbundenen Vorstellungen deutlich zum Ausdruck kamen. Stier stellte dabei auch nationale Aspekte heraus.[141] Mit der Wiederaufnahme von Stilformen des 16. Jahrhunderts verband Stier – und mit ihm viele andere in dieser Zeit – aber vor allem die Erinnerung an eine Epoche, in der sich die Bürger des 19. Jahrhunderts wiedererkennen konnten. Die Wurzeln von Humanismus, Bürgertum, Individualismus und nicht zuletzt Protestantismus wurden vorzugsweise in der frühen Neuzeit gesehen. Weite Kreise des Bürgertums des Kaiserreiches identifizierten sich bis kurz vor der Jahrhundertwende in einem hohen Maße mit dem Stil der deutschen Renaissance, dessen Anziehungskraft nach 1900 bald verebbte. Mit hoher Wahrscheinlichkeit fand sich in vielen Villen deutscher Parlamentarier ähnlich wie im Reichstag gestaltetes Interieur.[142]

Der Sitzungssaal des deutschen Reichstagsgebäudes stellte sich mit seiner Innenausstattung auch in die Tradition deutscher Rathäuser der frühen Neuzeit. Die Ratssäle des Mittelalters und der Neuzeit waren Zentren politischer sowie sozialer Repräsentation aufstrebender Städte, und viele werden bis heute als solche gepflegt. Zu ihnen gehört der Friedenssaal im gotischen Rathaus im westfälischen Münster, dessen Ausstattung überwiegend 1577 entstand. Berühmt wurde er vor allem, weil hier im Jahr 1648 der westfälische Frieden geschlossen worden ist. Die Vorverhandlungen zum westfälischen Frieden hingegen wurden im Ratssaal des Osnabrücker Rathauses geführt. Dieser Saal ist in der ersten Hälfte und der Mitte des 16. Jahrhunderts ausgestattet worden und wird bis heute als historisches Zentrum der Stadtpolitik präsentiert. Vergleichbare Bedeutung kommt auch den Ratssälen in Lübeck und Lüneburg sowie in ungezählten anderen Städten zu. Ein besonders prunkvolles Beispiel schuf Elias Holl 1615–1626 mit dem (rekonstruierten) Goldenen Saal des Rathauses in Augsburg.

Der kommunalen Politik kam und kommt in Deutschland große Bedeutung zu[143], es hatte darum einen tief in der Geschichte verankerten Sinn, wenn der deutsche Reichstag sich mit der Innenausstattung seines Parlamentshauses in diese Tradition stellte. Nicht monumentale Repräsentation in antikisierenden Formen, sondern eine den Interieurs von Bürger- und Fürstenhäusern der deutschen Länder des 16. Jahrhunderts nachempfundene Intimität prägte den Charakter der Räume des Reichstagsgebäudes.

Paul Wallot konnte die Ausstattung des Reichstagsgebäudes lange Zeit weitgehend in eigener Regie gestalten. Dabei konnte er sich der Unterstützung durch den Vorsitzenden der Reichstagsbaukommission beziehungsweise später Ausstattungskommission Heinrich von Boetticher (1833–1907. Staatsminister, Präsident des Reichskanzleramtes sowie des Reichsamtes des Inneren) sicher sein, den der Bundesrat in die Kommission entsandt hatte. In mehreren Schritten wurde Wallot jedoch aus dieser Verantwortung herausgedrängt. 1897 mußte von Boetticher seinen Posten als Kommissionsleiter räumen, weil er sich an einem Kaiserhoch nicht beteiligt hatte. Ihm folgte Arthur Graf von Posadowsky-Wehner (1845–1932. Stellvertreter des Reichskanzlers und preußischer Staatsminister 1897–1907), der Wallot weit stärker als sein Vorgänger kontrollierte. Infolge der Affäre um Bilder des Münchner Malers Franz von Stuck im Jahr 1899 schaltete sich auch der Reichstag selbst vermehrt ein.

Franz von Stuck (1863–1928) hatte auf Veranlassung von Paul Wallot und im Auftrag der Reichstagsbaukommission Gemälde für das Foyer des Reichstagspräsidenten geschaffen. Die zwei schmalen, jeweils 22 m langen Bilder sollten unterhalb der Decke an der Wand montiert werden.[144] In dem Auftrag war eine ornamentale Gestaltung gefordert, Stuck ergänzte sie durch Motive zum Thema der Jagd nach dem Glück. Das gesamte Parlament reagierte ablehnend auf die im Reichstagsgebäude ausgestellten Arbeiten. Über Stuck ergoß sich eine Welle der Kritik, die sich zu einer umfassenden Auseinandersetzung über neue Kunst auszuweiten drohte und kein gutes Licht auf die Kompetenz der Parlamentsmitglieder in künstlerischen Angelegenheiten wirft. Der renommierte Kunsthistoriker und Architekturspezialist Cornelius Gurlitt (1850–1938) kritisierte den Unverstand der Politiker.[145]

Wallots bemerkenswertes Engagement für den angefeindeten Münchner Maler spricht für sein künstlerisches Urteilsvermögen, schließlich hätte er auch noch ein weiteres Mal einen der ohnehin schon in großer Zahl für den Reichstag tätigen Historien- oder Dekorationsmaler beauftragen können. Die deutschen Architekten stellten sich mehrheitlich hinter Wallot. Münchner Künstler entsandten einen unterstützenden Brief an ihn. Die Berliner Sezessionisten, die sich erst kurz zuvor zusammengefunden hatten, schlossen sich an.[146] Die Ausstattung des Reichstages wurde also auch in avantgardistischen Kreisen aufmerksam verfolgt. Stuck selbst äußerte sich überhaupt nicht. Seine Bilder wurden nicht aufgehängt. Der Kommissionsvorsitzende von Posadowsky-Wehner unterstützte Wallot in den folgenden Reichstagsdebatten nicht mehr. Wallot legte darum sein Amt im Jahr 1899 nieder. Er ging als Professor nach Dresden auf den Lehrstuhl Gottfried Sempers, wurde aber bis zu seinem Tode in Ausstattungsfragen zum Reichstagsgebäude konsultiert.

Es liegt nahe zu erwarten, daß die Ausstattung des Reichstagsgebäudes mit Bildern und Skulpturen deutliche politische Aussagen über das Selbstverständnis des Deutschen Kaiserreiches gemacht hat. Erstaunlicherweise stimmt das nicht. Bei näherem Hinsehen zeigt sich nämlich, daß keine entsprechenden programmatischen Äußerungen oder Forderungen des Reichstages oder der Reichsbauabteilung am Anfang gestanden haben. Das Bildprogramm ist sukzessive weitgehend unter der Regie von Paul Wallot in Absprache mit der Reichstagsbaukommission entworfen worden. Das Reichstagsplenum selbst wurde erst sehr spät und mehr oder weniger zufällig darauf aufmerksam, daß es sich jahrelang kaum um den Schmuck des Hauses gekümmert hat. Anlaß dazu war die Affäre um Bilder des Malers Franz von Stuck im Jahr 1899 (s. o.).

Den Höhepunkt des Bildprogrammes am Außenbau des Reichstagsgebäudes bildete die Kaiserkrone auf der Spitze der Kuppel (Abb. 75). Sie war neben dem offiziell legitimierten Reichswappen (Abb. 14) das wichtigste Symbol des Deutschen Kaiserreiches, konnte aber nur wie ein heraldisches Zeichen in verschiedensten Zusammenhängen benutzt werden, weil sie nie als eine wirkliche Krone für die regierenden Kaiser angefertigt worden war. Das Reichswappen seinerseits ist noch heute im Zentrum des Giebels am Westportikus zu sehen (Abb. 76). Das entsprechende Sandsteinrelief hat Fritz Schaper (1841–1919) geschaffen. Schaper gehörte zu den wenigen für das Reichstagsgebäude tätigen Bildhauern, die Wallot nicht selbst aussuchen konnte. Der Bildhauer war nach der Vollendung des Werkes selbst nicht zufrieden, auch Wallot hat Bedenken gegenüber der Arbeit gehabt. Die germanischen Krieger neben dem Reichswappen symbolisieren die deutschen Stämme beziehungsweise die deutschen Bundesländer, was durch den bayerischen und den preußischen Kürassierhelm zum Ausdruck gebracht ist, ihnen zur Seite stehen die Personifikationen von Handel, Gewerbe, Wissenschaft und Kunst.[147]

Auf der Spitze des dem Königsplatz zugewandten Portikus stand ehemals eine von Reinhold Begas entworfene und von Heinrich Seitz in München in Kupfer getriebene Figur der reitenden Germania (Abb. 77). Die seit der Spätantike bekannte Figur der Germania avancierte im Kaiserreich zu einer beliebten Symbolfigur. Zu ihrer Popularität hat die Germania des Niederwalddenkmales (Abb. 5) einiges beigetragen. Viele

75 Berlin, Reichstagsgebäude. Kaiserkrone auf der Spitze
der Kuppel (1892, zerstört)

Reichsbauten (beispielsweise das Reichsamt des Inneren und das
Reichsschatzamt) sind mit Germaniafiguren auf den Dachgesimsen als
Bauten des Reiches gekennzeichnet worden. Die reitende Germania auf
dem Reichstagsgebäude war von einem Mann als Personifikation des
Krieges und einer Frau als Personifikation des Sieges begleitet. Auf diese
Weise wurden die prominentesten Plätze des Reichstagsgebäudes mit
den wichtigsten Symbolen des Reiches besetzt. An vielen anderen

exponierten Stellen wurde veranschaulicht, daß das Deutsche Reich sich aus seinen Bundesländern zusammensetzte. An der Wand des Eingangsportikus waren (und sind) zwischen den äußeren Säulenpaaren die Wappen der Bundesländer in einer Eiche und einer Kiefer dargestellt. Darunter lagern die Personifikationen der äußersten Flüsse des Reichsgebietes Rhein und Weichsel (Abb. 78). Über den Obergeschoßfenstern der seitlichen Portalbauten waren die Wappen der Königreiche im Deutschen Reich zu sehen, über der Einfahrt der östlichen Vorhalle abermals das Reichswappen (Abb. 80). Über den Hauptgeschoßfenstern der Westfassade wurden die Wappen bedeutender deutscher Städte angebracht.

Für die Gestaltung des Bildprogrammes griff Paul Wallot auf die Hilfe ausgewiesener Fachleute zurück. Beim Berliner Heroldsamt verschaffte er sich Kenntnis über historische Wappen. Nachdem am Außenbau eine den Reichsstrukturen entsprechende Anzahl von Wappen deutscher Länder und Städte angebracht worden war, wurde auch das Innere des

76 Berlin, Reichstagsgebäude. Giebel des Haupteingangsportikus am Königsplatz. Reichswappen mit Kaiserkrone, germanische Krieger als Vertreter der nord- und süddeutschen Stämme, Personifikationen von Kunst und Gewerbe. Fritz Schaper 1892

77 Berlin, Reichstagsgebäude. Germaniagruppe über der
Spitze des Hauptportals am Königsplatz. Reinhold Begas
(vor 1906, nach 1945 zerstört)

Reichstagsgebäudes mit zahlreichen Wappen geschmückt. Umgehend
ist Wallot dafür von Heraldikern kritisiert worden, die ihm Ungenau-
igkeiten in den Motiven vorwarfen. Wallot wies das zurück, weil es
sich seiner Meinung nach in erster Linie um Dekor handelte. Der
Streit geriet in die Öffentlichkeit, und das Organ des Verbandes deutscher Architekten, die *Deutsche Bauzeitung,* mußte Wallot in Schutz
nehmen.[148]

Das Reichstagsgebäude wies eine Fülle ornamentalen Schmuckes auf
(vgl. Abb. 82). Vieles davon war rein dekorativ gestaltet. Auf den oberen Ecken der vier Türme standen kronentragende Kinder, die der Bildhauer Adolf Brütt geschaffen hatte. Andere Darstellungen zeigten pro-
fane Motive, wie sie in der Ikonographie öffentlicher Bauwerke in
dieser Zeit beliebt gewesen sind. So standen auf den oberen Enden der
Säulenvorlagen der Ecktürme sechzehn Figuren verschiedenster Berufe
wie Volksernährung, Kunst, Erziehung, Wissenschaft usw. Ähnliches ist

beispielsweise an Kapitellen im Hauptbahnhof in Metz oder am Kaiser-palast in Straßburg zu sehen, auch die Kaiser-Wilhelm-Gedächtniskirche in Berlin zeigte solche Darstellungen. Zu den eigenwilligsten Skulpturen des Reichstagsgebäudes gehörte die Figur des reitenden hl. Georg, den Drachen tötend, über dem Haupteingang im Westportikus, denn die Georgsfigur trug die Gesichtszüge des Fürsten Otto von Bismarck (Abb. 83). Diese Skulptur hatte Rudolf Siemering (1835–1905) in den Jahren 1891–1893 geschaffen. Das Entstehungsdatum offenbart die politische Brisanz des Werkes, denn Kaiser Wilhelm II. hatte Bismarck im Jahr 1890 entlassen. Paul Wallot, der ein Verehrer des ersten Reichs-kanzlers gewesen ist, stellte Bismarck damit wie einen Schutzpatron des

78 Berlin, Reichstagsgebäude. Wappen der deutschen Bundesländer hinter dem Portikus der Hauptfassade (vor 1906)

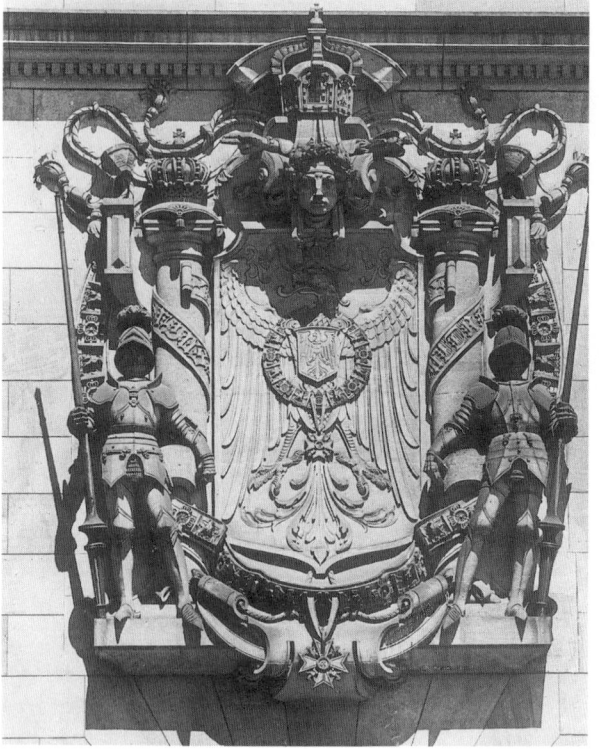

81 Berlin, Reichstagsgebäude. Südostturm (vor 1920)

◁ 79 Berlin, Reichstagsgebäude. Relief am Haupteingang. Adler mit Kaiserkrone und alten Reichsinsignien über einem Drachen (vor 1901)

◁ 80 Berlin, Reichstagsgebäude. Reichswappen mit Kaiserkrone an der Rückfassade, Sommerstraße (vor 1906)

82 Berlin, Reichstagsge-
bäude. Kapitell an einem
Turm (vor 1906)

Reiches über den Haupteingang des Reichstagsgebäudes. Die Gesichtszüge Bismarcks trug auch die Figur Ottos I. des Großen in der südlichen
Eingangshalle, dem Eingang der Parlamentarier und des Kaisers.

Der Sitzungssaal des Reichstagsgebäudes bildete, anders als bei un-
voreingenommener Annäherung vermutet werden könnte, nicht den
Höhepunkt des Bildprogramms. Seine Ausstattung mit Bildern ist
vielmehr lange Zeit unvollständig geblieben. Wallot beabsichtigte, in
den drei Bildfeldern der Stirnseite des Saales, oberhalb der Sitze von
Präsidium und Bundesrat, die Reichsgründung zu veranschaulichen
(Abb. 64). Im größeren Mittelbild sollte Kaiser Wilhelm I. dargestellt
werden, neben ihm in aller Deutlichkeit Reichskanzler von Bismarck,
in den Bildern links und rechts davon die Grundstein- und die Schlußsteinlegung des Reichstagsgebäudes. In der Zeit des Kaiserreiches blieben die Bildflächen jedoch leer, die Figurennischen zwischen ihnen
wurden erst nach Beginn des Ersten Weltkrieges mit Personifikationen
von Tapferkeit, Gerechtigkeit, Weisheit und Demut gefüllt. Im Unterschied zum großen Sitzungssaal des Reichstages hatte der wesentlich
kleinere Bundesratssitzungssaal (Abb. 68) im Südostturm bis 1911 ein
vollständiges Bildprogramm mit einer politischen Ikonographie erhalten, welche die politische Bedeutung des Bundesrates illustrierte. In den
Ecken des Raumes standen die Personifikationen von Rechtspflege,
Verwaltung, Krieg und Frieden, mithin den Hauptaufgabengebieten des
Bundesrates.

83 Berlin, Reichstagsgebäude. Reiterstandbild im Portikus, hl. Georg mit den Gesichtszügen Ottos von Bismarck. Rudolf Siemering 1891–1893 (zerstört)

Der legitimatorische Rückbezug des Kaiserreiches auf die deutsche Geschichte kam erstaunlicherweise nur an relativ wenigen Stellen des Reichstagsgebäudes zum Ausdruck: In der südlichen Eingangshalle, dem Haupteingang der Parlamentarier, standen die Statuen von acht deutschen Kaisern und Königen. Als Pendant wollte Wallot in der den Zuschauern und Journalisten dienenden Nordeingangshalle die Figuren von acht deutschen Geistesgrößen aufstellen lassen. Um eine entsprechende Auswahl bat er den Berliner Historiker und Herausgeber der Preußischen Jahrbücher Hans Delbrück. Das Programm blieb indes unausgeführt, weil die Reichstagsbaukommission mit der Auswahl nicht einverstanden war. Dabei war es zu konfessionellen Auseinandersetzungen über eine Lutherfigur gekommen.

Für den Fries unterhalb des Portikusgiebels über dem Haupteingang war die Inschrift »Dem Deutschen Volke« vorgesehen. Vieles deutet auf Paul Wallot als Urheber des Inschrifttextes hin, doch liegen die Anfänge der entsprechenden Planungen im Dunkeln. Alle Beteiligten und Interessierten hatten zum Zeitpunkt der Einweihung des Reichstagsgebäudes erwartet, daß dieser Schriftzug über dem Haupteingang angebracht werden würde.[149] Doch kam er nicht zur Ausführung. Es ist nicht gesichert, daß Kaiser Wilhelm II. die Anbringung untersagt hat, doch wurde diese Interpretation oft kolportiert. Die liberale *Vossische Zeitung* hat 1897 gefordert, eine Inschrift anzubringen, und machte eigene Vorschläge: »Zu Deutschlands Ehre«, »Ans Vaterland, ans theure schließ dich an« oder »Wir wollen sein ein einig Volk von Brüdern«.[150] Hier klangen Erinnerungen an die frühe deutsche Nationalbewegung der Zeit um 1800 an. »Gott mit uns« schied sicher aus, denn das stand bereits an der Kuppel des Berliner Stadtschlosses. Erst kurz vor Weihnachten des Kriegsjahres 1916, in einer Zeit, in der die Reichsregierung sich mit einer zunehmenden Unzufriedenheit des Volkes konfrontiert sah, kam die endgültige Genehmigung zur Anbringung. Der Berliner Architekt Peter Behrens hat sie entworfen. Die Inschrift ist nach 1945 ambivalent wahrgenommen worden, weil der Begriff Volk durch die Nationalsozialisten korrumpiert worden war. Sie befindet sich noch immer an ihrem Platz.

Das Bildprogramm des Skulpturenschmuckes am Außenbau des Reichstagsgebäudes symbolisiert(e) die 1871 gewonnene Einheit des Deutschen Reiches. Die Ikonographie vergegenwärtigte einen politischen Zustand: die Vereinigung der deutschen Bundesländer zum Deutschen Reich unter der Führung des Königs von Preußen als Deutschem Kaiser. Das Reichswappen im Giebel des Portikus und die Kaiserkrone auf der Laternenspitze der Kuppel bildeten die Höhepunkte. Wappen und heraldische Zeichen ergänzten den Dekor. Nur an vergleichsweise wenigen Stellen fanden sich historische deutsche Herrschergestalten und alte Reichsinsignien. Die Symbolik des Reichstagsgebäude verzichtete damit auf eine ausführliche Legitimation des jungen Deutschen Reiches aus der Geschichte heraus, wie sie zum Beispiel in der Kaiserpfalz in

Goslar sowie in zahlreichen Publikation und in Festveranstaltungen zum Ausdruck gebracht worden ist. Die deutsche Geschichte war für die Identitätsfindung des Kaiserreiches in den Jahren nach seiner Gründung von großer Bedeutung gewesen. Die Einweihung des Reichstagsgebäudes fand aber erst fast ein Vierteljahrhundert nach der Reichsgründung statt. Die politische Ikonographie des Kaiserreiches war inzwischen weniger akademisch und leichter verständlich geworden. Ein dem Reichstagsgebäude vergleichbares Bildprogramm erhielt wenig später auch der Kaiserpalast in Straßburg (s. u. S. 169ff.).

Das Reichstagspräsidialgebäude

Im Jahr 1896 leitete der Reichstag die Errichtung eines »Reichstags-Präsidial-Gebäudes« ein. Der Dienstsitz des Reichstagspräsidenten entstand hinter dem Reichstagsgebäude gegenüber der Nordostecke des Reichstagsgebäudes auf einem Eckgrundstück an der Sommerstraße (heute Ebertstraße) und dem Reichstagsufer. Dieses bis heute weitgehend

84   Berlin, Palais des Reichstagspräsidenten. Paul Wallot 1896–1904 (1906, heute Sitz der parlamentarischen Gesellschaft)

erhaltene Gebäude entstand nach einem Entwurf von Paul Wallot. Erst im Jahr 1904 konnte es bezogen werden (Abb. 84). Zwischenzeitlich war der Entwurf durch die Akademie des Bauwesens begutachtet worden, die sich nicht mit der architektonischen Erscheinung befaßte, aber die Haupttreppe mit knapp sechs Metern für zu breit hielt. Die Superrevision durch das preußische Ministerium der öffentlichen Arbeiten hatte Einsparungen verlangt, die der Reichstag allerdings nicht akzeptiert hat.[151] Die Nähe zum Reichstagsgebäude bestimmte den Baustil des dreigeschossigen Hauses: internationale Neurenaissance mit Gesimsen, Fensteraedikulen usw. Damit war eine Anpassung an das Haus des Parlamentes erreicht worden.

Resümee

Das Deutsche Kaiserreich hat mit dem Reichstagsgebäude sein bedeutendstes politisches Bauwerk im Stil internationaler Neurenaissance errichten lassen, wie sie in der österreichischen Hauptstadt Wien und auch in Paris für öffentliche Gebäude vorzugsweise gewählt worden ist. Die Entscheidung für Paul Wallots Entwurf bedeutete nichts weniger als eine eindeutige Distanzierung von der Tradition der Berliner Schule. Diese Entwicklung hatte sich bereits mit dem im ersten Wettbewerb ausgewählten Entwurf von Ludwig Bohnstedt angekündigt, und sie kam ebenso auch in der Entscheidung für Otto Warths Kollegiengebäude für die Kaiser-Wilhelm-Universität in Straßburg zum Ausdruck. Das Reich trat damit aus seiner Bindung an die deutschen Länder – in diesem Fall insbesondere an Preußen – heraus und stellte sich architektonisch ebenbürtig neben die großen europäischen Nachbarstaaten. Dabei blieb die deutsche Reichshauptstadt Berlin allerdings maßstäblich weit hinter dem zurück, was in Städten wie Paris, Wien, London oder Budapest an vergleichbaren Bauprojekten realisiert worden war.

Paul Wallot war ein Anhänger der internationalen Neurenaissance in ihrer dekorreichen Ausrichtung, wie sie die École des Beaux-Arts in Paris vertrat. Der deutsche Baumeister war zutiefst beeindruckt von Charles Garniers Großer Oper. Er hielt sie für das »sprühende Leben«, demgegenüber sogar Sempers Werke wie »klappriche Knochen« erscheinen würden. Wallot teilte das seinem Freund Friedrich Bluntschli vertraulich mit, und er verheimlichte ihm auch nicht, daß er etwas neidisch auf Paris blicken würde.[152] Rückblickend konnte Wallot sich aber zugute halten, mit dem Reichstagsgebäude in einer etwas rustikaleren Form Garniers Oper zumindest nahe gekommen zu sein. Die Architektur des Berliner Reichstagsgebäude erweist sich damit im zeitgenössischen Kontext als weltoffener und fortschrittlicher, als fast alle Kritiker in unserem Jahrhundert rückblickend vermutet hatten, genoß doch die Architektur der Pariser Schule damals weltweit hohe Anerkennung. Vor diesem Hintergrund löst sich die noch bis in die jüngste Gegenwart postulierte Rätselhaftigkeit[153] des Baustiles des Reichstagsgebäudes auf.

Wie bei keinem anderen öffentlichen Bauwerk des Deutschen Kaiserreiches ist die Errichtung des Reichstagsgebäudes durch ein ganz ungewöhnliches Maß an Konflikten erschwert worden. Dabei standen sich Paul Wallot, der Reichstag sowie die Reichstagsbaukommission einerseits und die preußische Bauverwaltung mit der Akademie des Bauwesens andererseits gegenüber. Das Projekt drohte mehrfach im Strudel widerstrebender Interessen zu scheitern. Das Reich konnte sich in den wesentlichen Fragen – wie der Anordnung der Kuppel über dem Sitzungssaal – durchsetzen, es bleibt allerdings unklar, warum die preußische Seite sich derart restriktiv verhielt. Es drängt sich der Verdacht auf, daß Abneigung gegen den üppigen Baustil eine erhebliche Rolle gespielt hat, zumal in der Gutachterkommission der Akademie des Bauwesens viele Berliner Architekten tätig waren, die sich am Reichstagsbauwettbewerb beteiligt hatten. Derlei Motivation läßt sich zwar nicht exakt nachweisen, weil es in den Akademiegutachten keine Äußerungen über die Stilfrage gibt (bei diesen Niederschriften war insofern Vorsicht angeraten, als sie jederzeit publiziert werden konnten) doch hat die Öffentlichkeit die Konflikte in dieser Weise interpretiert. Cornelius Gurlitt lobte in der *Kölnischen Zeitung* Wallots Bau, der sich gegen die »Ärmlichkeit« der ausklingenden Schinkelschule durchgesetzt habe, und hob ausdrücklich das Standvermögen der Reichsregierung gegen die preußische Bauverwaltung hervor.[154] In der Errichtung des Reichstagsgebäudes kulminierte einerseits der latente Kompetenzkonflikt zwischen Preußen sowie dem Reich, auf der anderen Seite begegnen sich hier zwei einander konträr gegenüberstehende architektonische Schulen: die aus dem Klassizismus entwickelte schlichte Neurenaissance der preußischen Schule und die dekorreiche internationale Neurenaissance.

Zu den charakteristischen Erscheinungen der ersten zwei Jahrzehnte nach der Reichsgründung gehörte, daß ein internationaler Baustil als angemessen für den bedeutendsten politischen Repräsentationsbau des deutschen Kaiserreiches anerkannt worden ist. Die Frage nach der Zurschaustellung nationalen Selbstverständnisses durch einen als typisch deutsch verstandenen Baustil war im Vorfeld der Errichtung des Reichstagsgebäudes nicht gestellt worden. Diese Frage war auch – im Unterschied zum ersten Reichstagsbauwettbewerb des Jahres 1872 – ausdrücklich nicht Gegenstand des Wettbewerbsprogrammes von 1882. Sie wurde aber im Verlauf der Errichtung an den Bau herangetragen. Richard Streiter (1861–1912), Mitarbeiter und Freund von Wallot, sah sich nach der Einweihung veranlaßt, kritische Äußerungen zu entkräften. Streiter sprach von einer organischen Strukturierung des Baus, die (auch an Prinzipien der Neugotik anknüpfend) typisch deutsch sei. Darüber hinaus verwies er auf Mosaikfußböden in Seitenfluren, die nach mittelalterlichen Vorbildern gestaltet waren; der Autor nannte auch die Innenhöfe, in denen es gotische Formen insbesondere bei der Fenstergestaltung gab.[155] Streiter resümierte, das Reichstagsgebäude würde sich mit solchen Motiven deutlich von französischer Renaissance (gewiß dachte er an das nach 1871 neu erbaute Rathaus in Paris) und Bauten in Wien abgrenzen. Es ist bemerkenswert, daß Streiter nicht viel deutlicher auf die deutsche Renaissance der Innenraumgestaltung verwies. Tatsächlich drangen die mit diesem Stil verknüpften nationalen Aspekte erst allmählich in den Vordergrund, offensichtlich in dem Maße, wie die deutsche Renaissance sich von der internationalen Renaissance abzugrenzen begann.

Mit Paul Wallot war ein Architekt der internationalen Neurenaissance ausgewählt worden, der aufgrund seiner vorzüglichen Kenntnis auch der deutschen Renaissance zusätzliche Kompetenz hinsichtlich stilistischer Gestaltung einzubringen vermochte, wie auch mehrere Bauten in Frankfurt am Main bereits dokumentierten. Bei der Auswahl seines Entwurfes hatte das allerdings noch gar keine Rolle gespielt, denn die Innenausstattung war nicht Gegenstand des Wettbewerbes und die Jurymitglieder sind allesamt keine großen Anhänger dieser Stilrichtung gewesen. Die Entscheidung für Wallots Entwurf begründete sich nicht zuletzt aus der gelungenen Grundrißdisposition. Mit der Gestaltung der Innenausstattung des Reichstagsgebäudes zeigte Wallot dann erst im Bauverlauf, wie er das Motivrepertoire der deutschen Renaissance sicher einzusetzen wußte. Das Innere entsprach schließlich dem Geschmack eines großen Teils der Reichstagsabgeordneten. Was sie im Erfrischungssaal (Abb. 71), in den Fluren (Abb. 70) und auch im Sitzungssaal (Abb. 64) vor Augen hatten, das war auch in ihren Villen häufig zu sehen.

Paul Wallot ist ein Patriot gewesen, er war ein glühender Verehrer des Fürsten Bismarck, dem er zu seinem achtzigsten Geburtstag am 20. September des Jahres 1895 eine Zeichnung des hl. Georg mit den Gesichtszügen des Reichskanzlers schickte. Sie war im Zusammenhang mit der Schaffung der Georgsfigur am Hauptportal des Reichstagsgebäudes (Abb. 83) 1890 entstanden.[156] Als Wallot zum Abschluß seiner Arbeit als ein Patriot über das Reichstagsgebäude sinnierte, kamen ihm – aus solcher nationalen Perspektive zwangsläufig – Bedenken. Einer Zeitströmung folgend erwog er kurz vor der Vollendung des Reichstagsgebäudes, daß romanische Bauformen im Sinne der nationalen Aufgabe geeigneter gewesen wären![157] Das war zu Beginn der 1890er Jahre, als die Neuromanik eine lebhaft rezipierte (wenn auch kurzzeitige) Mode war. Aber auch eine Entscheidung für diesen Stil hätte letztlich vor dem historisch-kritischen Urteil über die Herkunft der mittelalterlichen Stile keine überzeugendere Lösung gebracht.

Die um 1890 noch einmal vehement aufbrechenden Diskussionen über einen nationalen Baustil ließen also selbst Paul Wallot nicht unberührt. Aus einer nationalen Perspektive heraus war er vermutlich zufrieden mit der Innenausstattung, mit der Außenarchitektur hingegen nicht. Im Jahr 1890 schrieb er seinem Freund Friedrich Bluntschli, »daß wir ein nationales Bauwerk bauen, ohne daß wir einen nationalen Stil besitzen.« Die Bedeutung des Reichstagsgebäudes als Staatsbau konnte in dieser Zeit aber gar nicht anders als durch einen internationalen Baustil zum Ausdruck gebracht werden, weil es keinen nationalen gegeben hat – soweit hat Wallot die Situation richtig erkannt. Er wußte auch: »Es sieht ja in der übrigen Welt nicht viel besser aus«, womit vor allem Paris gemeint war.[158] Wallot geriet in einen für seine Zeit typischen Konflikt: Die nationale Interpretation eines historischen Baustiles erwies sich immer wieder als unmöglich. Selbst die für die Innenausstattung bevorzugte »deutsche Renaissance« war in ihrer Zeit eine umfassende Erscheinung in ganz Nordwesteuropa gewesen: nordische Renaissance.

Das ausklingende 19. Jahrhundert brachte tiefgreifende Veränderungen in der Architektur, das Ende des stiltreuen Historismus bahnte sich an. Außerdem kündigte sich eine Tendenz zu einer Vereinheitlichung, auch zu einer Monumentalisierung der Formen und zu einer damit einhergehenden Versachlichung des Dekors an. Die Architektur des Reichstagsgebäudes wirkte darum im Deutschen Reich nur noch in geringem Maß auf die nachfolgende Baukunst, der Münchner Justizpalast ist neben anderen Gerichtsgebäuden eines der wenigen Beispiele.

Doch gereicht das dem Reichstagsgebäude nicht zur Kritik, denn es war bereits 1882 entworfen worden – niemand konnte ahnen, daß die internationale Neurenaissance schon bald von anderen Moden verdrängt werden würde. Das Berliner Reichstagsgebäude entstand kurz vor dem Ende einer architekturgeschichtlichen Epoche.

Das Reichstagsgebäude vermag heute allerdings kaum noch einen echten Eindruck seiner ursprünglichen Erscheinung zu vermitteln. Sein originales Aussehen ist nur noch anhand von historischen Abbildungen nachvollziehbar, denn in Verkennung und Überschätzung der ursprünglichen politischen Bedeutung der Architektur des Bauwerkes ist es in den 1950er Jahren seines Ornamentes und seiner Kuppel beraubt worden. Die Proportionen des großen Gebäudes, die mit skulpturalem Dekor zu einem einheitlichen Gesamteindruck zusammengefaßt und in ein ausgewogenes Gleichgewicht gebracht worden waren, verloren damit ihren optischen Halt. Die Halbsäulen der Fassaden und die leeren Fensteröffnungen erscheinen nur mehr karg und hart. Letztlich erzielte die als politischer Akt deklarierte Abschmückung, die sich (was man sich nur ungern eingestand) auf einen schon um die Jahrhundertwende aufbrechenden Geschmack berief, einen Gesamteindruck, der dem Neoklassizismus – und damit prekärerweise auch Hitlers Monumentalklassizismus – nun näher scheint als der üppigen internationalen Neurenaissance der Reichsgründungsära. Damit ist architektonisch genau das Gegenteil von dem erreicht worden, was politisch beabsichtigt war – womit einmal mehr deutlich wird, welche Widersprüche im Zuge politischer Instrumentalisierung von Architektur entstehen können. Die respektlose »Abschmückung« der 1950er Jahre war allerdings auch schon zeitgenössisch umstritten.

Die öffentlichen Neubauten des Deutschen Reiches in Straßburg

Im Deutsch-Französischen Krieg der Jahre 1870/71 war die Stadt Straßburg heftig umkämpft. Einen Monat lang wurde sie von deutschen Truppen belagert, beschossen und schließlich eingenommen. Die Belagerung verlief in mehrerlei Hinsicht tragisch. Straßburg war befestigt gewesen, die Festungsanlagen stammten aber noch von dem berühmten französischen Festungsbaumeister Vauban (1633–1707). Sie erwiesen sich schnell als zu schwach gegen die Artillerie des späten 19. Jahrhunderts. Unnachgiebigkeit auf beiden Seiten und schlechte Information hatten schließlich dazu geführt, daß Straßburg viel zu lange beschossen worden ist. 350 Häuser wurden zerstört, das Dach des Münsters brannte nieder, die Kreuzblume auf der Spitze ihres filigranen Turmes hing schief. 220 Menschen starben. In einer Zeit, die die Greuel der Bombardements des Ersten und Zweiten Weltkrieges noch nicht kannte, waren das ganz erhebliche Zerstörungen. Außerdem waren die berühmte Stadtbibliothek und die Bibliothek des evangelischen Seminars beim Brand der Dominikanerkirche, wo die Bestände während der Beschießung ganz ungeschützt untergebracht waren, ein Raub der Flammen geworden. Unersetzliche Werke verbrannten, darunter der für die Kunstgeschichte so bedeutende Hortus deliciarum der Herrad von Landsberg, eine Handschrift des 12. Jahrhunderts mit zahlreichen Miniaturen.

Sofort nach der Einnahme der Stadt ordnete Bismarck an, die Schäden feststellen zu lassen, und schnellstmögliche Wiederherstellung und Entschädigung auf Kosten des Deutschen Reiches zuzusichern. Das deutsche Militär begann sogleich mit der Planung neuer Befestigungen, die nicht nur stärker, sondern auch weiter sein mußten, denn das Stadtgebiet hatte sich innerhalb der Vaubanschen Festungsanlagen schon lange als zu klein erwiesen. Nachdem Frankreich, nach Maßgabe des Friedens von Frankfurt, Elsaß und Lothringen an das Deutsche Reich hatte abtreten müssen, wurde Straßburg zur Hauptstadt des dem Deutschen Reich direkt unterstellten Reichslandes. Diese Situation produzierte gleich in mehrerlei Hinsicht einen großen Bedarf an Neubauten: Das Deutsche Reich wollte dem entstandenen Eindruck entgegentreten, militärisch zu hart und ohne Rücksicht auf die Kultur gegen die Stadt vorgegangen zu sein, die deutschen Verwaltungen brauchten Gebäude, und die großzügige Stadterweiterung machte die Errichtung zahlreicher Gebäude erforderlich.[159]

Der 1879 eingesetzte erste Kaiserliche Statthalter, der preußische Generalfeldmarschall Freiherr Edwin von Manteuffel, ein Vertrauter des Fürsten Bismarck, machte sich diese Anliegen zu eigen. Er, der eine versöhnliche Haltung gegenüber den Franzosen einnahm und mit seiner Frau nur französisch sprach, wollte durch Neubauten zum Ausdruck kommen lassen, daß das Deutsche Reich Elsaß-Lothringen einerseits nachhaltig fördern, andererseits aber nicht mehr verlassen würde. Pragmatische und politische Intentionen vermischten sich nun bei den zahlreichen deutschen Neubauten in Straßburg in untrennbarer Weise. Es entstand schließlich ein neues Stadtviertel am nordöstlichen Rand der

Altstadt mit bewußt eingeplanter Blickbeziehung zum Turm des Münsters. Da das Reichsland unter direkter Leitung des Deutschen Reiches stand, wird in Straßburg wie an nur wenigen anderen Beispielen sichtbar, wie das Deutsche Reich baute, wenn es die Gelegenheit hatte, dies weitgehend selbständig zu tun, denn kein deutsches Bundesland fungierte hier als eine nach Eigenständigkeit strebende Zwischeninstanz.

Die Übernahme von Elsaß-Lothringen durch das Deutsche Reich ist politisch nicht unproblematisch gewesen. Elsaß-Lothringen hatte seit dem frühen Mittelalter zum Heiligen Römischen Reich gehört; Straßburg ist eine der mächtigsten deutschen Reichsstädte gewesen. Der französische Einfluß verstärkte sich dann seit dem Dreißigjährigen Krieg, ab 1681 hat das Land schließlich zu Frankreich gehört, wiewohl die deutschen Traditionen selbst im 19. Jahrhundert noch überall greifbar gewesen sind. Das Deutsche Reich betrachtete dann das Gebiet nach 1871 zunächst aus einer militärischen Perspektive und baute hier seine Grenzbefestigungen gegen Frankreich aus. Das ist, neben nationalistischen Aspekten, einer der wichtigsten Gründe für die Forderung nach Abtretung des Gebietes gewesen.

Die staatsrechtliche Situation der Länder Elsaß und Lothringen, die kulturell nur sehr wenig miteinander verband, ist innerhalb des Deutschen Reiches einzigartig gewesen. Elsaß-Lothringen wurde nach dem Ende des Krieges 1871 vor allem auf Betreiben Bismarcks zum »Reichsland« erklärt und der direkten Verwaltung durch das Reichskanzleramt unterstellt. Gleichzeitig wurde eine Generaldirektion für die Eisenbahn in Elsaß-Lothringen eingerichtet. Das Reichsland wurde zunächst nach dem Muster einer preußischen Provinz verwaltet, ohne aber deren Status zu erhalten, der ihm mehr Selbständigkeit verliehen hätte. Vor Ort residierte ein Oberpräsident nach dem Beispiel preußischer Provinzialverwaltungen. Diese Sonderstellung hatte viele Ursachen: Als Provinz hätte Elsaß-Lothringen einem Bundesland zugeordnet werden müssen, aber welchem Land hätte man es angliedern sollen? Die deutschen Länder im Süden und Westen standen einer Gebietserweiterung Preußens gewiß ablehnend gegenüber. Bismarck selbst neigte ebenfalls nicht zu einer Angliederung an Preußen, während der Leiter des Reichskanzleramtes Rudolf von Delbrück dies gern gesehen hätte. Eine alternative Etablierung als eigenes Bundesland war im Deutschen Reich auch nicht gewollt, da zu starke partikularstaatliche Interessen des französischen Bevölkerungsteiles befürchtet worden sind. Elsaß-Lothringen erhielt darum lange Zeit auch keine eigene Stimme im Bundesrat.

Die quasi als Landesregierung fungierende Verwaltung beim Reichskanzleramt, die seit dem Jahr 1877 die Bezeichnung »Reichskanzleramt für Elsaß-Lothringen« trug, verblieb bis 1879 in Berlin, ehe man sie in das Reichsland verlegte. Im Zuge dieser Verlegung erhielt sie den Status eines »Ministeriums für Elsaß-Lothringen«. Der nun in Straßburg als Minister eingesetzte Statthalter des Kaisers unterbrach zwar die unmittelbare politische Gewalt des Reichskanzlers über das Reichsland, blieb aber dem Reichskanzler verantwortlich. Bereit im Jahr 1874 war ein Landesausschuß eingesetzt worden, dessen Befugnisse im Zuge der Umstrukturierung 1879 erweitert wurden. Elsaß-Lothringen erhielt nun eine beratende Stimme im Bundesrat. Nach 1907 setzten verstärkt französisch orientierte Autonomiebestrebungen ein. Berlin reagierte, indem es 1911 dem Reichsland eine eigene Verfassung gab. Der Landesausschuß wurde zum Landtag mit zwei Kammern, die Mitwirkung des Bundesrates abgeschafft. Die Franzosen ließen das Landesparlament nach 1918 zwei Jahre lang bestehen, anschließend wurde Elsaß-Lothringen der französischen Departement-Einteilung eingegliedert.

Das deutsche Neubauviertel in Straßburg ist noch heute nahezu unverändert erhalten. Hier kann Architektur des Deutschen Kaiserreiches – Kirchen, Verwaltungsbauten, Wohnhäuser usw. – in aller Anschaulichkeit besichtigt werden, während in Deutschland dieses architektonische Erbe großenteils durch Bomben vernichtet oder vernachlässigt, sogar abgebrochen worden ist. Politisch motivierte Vorbehalte der Franzosen gegen die deutschen Bauten gehören heute der Vergangenheit an, sie sind Gelassenheit und auch Wertschätzung gewichen.

Unter der geistigen Elite des Deutschen Reiches bestand 1871 schnell Einigkeit darüber, daß der Aufbau einer deutschen Universität in Straßburg die deutsche Kultur im Reichsland nachhaltig fördern und das Ansehen Deutschlands verbessern würde. In Straßburg existierte bereits eine französische Universität, die nun vollständig neu strukturiert worden ist. Die meisten der französischen Professoren, mit Ausnahme der evangelisch-theologischen Fakultät, verloren ihre Lehrstühle. Am 1. Mai 1872 wurde die deutsche Kaiser Wilhelm-Universität feierlich eröffnet. Mit großem Ehrgeiz sind nun gute Lehrer nach Straßburg berufen worden. Straßburg entwickelte sich zu einer der wichtigsten Universitätsstädte innerhalb des Deutschen Reiches. Der Ausbau der Universität machte Neubauten für alle Institute erforderlich. Mit Ausnahme der medizinischen Fakultät waren für diese Gebäude Bauplätze im östlichen Bereich der deutschen Neustadt vorgesehen. Das noch heute genutzte Kollegiengebäude war der repräsentativste Neubau der Universität. Der Reichstag ließ zunächst einen Entwurf des preußischen Baubeamten und Straßburger Universitätsbaumeisters Hermann Eggert (1844–1920) durchfallen, um die Ausschreibung eines offenen Wettbewerbes im Jahr 1878 zu erreichen, womit die lokale Bauverwaltung aus dem Verfahren herausgedrängt wurde. Aus diesem viel beachteten Wettbewerb ging der Karlsruher Architekt Otto Warth (1845–1918) mit einem Entwurf im Stil der Neurenaissance als Sieger hervor. Warth war an der polytechnischen Schule, später Technischen Hochschule in Karlsruhe ausgebildet worden, wo er schließlich bis zum Ende seiner Arbeitszeit als Lehrer tätig gewesen ist. Von der Berliner Schule ist er ziemlich unberührt geblieben, er baute vorzugsweise im Stil einer gemäßigten Neurenaissance und beherrschte sicher das internationale Formenvokabular. Das Kollegiengebäude der Straßburger Universität ist sein Hauptwerk (Abb. 85), später erbaute er noch die Kunstgewerbeschule in Leipzig. So blieb das Œuvre dieses Architekten, der einige Niederlagen bei Wettbewerben hinnehmen mußte, relativ klein.

85   Straßburg, Kollegiengebäude der Kaiser-Wilhelm-Universität (heute Marc-Bloch-Universität). Otto Warth 1879–1884

Zum Wettbewerb für das Kollegiengebäude waren über hundert Entwürfe eingereicht worden. Fast alle waren im Stil der Neurenaissance gehalten; es gab nur wenige Ausnahmen in Formen von Gotik und deutscher Renaissance, noch weniger Architekten hatten Formen des Barock und des Rokoko gewählt. An der Konkurrenz hatte sich auch der aus dem Verfahren herausgedrängte Hermann Eggert beteiligt, neben ihm Otto Hossfeld zusammen mit Karl Hinkeldeyn aus Berlin sowie Mylius & Bluntschli. Damit hatte das Reich seinen ersten erfolgreichen Architektenwettbewerb durchgeführt und mit der Auswahl des weniger bekannten Otto Warth eine klare Entscheidung gegen die ältere Berliner Schule getroffen. Warths qualitätvoller Entwurf kam 1879–1884 mit wenigen Veränderungen zur Ausführung. Warth mußte allein die Form der Dächer ändern: Die von ihm vorgesehenen hohen Dächer nach französischem Vorbild mußten durch flache in italienischer Weise ersetzt werden, wie sie in der preußischen und deutschen Neurenaissancearchitektur seit Jahrzehnten üblich gewesen waren. Das nahezu unverändert erhaltene Kollegiengebäude von Otto Warth war der erste der öffentlichen Bauten in dem weiten Neubaugebiet am Rande der Straßburger Altstadt, und seine Lage war ein unverrückbarer Fixpunkt für die weitere Stadtplanung. Seine Hauptfassade bildete den östlichen Abschluß der repräsentativen Kaiser-Wilhelm-Straße (heute Avenue de la Liberté), die sich von der Kaiser Wilhelm-Universität nach Westen bis zum nördlichen Rand der Altstadt am Falschwallgraben erstreckt. An dieser Hauptachse der Neustadt wurden sukzessive die Universitäts- und Landesbibliothek, das Gebäude des Landesausschusses sowie Ministerialgebäude erbaut. An ihrem westlichen Ende bildet die Straße nördlich der Altstadt, unweit des Broglie-Platzes einen Platz aus: den Kaiserplatz (heute Place de la République), an dessen Stirnseite als Pendant zum Kollegiengebäude ein Kaiserpalast entstand.

Das zweigeschossige Kollegiengebäude steht über einem querrechteckigen Grundstück mit einem etwas schmaleren Anbau an der Rückseite. Das Erdgeschoß ist außen mit einer Steinquaderung gestaltet, im Obergeschoß trennen Voll- und Halbsäulen die sämtlich mit Rundbögen überfangenen Fenster voneinander. Der über eine breite Treppe zugängliche Haupteingang liegt im Zentrum der Fassade des breit gelagerten Gebäudes (Abb. 86). In den Formen der Hochrenaissance gehalten, ohne überladen zu wirken, erscheint die Fassade trotz Steinquaderung elegant. Sie zeigt eine ganze Reihe von Entsprechungen zu den in dieser Zeit erbauten, richtungsweisenden Neubauten der Privat-

86 Straßburg, Kollegiengebäude der Universität. Portalbau (1999)

baumeister Friedrich Hitzig und Richard Lucae in Berlin. Deutliche Anklänge gibt es an die Technische Hochschule in Charlottenburg. Lucae hatte sie entworfen, starb aber 1877, so daß Hitzig den Entwurf vollendete und die Ausführung übernahm.

Das Innere des Kollegiengebäudes, als schlichter, zugleich ansprechender Zweckbau gestaltet, ist von der farbigen Gestaltung bis zu den Fenstergriffen ziemlich gut erhalten. Ein großer, glasüberdachter Lichthof mit Umgängen bildet sein Zentrum (Abb. 87). Zwei dezentral angelegte Innenhöfe sorgen für genügend Licht in den Seitentrakten. Teure Materialien, wie Marmor, fanden kaum Verwendung. Die Innenaufteilung ist vorwiegend funktionsorientiert. Das Kollegiengebäude wurde innen und außen mit einem geistesgeschichtlichen Bildprogramm geschmückt, das zugleich die verschiedenen Fakultäten symbolisierte. Über dem Haupteingang steht »Litteris et patriae«, auf Relieffeldern sind die Wissenschaften als Putti dargestellt. Auf der Attika stehen auf allen Seiten des Baus Statuen berühmter Wissenschaftler, denen nach Möglichkeit Männer mit Beziehung zum Elsaß zugesellt worden sind, wie der Historiker Johannes Sleidanus aus der Eifel, der in der Mitte des 16. Jahrhunderts in Straßburg starb. Auf dem nordwestlichen Eckbau der

87 Straßburg, Kollegiengebäude der Universität. Zentraler Lichthof (1999)

Hauptfassade sind Reformatoren zu sehen. Katholische Theologen wurden nicht dargestellt, denn es gab hier keine katholisch-theologische Fakultät.

Hinter dem Kollegiengebäude sind Neubauten für verschiedene, überwiegend naturwissenschaftliche Institute errichtet worden. Das Bebauungskonzept entwickelte Hermann Eggert, der auch das Chemische (Abb. 88), das Physikalische (Abb. 89) und das Botanische Institut entwarf (alle erhalten). Eggert hielt diese Bauten im Stil internationaler Neurenaissance und mied preußisch-klassizistische Strenge. Er versah sie teilweise mit flachen Dreieckgiebeln über den Eingangsbereichen, einige Gebäude wurden über asymmetrischem Grundriß errichtet. Südlich dieser Bautengruppe, auf der gegenüberliegenden Seite der das Gelände begrenzenden Universitätsstraße baute Otto Warth das Zoologische Institut im Stil der Neurenaissance (heute Zoologisches Museum). Die Rückseite des Kollegiengebäudes und die Institutsgebäude umrahmen einen kleinen Park, in dem eine Bronzebüste von Johann Wolfgang von Goethe noch immer steht. Auch ein im Jahr 1904 auf dem Platz vor dem Kollegiengebäude in Richtung auf den Kaiserpalast aufgestelltes Goethedenkmal mit einer halbrunden Umfas-

167

88 Straßburg, Chemisches Institut der Universität. Hermann Eggert nach 1880 (1999)

89 Straßburg, Physikalisches Institut der Universität. Hermann Eggert nach
1880 (1999)

sung blieb bis heute erhalten. So bilden die deutschen Universitätsbauten in der Hauptstadt des Reichslandes einen Baukomplex in zeit-
gemäßer Repräsentationsarchitektur, der ohne nationalistisches Getöse
auskommt, aber keinen Zweifel daran aufkommen ließ, daß Elsaß und
Lothringen selbstverständlich als Teil deutscher Geschichte und Kultur
betrachtet worden sind.

Der Kaiserplatz an dem der Fassade des Kollegiengebäudes gegenü-
berliegende Ende der Kaiser-Wilhelm-Straße ist sukzessive an drei Seiten umbaut worden, zur Altstadt hin blieb er offen. Die deutschen Verwaltungen im Elsaß drängten aus verschiedenen Gründen seit 1879 auf
Errichtung eines Kaiserpalastes an dieser Stelle (Abb. 90). Die Errichtung
einer repräsentativen Unterkunft wurde für Besuche des Kaisers im
Reichsland angestrebt; Kaiser Wilhelm I. war allerdings viel zu sparsam,
um den Bau eines eigenen Palastes lediglich für sporadische Staatsbe-
suche aus eigener Initiative anzustreben. Bei seinen Aufenthalten in
Straßburg in den Jahren 1877, 1879 und 1886 logierte er im Statthalter-
palais. Doch der Kaiserliche Statthalter Edwin von Manteuffel und sein
Staatssekretär Max von Puttkamer versprachen sich noch etwas anderes
von einem Kaiserpalast: die dringend erforderliche Ankurbelung der

90 Straßburg, Kaiserpalast, Place de la République (ehem. Kaiserplatz). Hermann Eggert 1884–1889. Rechts Ministerialgebäude

Baukonjunktur in den neu erschlossenen Stadtvierteln. Es waren also nicht die Reichsregierung oder der Kaiser, die den Bau dieses politisch demonstrativsten Gebäudes der Reichslande initiierten.[160] Allerdings waren die Stadt Straßburg und der Landesausschuß schon aus Kostengründen nicht zu einem solchen Vorhaben zu bewegen, so daß das Reich letztlich als Finanzier in jeder Hinsicht am interessantesten erschien.

Der Reichstag befaßte sich mehrfach mit dem Palast. August Reichensperger hat in den entsprechenden Debatten sein ceterum censeo hinzugefügt, indem er fragte, warum man denn nicht in gotischen Formen bauen würde, wären diese doch der einzig legitime Ausdruck deutschen Wesens – der romantische Rheinländer rückte zeitlebens nicht von dieser Ansicht ab. Andere Abgeordnete meinten, mit den neuen Befestigungsanlagen von Straßburg und Metz werde zur Genüge zum Ausdruck gebracht, daß die Deutschen Elsaß-Lothringen nicht wieder verlassen würden, und lehnten darum einen Kaiserpalast ab. Im Jahr 1880 arbeitete der Vorsteher des bautechnischen Büros der Generaldirektion der Eisenbahn in Elsaß-Lothringen Friedrich Wilhelm Beemelmans (ca. 1837–1906) zusammen mit H. Lender einen ersten

Vorschlag für einen Kaiserpalast aus, welcher später von O. Pavelt über-
arbeitet worden ist. Dieser Entwurf wurde aber vor allem nach Ein-
spruch Bismarcks als zu kostspielig zurückgewiesen. Das Kostenvolumen des Bauwerks wurde daraufhin seinem Umfang nach den Kosten
der Errichtung einer Kaiserlich-Deutschen Botschaft angeglichen (dennoch beliefen sich die Gesamtkosten letztlich auf 2,8 Millionen Reichsmark und übertrafen damit die Erstellungskosten des Kollegiengebäudes
der Universität um 800.000 Reichsmark). Die endgültige Entwurfsge-
staltung und die Ausführung sind schließlich Hermann Eggert übertragen worden. Ein Wettbewerb wurde nicht ausgeschrieben, weil man
Zeit sparen wollte. Doch verspielte man den Zeitvorsprung im Zuge der
folgenden Planungen wieder. Heute beherbergt das recht gut erhaltene
Gebäude die Regionaldirektion für kulturelle Angelegenheiten, die
Dienststelle des Departements für Architektur sowie die Zentralkom-
mission für die Rheinschiffahrt, weshalb es den Namen »Palais du Rhin«
trägt. Nur die deutschen Reichswappen wurden getilgt – eine verständ-
liche und vergleichsweise dezente damnatio memoriae. Einige Kriegsschäden sind nach 1945 ausgebessert worden. Im Jahr 1993 wurde das
Gebäude in die französische Denkmalliste eingetragen[161] (Abb. 91).
   Hermann Eggert (1844–1920) war an der Akademie des Bauwesens
in Berlin zum Baumeister ausgebildet worden, sein wichtigster Lehrer
ist Heinrich Strack gewesen. Seit 1875 war er in Straßburg tätig. Zuvor
hatte er Preise für seine Entwürfe für den Berliner Dom und das Niederwalddenkmal erhalten. Sein Hauptwerk ist der berühmt gewordene
Hauptbahnhof in Frankfurt am Main, der eine Stärke von Eggerts Arbeiten dokumentiert: eine sehr gut durchdachte und funktionsorien-
tierte Grundrißdurchbildung. In diesem Wettbewerb stand Eggert übrigens, wie schon beim Straßburger Kollegiengebäude, im Wettstreit mit
Otto Warth, dessen Entwurf angekauft wurde. Im Jahr 1889 ging Eggert
dann an des preußische Ministerium der öffentlichen Arbeiten. Sein
größtes Projekt am Schluß seines Schaffens ist das große Rathaus für die
preußische Provinzhauptstadt Hannover gewesen, das von einem aus-
gesprochenen Eklektizismus geprägt ist. Eggert baute insgesamt jedoch
überwiegend in den Formen der Neurenaissance.
   Am 22.3.1884 ist der Grundstein für den Kaiserpalast in Straßburg
gelegt worden, im August 1889 weihte ihn Kaiser Wilhelm II. ein. Der
Bau steht über einem querrechteckigen Grundriß und besitzt zwei
Innenhöfe. Über dem Haupteingang erhebt sich ein Portikus, an der
Rückseite ist ein Festsaal durch einen halbrunden Ausbau hervorge-

hoben. Das auffälligste Merkmal ist die relativ hohe Kuppel über dem Eingang und dem Audienzsaal im Obergeschoß; charakteristisch für die Fassaden ist die grobe Rustizierung mit bossiertem Sandstein bis zur Höhe der Attika, wodurch der gut proportionierte Bau eine sehr individuelle Erscheinung erhielt. Die Architektur des Straßburger Kaiserpalastes jedoch ist von deutscher Seite nie besonders geschätzt worden. Als Kaiser Wilhelm I. seinen Palast zum ersten Mal mit eigenen Augen sah, war er geradezu entsetzt. Es heißt, er hätte ihn als Bahnhofsarchitektur bezeichnet. Sein Sohn Friedrich III. wollte aus dem Haus ein Museum machen. Nur Wilhelm II. wohnte bei seinen wiederholten Aufenthalten im Reichsland mehrfach (nicht immer) im Straßburger Kaiserpalast. Regelmäßig wurde das Gebäude allein für Festlichkeiten des Statthalters genutzt. Doch liefen alle laut gewordenen Kritiken Gefahr, vorzugsweise mit einem an Schinkels Klassizismus geschulten Blick zu urteilen.

91 Straßburg, Kaiserpalast. Hermann Eggert 1884–1889

172

92 Straßburg, Kaiserpalast. Giebel über dem Haupteingang (1999)

Tatsächlich entspricht der Bau nicht der Schlichtheit preußischer Tradition, und man fragt sich, woher Eggert das Formenrepertoire genommen hat, das in seinem Œuvre sonst überhaupt keine Rolle spielt?

Der Blick fällt nach Frankreich, und sogleich erscheint sein Werk in einem anderen Licht: Die Üppigkeit der Skulptur im Portikusgiebel (Abb. 92), die massive Rustizierung der Fassaden bis hinauf in große Höhe, die für deutsche Verhältnisse hohen Dächer mit einem Ornamentband aus Eisen auf dem First, die Bogenöffnungen im Kuppeldach – ähnliches begegnet bereits beim Neuen Louvre von Visconti und Lefuel, errichtet kurz nach der Jahrhundertmitte. Offensichtlich hat Eggert sich von französischen Vorbildern anregen lassen, hinter denen die Wurzeln in der italienischen Renaissance noch zu erkennen sind. Die für die späte École des Beaux-Arts typische Üppigkeit erklärt manche Eigentümlichkeit des deutschen Kaiserpalastes in Straßburg, dessen Dekorreichtum noch deutlich über das hinausgeht, was Eggert in dieser Hinsicht an den Straßburger Universitätsinstituten verwirklicht hatte (Abb. 88/89).

Außerdem wäre es nicht gerecht, bei der Beurteilung allein die Aussenarchitektur zu berücksichtigen, denn das Innere ist sorgfältig und durchaus angenehm gestaltet. Hinter der Eingangshalle gelangen die Besucher in ein Treppenhaus in Renaissanceformen mit polierten Säulen und Umgängen. An den Seiten der Haupttreppe sind aufeinanderfolgende Brunnenschalen aus Tiroler Marmor angebracht, in denen

173

noch heute Wasser hinabläuft. Das ist zwar noch ein gutes Stück vom Reichtum der Innenräume der Pariser Oper entfernt, aber in dieser Richtung wird man suchen müssen, wenn es gilt die Vorbilder ausfindig zu machen. Das Innere des Kaiserpalastes bot damit für Staatsempfänge – an denen selbstverständlich auch Franzosen teilgenommen haben – einen angemessenen Rahmen.

Im Zentrum des Bildprogammes, das die Außenarchitektur schmückte, stand die Heraldik des Kaiserreiches: im Giebel des Eingangsportikus das Reichswappen mit der Kaiserkrone. Den Balkon vor dem Obergeschoß der Vorhalle trägt der preußische Adler. Weitere Adler standen ursprünglich über den Bogenöffnungen der Kuppel. An den Pfeilern an den Seiten der Eingangshalle waren die Wappen von Elsaß und Lothringen angebracht. Wie so häufig in dieser Zeit wurde eine Fülle von profanen Darstellungen hinzugefügt, die einen oftmals moralisierenden Charakter besitzen. An den vier Säulen und Pfeilern vor dem Obergeschoß der Eingangshalle gibt es Relieffelder mit Putti, welche die wichtigsten Wirtschaftszweige von Elsaß-Lothringen darstellen. Am halbrund vortretenden Ausbau des Festsaales an der Rückseite des Palastes sind die Wappen des Fürsten Bismarck und des Grafen Moltke mit dem Ordensstern des Schwarzen-Adlerordens kombiniert, außerdem die Wappen des Kronprinzen des Deutschen Reiches und des Prinzen von Preußen angebracht. Unterhalb der Attika, zwischen den Fenstern des schmalen Mezzaningeschosses sind die Wappen wichtiger deutscher Städte zu sehen.[162]

Das Bildprogramm des Kaiserpalastes des Reichslandes stellt die wichtigsten Symbole des Kaiserreiches in den Mittelpunkt, das übrige Motivrepertoire gehört der damals geläufigen Reichssymbolik an. An keiner Stelle wird demonstrativ auf den Sieg über Frankreich angespielt, es gibt keine aggressive nationale Geste. In knapper Form nimmt es wesentliche Elemente des Skulpturenschmuckes des Reichstagsgebäudes vorweg (der Grundstein zum Kaiserpalast war im März 1884 gelegt worden, derjenige zum Reichstagsgebäude im Juni 1884). Interessant ist darum nun die Frage, wer der Urheber des Bildprogrammes des Straßburger Kaiserpalastes gewesen ist: Alles deutet auf den Architekten Hermann Eggert hin, denn es sind keine entsprechenden Wünsche der Reichsregierung oder des Kaisers bekannt geworden.[163] Das deckt sich mit den Vorgängen um die Gestaltung des Bildschmucks des Berliner Reichstagsgebäudes, dessen Motive ebenfalls weitgehend durch den Architekten, Paul Wallot, ausgewählt worden sind.

Der Landesausschuß des Reichslandes Elsaß-Lothringen tagte zunächst in von der Stadt Straßburg provisorisch angemieteten Räumen. In den vielfach widersprüchlich verlaufenden Diskussionen um die Errichtung eines speziellen Versammlungshauses spiegelten sich die politischen Strömungen und Meinungen im Reichsland. Ein Teil der Mitglieder des Landesausschusses wünschte einen Ausbau des barocken Rohan-Schlosses in der Straßburger Altstadt. Zu diesem Zweck hätte die nach dem Krieg dort eingerichtete städtische Bibliothek das Schloß verlassen müssen, was sich aus praktischen Erwägungen ohnehin anbot, da sich die Schloßräume als zu klein erwiesen. Da die Bibliothek aber bereits mit deutschen Buchspenden sprachlich der neuen politischen Situation angepaßt wurde, hegten französische Patrioten Bedenken gegenüber einem eigenständigen Bibliotheksneubau. Viele Elsaß-Lothringer vertraten die Auffassung, ein eigenes Landesausschußgebäude würde die relative Eigenständigkeit des Reichslandes betonen. Andere waren der gegenteiligen Meinung, daß die politische Schwäche des Landesausschusses ein eigenes Haus nicht rechtfertigen würde. Zudem war die Grundstücksfrage zu klären. Ein Neubau kam nur in der Neustadt in Frage, wo ein Grundstück von der Stadt Straßburg erworben werden mußte. Die Vorbereitungen mündeten sehr bald in einen für deutsche Verhältnisse typischen Interessenausgleich zwischen einer Stadt, dem Reich und einem ›Land‹.[164]

Im Jahr 1882 fiel zunächst die Entscheidung für einen provisorischen Bau für den Landesausschuß an der Nordseite des Kaiserplatzes. Kritiker fürchteten, dieses Provisorium würde einen endgültigen Bau verhindern; dieser Fall trat aber nicht ein, da das eingeschossiges Fachwerkgebäude sich sehr bald als unzulänglich erwies. Schon vier Jahre später wurde ein Wettbewerb für ein neues Landesausschußgebäude ausgeschrieben, zu dem 59 Entwürfe eingereicht worden sind. Das Leipziger Architektenbüro August Hartel (1844–1890) und Skjold Neckelmann (1854–1903) erhielt den ersten und den zweiten Preis. Dieser Entwurf wurde vor allem ausgewählt, weil er den vergleichsweise bescheidenen Anforderungen der Arbeit des Landesausschusses vollständig genügte, während in vielen anderen zu große Bauten mit Eckpavillons und Kuppeln vorgeschlagen worden sind. Im Straßburger Wettbewerb hat die Architektenkonkurrenz zum Reichstagsgebäude deutliche Spuren hinterlassen. So war die Kuppel in dem Entwurf, den Otto Warth eingereicht hatte, ein unverkennbares Zitat aus dem ersten Entwurf Paul Wallots für das Reichstagsgebäude (Abb. 95).

93 Straßburg, Landesausschußgebäude, Place de la République (ehem. Kaiserplatz). August Hartel und Skjold Neckelmann 1888–1892 (1999, heute Theater)

Das mit wenigen Änderungen ausgeführte Landesausschußgebäude von Hartel und Neckelmann wurde am Kaiserplatz zwischen der zur Universität führenden Hauptachse und der Altstadt errichtet, also schräg gegenüber des zu Baubeginn bereits nahezu vollendeten Kaiserpalastes (Abb. 93). Im Jahr 1888 ist der Grundstein gelegt worden. Dem Kaiserpalast wendet das Gebäude einen Querriegel mit dem Haupteingang zu, während der Sitzungssaal in einem schmaleren Anbau an der Rückseite eingerichtet worden ist. Der Saalanbau wurde im Zweiten Weltkrieg zerstört und durch einen Theatersaal ersetzt, wobei das großzügige Vestibül durch Einbauten verändert worden ist. Die Fassade und die Seitenräume des Querriegels sind dagegen erhalten.

Die Fassaden des Straßburger Landesausschußgebäudes sind sorgfältig im Stil italienischer Renaissance gestaltet. Der Umriß der dem Kaiserplatz zugewandten Eingangsfassade ist von fast geometrischer Klarheit; die flachen Dächer sind nicht sichtbar, eine Balustrade schließt die Dachkanten ab. Das Erdgeschoß ist mit einer flachen Quaderung vom reicher gestalteten Obergeschoß unterschieden. Die Fenster des Obergeschosses sind von Säulen gerahmt und zusammen mit ihnen in die Fassade eingetieft. Der Sitzungssaal liegt im Erdgeschoß und wurde ursprünglich außen durch eine flache Kuppel hervorgehoben. Ein direktes Zitat von Paul Wallots Reichstagsgebäude ist der quer zum Sitzungssaal zwischen Eingangsvestibül und Saalfoyer angeordnete lange Korridor, der hier wie dort als Wandelhalle der Sitzungsteilnehmer genutzt worden ist. Für die Verzierung des Außenbaus mit Bildhauerarbeiten ist während der Vorbereitungen kein Geld eingeplant worden, so beschränkt sich dieser Schmuck auf wenige, überwiegend heraldische Arbeiten. Über den zwei Ecken des etwas vortretenden Eingangsbaus sitzen die Personifikationen von Elsaß und Lothringen. Die Bögen oberhalb der darunter angeordneten Fenster zeigen die Wappen von Elsaß und Lothringen und in der Mitte das deutsche Reichswappen (letzteres heute entfernt). Der Bereich unterhalb der Dachbalustrade war mit den Wappen von 40 Städten des Reichslandes verziert.

Mit dem Landesausschußgebäude war am Kaiserplatz gegenüber dem Kaiserpalast ein maßstabsetzender Bau entstanden. Er zog ein Pendant an der Nordseite der Kaiserstraße konsequenterweise nach sich. Nach langen Diskussionen über ihren Standort wurde hier von 1889–1895 die Universitäts- und Landesbibliothek errichtet, für deren Erbauung kein Wettbewerb ausgeschrieben worden ist. Die Reichs- und die Landesbehörden für Elsaß-Lothringen haben die Vorbereitungen getroffen, während Bibliotheksdirektor August Barack (vorher Hofbibliothekar in

94 Straßburg, Universitäts- und Landesbibliothek, Place de la République (ehem. Kaiserplatz). August Hartel und Skjold Neckelmann 1889–1895

Karlsruhe) die innere Gestaltung maßgeblich mit konzipiert hat. Der architektonische Entwurf stammte wiederum von den Architekten August Hartel und Skjold Neckelmann, wodurch eine ästhetische Anpassung an das Landesausschußgebäude gewährleistet war (Abb. 94).

Die Universitäts- und Landesbibliothek war ein deutsches Prestigeprojekt. Das Unglück der Vernichtung von zwei bedeutenden Straßburger Bibliotheken während der Beschießung 1870 hatte eine Wunde gerissen, die dringender Heilung bedurfte. Außerdem sollte gezeigt werden, daß das Deutsche Reich an einem fruchtbaren Ausbau des Reichslandes interessiert war. Die Bibliothek wurde darum zugleich Bibliothek der Universität *und* des Landes. Die Bevölkerung des Deutschen Reiches nahm regen Anteil an ihrer Ausstattung. Eine Flut von Bücherspenden erreichte Straßburg – bis zum August 1871 bereits 120.000 Bände. Auch aus dem Ausland, mit Schwerpunkt aus angelsächsischen Ländern, kamen Bücher. Viele private Bibliotheken wurden aufgekauft und eingegliedert. Der Landesausschuß selbst befürwortete darum bald den anfänglich umstrittenen Neubau.

Der Ausbau der Straßburger Universitäts- und Landesbibliothek schritt so erfolgreich voran, daß sie schon nach wenigen Jahren die drittgrößte im Reich geworden war und bedeutende Sammlungsschwerpunkte im Bücherbestand vorweisen konnte. Der im Jahr 1900 als Direktor eingesetzte Orientalist Julius Euting setzte Akzente mit der Anschaffung von Papyri, ägyptischen Ostraka und babylonischen Tonzylindern. Außerdem erwarb er den Nachlaß des französischen Rassetheoretikers Joseph Arthur Gobineau (1816–1882), der Beziehungen zum Richard-Wagner-Kreis gehabt hatte. Auf deutsche »Kulturphilosophen« wie Houston Stewart Chamberlain hat Gobineau großen Einfluß ausgeübt.

Die Übernahme Elsaß-Lothringens durch Frankreich nach dem Ende des Ersten Weltkrieges hatte im Jahr 1920 praktisch eine Neugründung der Universität zur Folge. Frankreich entwickelte nun seinerseits einigen Ehrgeiz bei ihrer Weiterführung und das mit gutem Erfolg. Von 1920 bis 1933 lehrten hier die bedeutenden Historiker Lucien Febvre (1878–1956) und Marc Bloch (1886–1944), der von der Gestapo als Widerstandskämpfer erschossen worden ist. Straßburg entwickelte sich zu einem der Grundpfeiler der international einflußreichen französischen Historikerschule der »Annales«, deren Geburtsstunde die Gründung der Zeitschrift *Annales d'histoire économique et sociale* im Jahr 1929 durch Bloch und Febvre gewesen ist. Richtungweisend für die nachfolgende internationale Forschung war die Absicht einer Verknüpfung von Geschichte mit anthropologisch orientierten Fächern wie der Soziologie, der Psychologie, der Wirtschaftsgeschichte oder auch der Geographie. Die Bibliothek der ehemaligen Kaiser-Wilhelm-Universität gab für dieses Vorhaben reichhaltiges Material an die Hand. In den 30er Jahren gingen die meisten Anhänger dieser Richtung nach Paris, was ihren Erfolg besiegelte. Erst nach dem Zweiten Weltkrieg wirkte sich die »Mentalitätsgeschichte«, wie sie die Schule der »Annales« als Methode der historischen Wissenschaften begründet hatte, auf die deutsche Forschung nachhaltig aus. 1939 war die Straßburger Universität mit der Bibliothek nach Clermont-Ferrand evakuiert worden und kehrte nach 1945 zurück. In Frankreich besitzt sie heute den einzigartigen Sonderstatus einer Bibliothèque Nationale et Universitaire. Im Jahr 1998 ist die Straßburger Universität nach Marc Bloch benannt worden.

Wie das Landesausschußgebäude wurde auch die Bibliothek im Stil italienischer Neurenaissance errichtet (Abb. 94). Dem Kaiserplatz wendet sie den heute im Inneren umgebauten Verwaltungstrakt mit einer repräsentativen Fassade zu. Das schlichte Erdgeschoß steht über einem niedrigen Sockelgeschoß. Es gibt keine Fensterumrahmungen. Als Hauptgeschoß dient das höhere Obergeschoß, hier sind die tiefliegenden Fenster von Säulen eingerahmt. Der Eingang ist unter einem anti-

95 Straßburg, Universitäts- und Landesbibliothek. Kuppel über dem Lesesaal (1999)

kisierenden Portikus mit vier Säulen angelegt. An der Rückseite des Verwaltungstraktes ist der etwas höhere, achtgeschossige Magazinbau angefügt, der von einer Glaskuppel über dem Lesesaal im Zentrum überragt wird. Die Glaskuppel errichteten Hartel und Neckelmann wie die Kuppel über dem Reichstag aus einer kupferverkleideten Stahlkonstruktion, allerdings hier ohne Vergoldung. Die Idee der Reichstagskuppel läßt sich bis heute ohne weiteres wiedererkennen, sie ist ein schwacher Abglanz der verlorenen Berliner Kuppel (Abb. 95).

Der Außenbau der Bibliothek wurde mit einem umfangreichen Bildprogramm geschmückt. Die Giebelfelder zeigten an der Hauptfassade Lithographie, Kupferstich, Buchdruck, Holzschnitt sowie Fotografie (!), an der Nordseite Wissenschaft und Literatur der Antike sowie an der Südseite Wissenschaft und Literatur des Mittelalters und der Neuzeit. Oberhalb des Eingangsportikus stehen die Personifikationen von Wissenschaft und Kunst. Um den ganzen Bau sind oberhalb der Obergeschoßfenster in Stein gehauene Rundbilder europäischer Geistesgrößen dargestellt. Deutsche Kultur wird dabei zwar betont, bildet aber nicht den entscheidenden Akzent. Das Programm reicht von Homer und Aristoteles über Melanchthon und Thomas von Aquin bis zu Alexander von Humboldt und Descartes.

1879 war die Reichsverwaltung, nun als »Ministerium für Elsaß-Lothringen« von Berlin nach Straßburg verlegt worden. Die Abteilungen des praktisch als Regierung fungierenden Ministeriums waren auf verschiedene Gebäude im Stadtgebiet verteilt. Darüber waren zunächst keine Klagen laut geworden; im Zusammenhang mit der Errichtung des Bibliotheksgebäudes am Kaiserplatz tauchte jedoch unvermittelt der Gedanke auf, hier Ministerialgebäude zu bauen. Die ersten Planungen wurden nur zögernd in Angriff genommen, da das Reichsland sparsam wirtschaften mußte. Als energischster Befürworter von neuen Ministerialbauten am Kaiserplatz erwies sich die Stadt Straßburg, die auf diese Weise das Baugeschehen in der Neustadt fördern wollte. Bauherr und Geldgeber war aber das Reichsland. Von der Reichsregierung in Berlin ging keine entsprechende Initiative aus.

Die Ministerialverwaltungen arbeiteten den Grundriß und das Raumgefüge für ein eigenes Ministerialgebäude an der Nordseite des Straßburger Kaiserplatzes aus. Der bei der Eisenbahn im Reichsland tätige Ministerialrat Friedrich Wilhelm Beemelmans führte dabei die Feder. Zuerst wurde der westliche Bau ausgeführt, wenige Jahre später der östliche – beide im neubarocken Stil. Unter Zugrundelegung des im

96 Straßburg, westliches Ministerialgebäude, Place de la République (ehem. Kaiserplatz). Ludwig Levy 1899–1902 (1999)

97 Straßburg, östliches Ministerialgebäude, Place de la République (ehem. Kaiserplatz). Ludwig Levy 1907–1911 (1999)

Ministerium entwickelten Grundrisses ist im April 1898 ein Fassadenwettbewerb ausgeschrieben worden. Er richtete sich an alle im Reichsland wohnenden Architekten und an solche, die dort öffentliche Bauten ausführten. Die Wettbewerbsbedingungen sind nicht vollständig bekannt, doch sind alle erhaltenen Entwürfe neubarock. Der mit dem ersten Preis ausgezeichnete Entwurf stammte von Ludwig Levy (1854–1907) aus Karlsruhe, der sich durch den Bau der Straßburger Synagoge qualifiziert hatte (Abb. 96). Die barocken Formen lassen sich in einigen Details in elsässischen Bauten des 18. Jahrhunderts wiederfinden, wie dem Rohan-Schloß in der Straßburger Innenstadt. Die als Ministerium installierte Landesregierung suchte offensichtlich einen regionalen Bezug. Das war politisch verständlich und stand doch zugleich in engstem Zusammenhang mit der allgemeinen Entwicklung in der Architektur der Zeit nach 1890, die sich verstärkt historischen Bauformen der Regionen zuwandte. Auch andere Regierungsbauten in deutschen Ländern wurden in dieser Zeit mit Bezug auf regionale Traditionen errichtet, wie das neubarocke Gebäude der Bezirksregierung Düsseldorf in der preußischen Rheinprovinz oder das Regierungsgebäude in Minden[165] in der preußischen Provinz Westfalen 1902–1906 im Stil der Weser-Renaissance.

Kaiser Wilhelm II. erklärte sich mit dem ihm im Jahr 1899 vorgelegten Entwurf für das erste Ministerialgebäude einverstanden, er griff nicht in den Baustil ein. Das war charakteristisch für ihn, der einerseits zwar die Neuromanik für ausgewählte Prestigebauten favorisierte, andererseits aber in den Regionen des Reiches eine Orientierung an der jeweiligen Tradition förderte. Im August 1902 konnte der westliche Ministerialbau seiner Bestimmung übergeben werden. Finanzielle Schwierigkeiten verzögerten indes die Inangriffnahme des östlichen Pendants. Das Ministerium legte dem Landesausschuß im April 1906 einen Finanzierungsplan für den Neubau, gleichzeitig aber auch eine zusätzliche Forderung für die aufwendige Restaurierung der Hohkönigsburg bei Schlettstadt vor. Der Ausschuß reagierte verstimmt auf das zweite Projekt, von dem er sich keinen Nutzen versprach, übertrug aber Ludwig Levy die Ausführung des zweiten Ministerialgebäudes in enger Anlehnung an den ersten Bau. Da Levy kurze Zeit später starb, geschah die Ausführung unter den Straßburger Architekten Elbert, Hitzel und Burckhardt. 1911 war das Gebäude vollendet (heute Préfecture) und damit der Kaiserplatz architektonisch geschlossen (Abb. 97). Er hat seine Gestalt bis heute bewahrt.

Beide Ministerialbauten stehen über nahezu quadratischen Grundrissen um jeweils einen Innenhof. Die Gebäude sind dreigeschossig über einem niedrigen Sockelgeschoß gestaltet. Die Erdgeschosse zeigen eine flache Putzprofilierung mit horizontalem Fugenschnitt. Die ersten Obergeschosse besitzen Fensterverdachungen, an den Dachkanten gibt es Balustraden. Die zum Kaiserplatz gewandten Portale sind durch Pilastergliederungen und Giebel betont. Die Seiten- und Rückfassaden sind schlicht, mit Ausnahme der Rückseite des westlichen Ministerialbaus, hinter der sich die Hauptkasse befand. Die Erscheinung der Ministerialbauten ist trotz neubarocken Dekors zurückhaltend, die Gliederungselemente treten nur wenig vor die Wandflächen. Das Innere der Gebäude wurde im Stil des Rokoko verziert, im östlichen Bau bereits in schlichteren Formen.

Die deutsche Reichspost hatte sich zum Ziel gesetzt, im neuen Straßburger Stadtteil mit einem großen Dienstgebäude präsent zu sein. Da keines der repräsentativen Grundstücke an den Kopf- und Eckplätzen der Kaiser-Wilhelm-Straße in Frage kam, baute die Reichspost an der Südseite der Magistrale (heute Avenue de la Liberté), gleich hinter dem Landesausschußgebäude. Dieses Grundstück erstreckt sich von der Kaiser-Wilhelm-Straße bis zur nächsten Parallelstraße, der Königsstraße (heute Avenue de la Marseillaise). Der Architekt ist unbekannt. Obwohl es Entwürfe im Stil der Neurenaissance gab, wurde hier in den Formen der Gotik gebaut. Kaiser Wilhelm II. erteilte zum Baustil ausdrücklich seine Zustimmung. Angesichts der Fülle der Neurenaissancebauten in der Umgebung versprachen sich die Beteiligten von der Neugotik wohl eine klarere Abgrenzung vom Umfeld. Zudem hatte die Reichspost auch in anderen großen Orten neugotisch gebaut, beispielsweise in Köln. Darin sind in beiden Fällen regionale Bezüge zu sehen, denn sowohl Köln als auch Straßburg und das Umland sind von mittelalterlicher Architektur geprägt. Die neugotischen Formen des Straßburger Postamtes nehmen denn auch Formen der Frühgotik auf, wie es sie an mittelalterlichen Bauten im Elsaß und in Lothringen gibt. Im Inneren war der (fast vollständig erhaltene) Bau ganz für die Abläufe des modernen Postwesens eingerichtet. Der burgartige Turm enthielt die Fernmeldestation. Der Bauschmuck beschränkt sich weitgehend auf architektonische Zierelemente, nur am Mittelbau der zur Königsstraße gewandten Fassade wurden sechs Statuen deutscher Kaiser aufgestellt: Friedrich I. Barbarossa, Rudolf von Habsburg und Maximilian für das Heilige Römische Reich sowie Wilhelm I., Friedrich III. und Wilhelm II. für das Deutsche Kaiserreich. Das war das einzige der öffentlichen Gebäude der Straßburger Neustadt, bei dem das Deutsche Reich in die Tradition des Heiligen Römischen Reiches gestellt worden ist.

Die öffentlichen Neubauten in Straßburg, der Hauptstadt des nach dem Deutsch-Französischen Krieg annektierten Reichslandes Elsaß-Lothringen, spiegelten in den Jahren nach 1871 zunächst architektonische Entwicklungen in den deutschen Ländern wider. Schon bald nach Kriegsende entstand der neue, gut erhaltene Hauptbahnhof nach einem Entwurf von Eduard Jacobsthal (1839–1902) im preußischen Rundbogenstil mit einer hohen, gußeisernen Bahnsteighalle. Für die Universitätsbauten wurde anfangs der in Berlin ausgebildete Universitätsbaumeister Hermann Eggert in Aussicht genommen. Erst eine entscheidende Intervention des Reichstages warf diese in den Bahnen der preußisch dominierten Bauverwaltung verlaufende Entwicklung aus dem Gleis. Mit der erfolgreichen Forderung nach einem offenen Wettbewerb für das Kollegiengebäude der Straßburger Universität konnte der junge Architekt Otto Warth gewonnen werden. Das ist eine klare Entscheidung für internationale Neurenaissance und gegen die ältere Tradition der Berliner Schule gewesen, denn Warth kam wie Wallot aus dem Süddeutschen. Drei Jahre vor der Ausschreibung des zweiten Wettbewerbes für das Reichstagsgebäude hatte das Reich damit deutlich gemacht, welchen Baustil es bevorzugte. Internationale Neurenaissance war auch das Resultat des Wettbewerbes für das von Hartel und Neckelmann entworfene Landesausschußgebäude gewesen, dem der Bibliotheksbau in gleicher Formensprache folgte. Beim Kaiserpalast kam dann allerdings Hermann Eggert endlich zum Zug. Eggert entschied sich zwar ebenfalls für Neurenaissance, verlieh der Architektur aber eine Üppigkeit in den Formen, wie sie im deutschen Staatsbauwesen dieser Zeit nicht üblich gewesen ist. Der Architekt hatte sich an französischen Vorbildern orientiert. Damit unterbreitete er ein vermittelndes architektonisches Angebot an die Franzosen und die frankophilen Elsässer, die hier zu offiziellen Empfängen eingeladen worden sind. Eggert baute weder im Sinne der allmählich klarere Konturen gewinnenden Staatsarchitektur des Reiches, noch im Sinne der preußischen Tradition, obwohl er preußischer Baumeister gewesen ist. In dem seit Jahrhunderten umstrittenen deutsch-französischen Mischgebiet Elsaß-Lothringen vermied er eine Brüskierung des französischen Bevölkerungsteiles und machte dem an die dekorreiche Architektur der École des Beaux-Arts gewöhnten Geschmack der Franzosen ein versöhnliches Angebot. Es erstaunt darum nicht, daß der brandenburgisch-preußische Hohenzoller Wilhelm I. keinen Gefallen an seinem Palast fand.

Straßburg ist nach 1871 fraglos ein Ort von höchster politischer Brisanz gewesen. Das Deutsche Kaiserreich hat mit seiner öffentlichen Architektur durchaus sensibel auf diese Situation reagiert. Es demonstrierte mit seinen Neubauten zwar die Leistungsfähigkeit der neuen Machthaber, vermied dabei aber nationalistische Gesten. Das Deutsche Reich wollte die Elsässer mit seinen Staatsbauten nicht dominieren, sondern suchte sie für sich zu gewinnen. Alle wichtigen Bauten sind im Stil der internationalen Neurenaissance errichtet worden. Der Kaiserpalast war schließlich eine unübersehbare Referenz an französischen Geschmack. Dieser Palast war ganz im Sinne der Politik des Kaiserlichen Statthalters Edwin von Manteuffel gestaltet, der die Elsässer durch Versöhnlichkeit für das Deutsche Reich einzunehmen suchte. Von ihm war die Initiative zu dem Bau wesentlich ausgegangen und hier hielt er offizielle Empfänge ab. Die Straßburger Entwicklung in der Zeit nach der Reichsgründungsära gibt dann wiederum das Geschehen im gesamten Reichsgebiet wider, denn gegen die Jahrhundertwende mischen sich einige Wohnhäuser im Stil deutscher Neurenaissance in das Wohngebiet der deutschen Neustadt. Insgesamt entstand am nordöstlichen Rand von Straßburg ein weites Neubaugebiet, das mit einem breiten Spektrum deutscher Architektur der frühen Kaiserzeit aufwartet, wie es sonst nur noch selten im ehemaligen Reichsgebiet erhalten ist.

Das Reichsgericht in Leipzig

Das Reichsgericht gehörte zu den wenigen dezentral angesiedelten Reichsinstitutionen.[166] Im Jahr 1877 war es von Berlin nach Leipzig verlegt worden. Diese Verlegung war erst durch die Einrichtung des Reichsjustizamtes in diesem Jahr möglich geworden, denn zuvor waren die Justizangelegenheiten des Reiches überwiegend durch Preußen erledigt worden, und Preußen wollte einen Reichsgerichtsneubau in Berlin errichten, wogegen das Reich für Leipzig eintrat. Nach einer kurzen Übergangszeit wurden schließlich Vorbereitungen für einen großzügigen Neubau des Reichsgerichts in einem neuen Leipziger Stadtviertel getroffen. Erste Entwurfsgedanken stammten von August Busse, der damals noch der Bauabteilung des preußischen Ministeriums der öffentlichen Arbeiten angehörte. Das Reichsjustizamt drängte

98 Leipzig, Reichsgericht, Reichsgerichtsplatz, später Georgi-Dimitroff-Platz. Ludwig Hoffmann (Ausführung) und Peter Dybwad 1888–1895 (1895, nach 1945 Kunstmuseum, heute Bundesverwaltungsgericht)

jedoch – erfolgreich – auf die Ausschreibung eines Wettbewerbes. Auf diese Weise mußte nicht auf die preußische Bauverwaltung zurückgegriffen werden[167] (Abb. 98–102).

Das Wettbewerbsprogramm forderte einen rechteckigen Grundriß mit zwei Höfen sowie im Obergeschoß der Hauptfassade einen Plenarsaal.[168] Es machte keine Vorgaben hinsichtlich des Baustiles. Die Bauabteilung im preußischen Ministerium der öffentlichen Arbeiten forderte allerdings eine große Eingangshalle zu repräsentativen Zwecken und verwies auf Vergleichsbauten in Frankreich und Belgien. Diese Intervention stand offensichtlich unter dem Eindruck des imposanten Palais de Justice in der belgischen Hauptstadt, errichtet von Joseph Poelaert 1866–1883, das allerdings ungleich größer und dekorreicher ist. Das Reichsjustizamt gab zwar zu bedenken, daß eine große Eingangshalle (wie beispielsweise beim älteren Kriminalgerichtsgebäude in Berlin-Moabit von 1877–1882, das bereits 1906 durch einen gut erhaltenen neubarocken Nachfolgebau ersetzt wurde) gar nicht gebraucht würde, weil das Reichsgericht keinen Publikumsverkehr hätte, doch setzte sich die Bauverwaltung mit ihrer Forderung schließlich durch, was zur Ausführung der erhaltenen Eingangshalle führte[169] (Abb. 101).

99 Leipzig, Reichsgericht. Eingangsportikus

In der Wettbewerbsjury, unter der Leitung des Gerichtspräsidenten, saßen folgende Architekten: Herrmann, Endell und Jacobsthal (Berlin), Siebert (München), Canzler (Dresden), von Leins (Stuttgart).[170] 1885 fiel die Entscheidung zugunsten des Entwurfes der jungen Architekten

100 Leipzig, Reichsgericht. Rückfassade (1969)

Ludwig Hoffmann und Peter Dybwad. Sie hatten im Stil einer klar gegliederten Renaissance nach italienischen Vorbildern geplant. Hoffmann wurde mit der Ausführung beauftragt. Im Vergleich zum Reichs-

101 Leipzig, Reichsgericht. Eingangshalle

tagsgebäude, dessen Grundstein ein Jahr zuvor gelegt worden war, ist diese Architektur schlichter und präziser an oberitalienischer Architektur orientiert. Aber nicht nur die Architektur, sondern auch die funktionsgerechte Innenaufteilung hatte die Jury überzeugt: Ihre Entscheidung war einstimmig gefallen. Im Unterschied zum Reichstagsgebäude traf Ludwig Hoffmanns Reichsgericht auf breite Zustimmung, was dem Architekten schließlich zur Vergabe des Postens des Berliner Stadtbaumeisters verhalf. Von der Presse bis zu Wilhelm II. ist der Entwurf positiv aufgenommen worden. Die National-Zeitung lobte die schlichte Monumentalität und die sorgfältige Ausarbeitung.[171] Das Frankfurter Journal betonte die Bedeutung der Auswahl junger Architekten; Ludwig Hoffmann und Peter Dybwad wurden in eine Reihe mit Paul Wallot und Otto Warth gestellt. Die Zeitung warnte zugleich vor einem möglichen Übergriff seitens der preußischen Bauverwaltung, die das Projekt an sich reißen wolle.[172] Die Akademie des Bauwesens forderte nur wenige Änderungen bezüglich der inneren Raumaufteilung und die Überarbeitung von Details an den Fassaden. Mit der entsprechenden Ausarbeitung sowie mit dem Gesamtentwurf zeigte sie sich äußerst zufrieden. »Das Äußere des Gebäudes hat einen würdigen und der Bestimmung entsprechenden architektonischen Charakter erhalten.« Abschließend verlangte die Akademie allerdings die Verlegung der Senatssäle neben die Halle, was das Reichsjustizamt jedoch ablehnte.[173]

Der Grundstein für das Reichsgerichtsgebäude ist im Jahr 1888 gelegt worden, im Jahr 1895 war der Bau vollendet. Der vor ihm liegende Platz hieß Reichsgerichtsplatz (später Georgi-Dimitroff-Platz). Die Gesamtkosten beliefen sich auf sechs Millionen Mark. Der viergeschossige Bau steht über einem Grundriß von 126 m Länge und 76 m Breite und ist damit etwas kleiner als das Reichstagsgebäude; die Kuppel ist 68 m hoch. Bevor Ludwig Hoffmann an die Ausführung ging, trat er mit Genehmigung des Reichsjustizamtes im Jahr 1887 eine Italienreise an,[174] um sich detaillierte Kenntnisse von Renaissancearchitektur zu verschaffen. Die intensive Auseinandersetzung mit den Originalen hat Spuren hinterlassen. Die schlichten Fassaden lassen eine fast palladianische Strenge erkennen, den oberen Abschluß bildet ein fensterloses Attikageschoß. Die zweigeschossige Hauptfassade gliedern regelmäßige Fensterreihungen. Das Erdgeschoß ist bossiert, das Obergeschoß zeigt eine feinere Quaderung. Den Haupteingang betont ein Säulenportikus, an dessen Seiten sich zwei kleine Türme erheben (Abb. 99). Die Haupthalle wird durch eine über quadratischem Grundriß errichtete Kuppel

102 Leipzig, Reichsgericht. Großer Sitzungssaal

akzentuiert. Im Inneren diente die große Kuppelhalle als Verteiler
(Abb. 101). Die Sitzungssäle sind mit hölzernen Neurenaissancevertäfe-
lungen geschmückt (Abb. 102). Bei der Gestaltung der Innenräume ließ
Ludwig Hoffmann – wie Paul Wallot beim Reichstagsgebäude – eine
Tendenz zu Formen der deutschen Renaissance erkennen. Der teilweise
erhaltene Figurenschmuck im Inneren und an den Fassaden nahm
Bezug auf das Rechtswesen.

Das Reichsgerichtsgebäude ist von Hoffmann sorgfältig durchge-
plant und bis in die Details ausgeführt worden. So konnte er die Ein-
heitlichkeit seines Entwurfes wahren, was Paul Wallot beim Reichstagsgebäude nicht gelang. Die Architektur des Reichsgerichtsgebäudes
entsprach durchaus der internationalen Neurenaissance, doch setzte
Hoffmann einen besonderen Akzent, indem er mit volumenhaltigem
Dekor sehr sparsam umging. Mit dieser fast klassizistischen Strenge
dürfte er den architektonischen Geschmack der preußischen Bauverwaltung gewiß eher getroffen haben als Paul Wallot. Zu keinem Zeitpunkt war er in Auseinandersetzungen mit der preußischen Bauverwaltung verwickelt.

Die Reichspostbauten in Berlin

Innerhalb der Verwaltungsstrukturen des Deutschen Kaiserreiches sind die Aufgaben der Bauverwaltungen nicht vollständig zentralisiert worden. So etablierten sich neben der für Ministerial- und zentrale Verwaltungsgebäude zuständigen Reichsbauabteilung beim Reichskanzleramt beziehungsweise später beim Reichsamt des Inneren weitere Bauabteilungen mit mehr oder weniger großer Eigenständigkeit: bei der Reichspost, der Reichseisenbahn, der Reichsbank und der Reichsmarine. Diese hatten (mit Ausnahme der Reichsbank) die Tendenz, sich der Superrevision durch die Bauabteilung im preußischen Ministerium der öffentlichen Arbeiten zu entziehen, was mit mehr oder weniger gutem Erfolg auch gelang. Eine Anbindung dieser dezentralen Bauabteilungen an die Reichsbauabteilung hat es zu keinem Zeitpunkt gegeben.[175] Eine unmittelbare Folge dieser komplexen Verwaltungsstrukturen war, daß die Bauten der genannten Reichsinstitutionen nicht in einem einheitlichen Stil errichtet worden sind.

Die Reichspost zählte zu den größten öffentlichen Auftraggebern für Architektur im Deutschen Kaiserreich, sehr wahrscheinlich ist sie sogar der größte unter ihnen gewesen. Die stürmische Entwicklung des jungen Staates stellte solch expansive Anforderungen an den Ausbau der Infrastruktur. Die ungezählten Bauten der Post sind jedoch bisher nicht systematisch untersucht worden, weshalb deren Architektur in diesem Zusammenhang nicht umfassend behandelt werden kann. Selbst ein kursorischer Versuch würde sogleich den Rahmen sprengen, denn die Reichspost hat in der Kaiserzeit rund 2000 Bauten errichtet.[176] Außerdem wären zuvor die Verwaltungsstrukturen und ihre Entwicklung aus den Länderinstanzen der Zeit vor der Reichsgründung zu klären. Hier muß darum ein knapper Überblick über die zentralen Reichspostbauten in Berlin genügen.

Die Expansion des Postwesens hat die Öffentlichkeit anschaulich an der Errichtung der zahlreichen Postämter ablesen können. Deren Architektur ist eine über Fachdiskussionen hinausreichende Beachtung geschenkt worden. Auch der Reichstag hat sich mehrfach mit der Postarchitektur beschäftigt. In diesem Zusammenhang sind wiederholt einzelne Gebäude als zu aufwendig kritisiert worden.[177] Die Reichspost bestand jedoch auf einer repräsentativen Erscheinung ihrer Gebäude, die noch heute markante Akzente im Bild deutscher Städte setzen.

Nach der Reichsgründung wurden die deutschen Länderpostverwaltungen zur Reichspost zusammengeschlossen, zugleich sind Post- und Telegrafenwesen zusammengeführt worden. Die Gründung des Reichspostamtes erfolgte 1880. An der Spitze der Reichspostverwaltung stand als erster Generalpostmeister Heinrich von Stephan (1831–1897), der maßgebliche Arbeit für den Aufbau der Post geleistet hat; er nahm auch großen Einfluß auf die Architektur der Reichspostbauten. Es war sein Ziel, die Post als eine nationale Institution durch ihre Bauten bis in den entlegensten Winkel des Reichsgebietes präsent zu machen. Die Bauabteilung der Reichspost war deshalb schon nach kurzer Zeit zur leistungsfähigsten Bauverwaltung des Reiches geworden. Dennoch unterstand sie, ebenso wie die Reichsbauabteilung beim Reichsamt des Inneren, zunächst der Superrevision durch die Bauabteilung im preußischen Ministerium der öffentlichen Arbeiten. 1885 unternahm die Reichspost einen energischen Vorstoß zur Herauslösung aus der preußischen Oberaufsicht. Bismarck gab ihr jedoch nicht genügend Rückendeckung, so daß dieser Versuch fehlschlug. Erst Kaiser Wilhelm II. genehmigte im Jahr 1891 die Herauslösung der Bauabteilung der Reichspost aus der preußischen Superrevision. Fortan arbeitete sie nun so erfolgreich, daß sie ihrerseits aufgrund ihrer Leistungsfähigkeit im Jahr 1902 zur Superrevisionsinstanz der Reichsbauabteilung werden konnte.

Wilhelm II. etablierte im Jahr 1891 jedoch für die Reichspost (und alle übrigen Bauabteilungen des Reiches) anstelle der Superrevision durch das preußische Ministerium eine Kontrollinstanz ganz neuer Art: Entwürfe über 100000 Mk waren ihm fortan persönlich vorzulegen, Entwürfe über 750000 Mk bedurften eines Gutachtens der Akademie des Bauwesens. Hier werden Veränderungen sichtbar, die sich erheblich ausgewirkt haben, denn lange vor der Akademie war nun der Kaiser an Neubauten der Reichspost zu beteiligen. Bis 1904 hatte Wilhelm II. sich 61 Entwürfe von Reichspostbauten vorlegen lassen, was fast regelmäßig mit Eingriffen verbunden gewesen ist.[178] Die Reichspost war neben der Reichseisenbahn die Instanz, die auch noch in den Jahrzehnten von der Jahrhundertwende bis zum Ende des Kaiserreiches eine Fülle von Bauten errichtet hat, während die große Mehrheit der zentralen Verwaltungsbauten des Reiches schon vor dieser Zeit vollendet gewesen ist.

Der erste Baubeamte der Reichpostbauverwaltung war der aus Ostpreußen gebürtige Regierungs- und Baurat Karl Schwatlo (1831–

1884)[179]. Schwatlo arbeitete seit 1865 für das preußische Generalpostamt, wurde dann von der Reichspost übernommen, schied aber bereits 1877 aus ihren Diensten aus. In diesen wenigen Jahren entwarf er jedoch mehrere bedeutende Gebäude in Berlin: das Generalpostamt beziehungsweise Reichspostamt in der Leipziger Straße, die Oberpostdirektion in der Spandauer Straße und das Haupttelegrafenamt in der Jägerstraße; weiterhin stammt von ihm der Entwurf für das Postfuhramt in der Oranienburger Straße, das er allerdings nicht mehr ausgeführt hat.

Karl Schwatlo errichtete das Königlich Preußische Generalpostamt in der Leipziger Straße 15 in den Jahren 1871–1874. Im Jahr 1875 wurde es in das Kaiserliche Reichspostamt umgewandelt. Der Name »Postamt« kann dazu verleiten, das Gebäude für eine Schalterdienststelle zu halten, es handelte sich aber vielmehr um eines der in dieser Zeit gegründeten Reichsämter, kam also der Stellung eines Reichsministeriums nahe. Karl Schwatlo hatte den (nicht erhaltenen) Bau in den Formen der Neurenaissance weitgehend nach italienischen Vorbildern errichtet[180] (Abb. 103). Es handelte sich um einen kubischen Bau mit einer Balustrade über der Traufe, dessen Dach von der Straße aus nicht sichtbar gewesen ist. Die Fensterachsen an den Seiten der Fassade waren risalitartig vor-

103 Berlin, Reichspostamt, Leipziger Straße 15. Karl Schwatlo 1871–1874, die niedrigen Seitenflügel später (zerstört)

gezogen, die Obergeschoßfenster mit Pilastern und Säulen nach Art venezianischer Palazzi umrahmt. Das Erdgeschoß war gequadert, in seiner Mitte gab es eine Durchfahrt, deren gerades Gebälk von korinthischen Säulen getragen worden ist.

1877/1878 folgte das von Karl Schwatlo entworfene Haupttelegrafenamt in der Jägerstraße 42–44 (Abb. 104; 1902 erweitert), das wie das ältere Reichspostamt auf das Vorbild venezianischer Bauten des 16. Jahrhunderts zurückgeht; in diesem Fall gibt es Anklänge an den Palazzo Corner della Ca' Grande von Jacopo Sansovino aus den 1530er Jahren.[181] Die

104 Berlin, Haupttelegrafenamt, Jägerstraße 42–44. Karl Schwatlo 1877/1878 (1902 erweitert, weitgehend erhalten)

105   Berlin, Postfuhramt, Oranienburger Straße 35/36. Karl Schwatlo und
Wilhelm Tuckermann 1875–1881

106 Berlin, Reichspostamt, Leipziger Straße/Mauerstraße. Ernst Hake ab 1893
(1900, heute Postmuseum)

gleichzeitig errichtete Oberpostdirektion in der Spandauer Straße 19–22 fügte sich nahtlos in die Bautengruppe ein.

Unter den Bauten Schwatlos stellt das 1875–1881 errichtete (ebenfalls gut erhaltene) Postfuhramt in der Oranienburger Straße 35/36 in stilistischer Hinsicht eine Ausnahme dar. Es entstand in Zusammenarbeit mit Wilhelm Tuckermann, der es schließlich auch ausführte (Abb. 105). Dieser im Postwesen funktional untergeordnete Bau erhielt Backsteinfassaden, die der Berliner Schule nahestehen. Die Fassaden sind imposant, Motive italienischer Frührenaissance vermischen sich mit romanischen Elementen. Über dem Eckbau mit dem Eingang erhebt sich ein achtseitiger Turm, der an byzantinische Sakralarchitektur erinnert.

Das Reichspostamt in der Leipziger Straße wurde bereits ab 1893 durch Postbaurat Ernst Hake in Zusammenarbeit mit Techow und Ahrens großzügig im Stil einer üppigen Neurenaissance erweitert, wobei Schwatlos älterer Bau integriert worden ist (Abb. 106). Der Neubau umfaßte vier Hauptpostämter sowie ein Postmuseum und gruppierte sich um sieben Innenhöfe. Dieser Erweiterungsbau wurde nach Kriegszerstörungen im Äußeren wiederhergestellt und dient heute dem Postmuseum (Leipziger Straße 16–18, Mauerstraße 69–75), für das der zentrale Lichthof jüngst rekonstruiert worden ist. Das Erdgeschoß ist gequadert, die Fenster des ersten Obergeschosses sind mit Aedikulen umrahmt. Der abgerundete Eckbau zwischen Mauerstraße und Leipziger Straße trug Ecktürmchen mit schmuckreichen Steinhauben. Hier befindet sich der Haupteingang, dessen Portikus mit Kompositsäulen akzentuiert ist. Mit diesem Gebäude von Ernst Hake schloß die Reichspost sich der dekorreichen internationalen Neurenaissance an, wie sie mit Paul Wallots Reichstagsgebäude Einzug in die Reichsarchitektur gehalten hat, während Karl Schwatlo sich mit dem Vorgängerbau noch enger an schlichtere Neurenaissance im Gefolge der späten Schinkelschule orientiert hatte.

Bei den hier beschriebenen zentralen Bauten der Reichspost fällt die Vergleichbarkeit mit der Entwicklung der Architektur der übrigen Reichsbauten in Berlin auf, denn in den 1890er Jahren wurde die Architektur der Reichspost vielgestaltiger. Diese Entwicklung wurde auch dadurch gefördert, daß die Post in allen Städten des Reiches und nicht nur in Berlin baute. Die Reichspost strebte dabei oft eine architektonische Anpassung an das historische Umfeld an. Darum wurde in Hannover und Hildesheim neugotisch gebaut, in Goslar und Mainz neuromanisch, in Köln und Straßburg wieder neugotisch. Die Bauabteilung der Reichspost orientierte sich damit an den jüngsten Entwicklungen der Architektur in Deutschland und Europa, die seit der Zeit um 1890 eine deutliche Tendenz zur Aufnahme regionaler Bautraditionen zeigte. Kaiser Wilhelm II. gehörte zu den einflußreichsten Förderern solcher Architektur. Neben den Baubeamten in der Reichspostverwaltung waren nun notwendigerweise auch zahlreiche andere Architekten für die Post tätig. Auf diese Weise entstanden bemerkenswerte und qualitätvolle Bauten – ein einheitlicher Baustil der Reichspost konnte sich dabei selbstverständlich nicht entwickeln, und das ist auch nicht ihr Ziel gewesen.

Der Berliner Dom – Kirchenbau der Hohenzollern

Das historische Zentrum der Berliner Mitte wird noch heute von der Kuppel des Berliner Domes weithin sichtbar geprägt. Der Dom ist 1893–1905 durch Julius Raschdorff (1823–1914) als Hofkirche der Hohenzollern sowie als Hauptkirche der evangelischen Kirche in Brandenburg errichtet worden (Abb. 107). Zugleich war und ist er die bedeutendste Grablege der Hohenzollern. Die Bauausführung stand unter der Leitung der Schloßbauverwaltung. Diese preußische Institution war mit der Kaiserkrönung des Königs von Preußen auf die Reichsebene gehoben worden, was allerdings nicht bewirkte, daß die Schloßbauverwaltung zu einer wirklichen Instanz des Reiches geworden ist, sie war der Reichsbauabteilung in keiner Weise verpflichtet. (Der Berliner Dom steht darum hier stellvertretend für die Werke der Schloßbauverwaltung, die weitere wichtige Bauten in Berlin errichtet hat.)

Mit der Abdankung Wilhelms II. im Jahr 1918 geriet der ursprüngliche Sinn dieses monarchischen Kirchenbaus in Vergessenheit, sogar sein Abbruch ist gefordert worden. Eine gewisse Reserviertheit gegenüber der Kirche ist auch heute noch virulent. Obwohl der Bau das Stadtbild an dieser Stelle prägt, zählt er nicht zu den berühmten, vielbesuchten Denkmälern Berlins. Der Dom war im Zweiten Weltkrieg stark beschädigt worden, anders als das benachbarte Stadtschloß wurde er aber nicht abgerissen, sondern in seinen wesentlichen Teilen in jahrzehntelanger Arbeit wiederhergestellt. Die Restaurierung geht jetzt ihrem Abschluß entgegen. Die zentrale Kuppel und die Hauben der zwei Fassadentürme sind dabei nur in reduzierten Formen aufgebaut worden. Die ursprünglich an der Nordseite angefügte Denkmalkirche wurde abgebrochen.[182]

107 Berlin, Dom, Julius Raschdorff 1893–1905 (nach Kriegsschäden weitgehend wiederhergestellt)

An dem Ort des neubarocken Kirchenbaus stand bereits seit 1750 ein evangelischer Dom, wenn auch in wesentlich kleineren Dimensionen. Nach 1815 erhielt Karl Friedrich Schinkel den Auftrag, an seiner Stelle einen Neubau als Denkmalkirche für die Befreiungskriege zu errichten. Verwirklicht wurde aber lediglich ein Umbau des alten Domes durch den Baumeister, doch hat der weiter bestehende Wunsch nach einem vollständigen Neubau in den folgenden Jahrzehnten eine Fülle von

Aktivitäten nach sich gezogen. König Friedrich Wilhelm IV. beteiligte sich während seiner gesamten Regierungszeit an den Planungen für eine repräsentative Hofkirche, wobei er selbst vornehmlich an den Baustil frühchristlicher Basiliken dachte. Bedeutende Entwürfe ließ er sich unter anderem von Friedrich August Stüler vorlegen. Auch ein Zentralbau ist in der langen Planungsphase erwogen worden. Niemand wagte sich jedoch an die Realisierung heran, weder der König noch die preußischen Ministerien ergriffen die Initiative. Nur ein Campo Santo wurde als Hohenzollerngrablege neben dem alten Dom begonnen, ohne allerdings vollendet zu werden. Erst ein weiterer Krieg, der Deutsche Krieg zwischen Preußen und Österreich 1866, ließ die Pläne wieder aufleben. Der Dom war nun, wie schon nach den Befreiungskriegen, abermals als Dankeskirche für einen militärischen Sieg gedacht.

1867/68 ist ein Architektenwettbewerb ausgeschrieben worden, zu dem 53 Entwürfe eingingen. Die Auswertung dieses ersten offenen Wettbewerbs für ein öffentliches Bauwerk in Preußen ging sehr schleppend voran. Die Ministerien bevorzugten einen gotischen Entwurf und ließen deshalb ein Projekt des Baurats Wilhelm Salzenberg (1803–1876), der einer der wenigen Neugotiker in Berlin gewesen ist, nie ganz aus den Augen. Die Wettbewerbskommission hingegen tendierte zu einem Entwurf im preußischen Rundbogenstil, konnte sich aber nur schwer gegen den Einfluß der Ministerien behaupten. Kaiser Wilhelm I. wiederum konnte sich ebenso wie schon sein Bruder und Vorgänger nicht zu einer endgültigen Entscheidung durchringen, weshalb dieses erste Konkurrenzausschreiben für einen bedeutenden öffentlichen Neubau in Preußen zu keinem konkreten Ergebnis führte.

Kronprinz Friedrich Wilhelm, der spätere Kaiser Friedrich III., hatte sich noch zu Lebzeiten seines Vaters in die Planungen eingeschaltet. Er lehnte einen gotischen Bau ab und setzte sich intensiv mit einem Entwurf von Julius Raschdorff auseinander, der nach fast zwei Jahrzehnten als Stadtbaumeister in Köln, 1878 eine Professur an der Technischen Hochschule Charlottenburg übernahm. Sein Entwurf sah einen neubarocken Dom mit drei Kuppeln und zugleich einen Umbau des Stadtschlosses vor. Sein Dombauentwurf erinnerte an römische Barockbauten. Wie schon bei einigen unter Friedrich Wilhelm IV. vorgelegten Entwürfen wurden damit Assoziationen an die Hauptkirche der katholischen Christenheit im Vatikan geweckt, wiederholt ist darum im Zusammenhang mit den Neubauplanungen von einem evangelischen St. Peter für Berlin gesprochen worden.

Nach dem Tod Friedrichs III. im Jahr 1888 ließ sich Wilhelm II. sehr bald die jüngsten Pläne für den Dombau vorlegen. Alle Beteiligten wußten, daß Friedrich III. den Entwürfen Raschdorffs zwar besondere Aufmerksamkeit geschenkt, ihnen aber nicht zugestimmt hatte. Trotzdem wählte Wilhelm II. diesen Entwurf mit dem fadenscheinigen Hinweis auf Pietät seinem Vater gegenüber aus. Alle Kommissionsempfehlungen und Wettbewerbsergebnisse sind durch diese kaiserliche Entscheidung umgangen worden, nicht zuletzt deshalb reagierte die Öffentlichkeit so zurückhaltend auf den realisierten Bau. Die zeitgenössische Architekturkritik konnte sich kaum zu einem Lob durchringen. Die kaiserliche Entscheidung überraschte außerdem, weil Wilhelm II. den zum Zeitpunkt der Grundsteinlegung gerade vollendeten Reichstag, der seinerseits stilistisch dem Dom nahesteht, mit scharfer Kritik bedachte. Möglicherweise ließ sich Wilhelm II. doch hauptsächlich von dem Gedanken an ein St. Peter für Berlin leiten, immerhin zeigte er eine latente Sympathie für konservative Kreise des Katholizismus und stand den Päpsten seiner Regierungszeit durchaus nicht ablehnend gegenüber. Papst Pius X. etwa schenkte er eine phantasievolle Nachbildung des Labarum Kaiser Konstantins des Großen und stellte sich damit – obwohl evangelischer Konfession – in nostalgischer Weise in die Tradition der deutschen Kaiser des Mittelalters.[183]

Außerdem fügte sich der Dom in eine Reihe neubarocker Großbauten, die ebenfalls von der Schloßbauverwaltung in Berlin errichtet worden sind. Mit Ernst von Ihne (1848–1917) stand sie unter der Leitung eines bestens ausgebildeten Architekten. Ihne hatte 1870–1872 in Paris an der École des Beaux-Arts studiert und wurde nach einer Tätigkeit als Privatbaumeister in Berlin im Jahr 1896 zum Oberhofbaurat ernannt.[184] Ihne war in Berlin sehr umstritten, die fortschrittliche Presse hielt ihn für einen akademischen Arbeiter und verwies auf die modernere Architektur eines Peter Behrens.[185] In etablierten Kreisen hingegen genoß Ihne hohe Anerkennung, 1899 wurde er Mitglied der Akademie des Bauwesens, 1910 Ehrenmitglied der École des Beaux-Arts. Ernst von Ihne errichtete das Kaiser-Friedrich-Museum auf der Museumsinsel (heute Bodemuseum) in den Jahren 1897–1905, die Preußische Staatsbibliothek Unter den Linden 1903–1914 (erhalten, jedoch Kuppelsaal zerstört) und den Marstall 1897–1901 (ebenfalls erhalten). Dieser Neubarock folgte einerseits einer internationalen Strömung in der Tradition der École des Beaux-Arts, zeigte aber andererseits in Berlin deutliche Anklänge an den Barock in Preußen. Trotz seiner Begeisterung für die Neuromanik favorisierte Wilhelm II. für die Bauten

108 Berlin, Dom. Hauptapsis der Predigtkirche (1936)

des Hofes in Berlin diese von Ihne entwickelten, barocken Formen. Das läßt die von Raschdorff errichtete Hofkirche in einem anderen Licht erscheinen. Sofern Wilhelm II. das Deutsche Reich architektonisch nach außen darstellen wollte, plädierte er für die Neuromanik, bei den Gebäuden für die Monarchie dagegen bevorzugte er einen Neubarock, der traditionelle preußische mit internationalen Formen verband.

Julius Raschdorff begab sich zunächst an die von allen Beteiligten für dringend erforderlich gehaltene Änderung seiner Entwürfe. Am 27. Februar 1905 konnte der Dom eingeweiht werden, ein geplanter überdachter Übergang vom Schloß zur Kirche blieb jedoch unrealisiert. Die Hauptfassade des Berliner Domes ist zum Lustgarten ausgerichtet, sein Zentrum bildet die Fest- und Predigtkirche mit ihrer großen Kuppel über einem hohen Tambour. Der zentrale Kirchenraum ist über einem achtseitigen Grundriß errichtet. Nach Norden, zur Museumsinsel hin, schloß sich ursprünglich eine Denkmalkirche mit halbrundem Abschluß und Kapellenkranz an, die heute nicht mehr besteht. Nach Süden, in Richtung zum Stadtschloß, wurde eine Tauf- und Traukirche angebaut, der das kaiserliche Treppenhaus angefügt ist. Unter dem zentralen Kirchenraum und der Denkmalkirche erstreckt sich eine Gruft mit den Hohenzollerngräbern, die an die Stelle des unvollendet aufgegebenen Campo Santo trat. Julius Raschdorff hatte die beiden Seitenkirchen damit so in den Bau integriert, daß sie außen nicht als eigene Gebäude in Erscheinung traten, damit distanzierte er sich von vielen älteren Planungen, die drei deutlich unterschiedene Kirchen aneinanderreihen wollten.

Das Innere des Berliner Domes ist reichhaltig im späthistoristischen Neubarock ausgestaltet (Abb. 108). Ein Teil der Ausstattung des alten Domes wurde übernommen, darunter Werke von Karl Friedrich Schinkel. Der überkuppelte Innenraum besitzt an seinen vier Hauptseiten Nebenräume, die sich bogenförmig zum Zentralraum öffnen. Mit Ausnahme des Altarraumes sind in sie Emporen eingestellt. In die breiten Kuppelpfeiler sind halbrunde Nischen eingetieft, vor der Nische links des Altarraumes steht eine überdachte Kanzel. Kannelierte Säulen und Pfeiler sowie ein antikisierendes Gebälk in der Festkirche sind detailgenaue Zitate aus italienischem Barock.

Kaiserlich-Deutsche Botschaften: Istanbul und Wien

Bis in das späte 19. Jahrhundert hinein richteten die europäischen Staaten ihre Botschaften und Gesandtschaften vorwiegend in bestehenden, örtlichen Gebäuden ein. Vorzugsweise wurden dafür ehemalige Wohnhäuser von Adligen angekauft oder angemietet, was den Ansprüchen der meist adligen Diplomaten entgegenkam. Die Botschaft als Bauaufgabe ist darum noch relativ jung, erst die bürgerlichen Nationalstaaten des späteren 19. Jahrhunderts widmeten sich ihr ausführlich. Als das Deutsche Reich sich mit der Aufgabe der Einrichtung diplomatischer Vertretungen konfrontiert sah, nutzte es zunächst die bereits bestehenden preußischen Gesandtschaften. Das hatte seine Ursache darin, daß das Auswärtige Amt des Deutschen Reiches aus dem Ministerium der äußeren Angelegenheiten des preußischen Staates beziehungsweise kurze Zeit des Norddeutschen Bundes heraus entwickelt worden ist. Bismarck ist Reichskanzler und Außenminister (sowie preußischer Ministerpräsident) in einer Person gewesen.

Für Preußen stellte sich die Situation im Jahr 1871 folgendermaßen dar: Botschaften unterhielt es in Paris und in London, jeweils in dort bereits vorhanden gewesenen Bauten. Preußische Gesandtschaften waren eingerichtet in Belgrad, Istanbul, Peking, Washington und im Vatikan; ebenfalls in bestehenden Bauten. All diese Gebäude gingen nun an das Deutsche Reich über, das in vielen weiteren Städten Gebäude zur Einrichtung seiner diplomatischen Vertretungen erwarb: St. Petersburg (1873), Tokio (1873), Tanger (1875), Peking (1876), Den Haag (1888), Brüssel (1889), Madrid (1893), Teheran (1895), Bukarest (1900), Bern (1901), Bangkok (1904), Vatikan (1908), Stockholm (1918).[186]

Vergleichsweise gering ist im Unterschied dazu die Zahl der Neubauten, die für Kaiserlich-Deutsche Botschaften durch das Deutsche Reich errichtet worden sind: Konstantinopel (vor 1871–1877) und Wien (1877–1879). Mit langem zeitlichem Abstand folgten dann die Gesandtschaften in Tokio (1894–1898) sowie Bern (1912/1913) und schließlich die berühmte Botschaft in St. Petersburg (1911–1913). Ein umstrittener Wettbewerb für die Botschaft in Washington (1913) führte nicht zum Erfolg. Obwohl es nur wenige Neubauten gab, so vermitteln diese doch einen recht anschaulichen Einblick in die Art und Weise, wie das Deutsche Kaiserreich seine Botschaftsbauten architektonisch gestaltete.

Die Planung der Kaiserlich-Deutschen Botschaft in Istanbul (bis 1930 Konstantinopel) war bereits durch den preußischen Staat als Gebäude für seine diplomatische Vertretung in Angriff genommen worden[187], als es im Bauverlauf zur Gründung des Deutschen Reiches kam; heute hat hier das deutsche Generalkonsulat seinen Sitz. Bei der Gestaltung des Neubaus wirkte sich die besondere Situation in Istanbul aus, denn hier hatten viele europäische Länder entgegen ihren heimischen, aber im Einklang mit den örtlichen Gepflogenheiten sehr aufwendige Gebäude für ihre Vertretungen errichtet (Abb. 109 u. 110).

Der Neubau entstand in städtebaulich günstiger Lage im Stadtteil Pera oberhalb des Bosporus. Der Ausführungsentwurf stammte vom Königlich-Preußischen Landbaumeister Hubert Goebbels (geb. in Köln, 1834–1874). Er hatte einen blockförmigen Bau im Stil der späten Berliner Schule entworfen, der noch sehr stark in der klassizistischen Tradition steht. Mit einer rautenförmigen Ziegelverblendung wurde das Obergeschoß des Berliner Reichsbankgebäudes von Friedrich Hitzig zitiert, das 1873–1876 errichtet worden ist. Die nach 1871 gegenüber der ursprünglichen Zweckbestimmung hinzugekommene Bedeutung des Gebäudes als Kaiserlich-Deutsche Botschaft sollte in einer auf dem Dach plazierten Germania und den Wappen der Bundesländer oberhalb der Fassaden zum Ausdruck kommen.

Goebbels starb jedoch im Jahr 1874, woraufhin der aus Mecklenburg gebürtige Königlich-Preußische Regierungsbaumeister Albert Kortüm (1845–1921) die Fortführung übernahm. Kortüm griff sogleich nachhaltig in die Planungen ein. Er erhöhte den Kostenansatz, wozu er erstaunlicherweise eine Genehmigung erhielt, und machte dann vom bereits errichteten Erdgeschoß aus alles anders. Das Resultat war ein blockhaft abweisender Bau, der an seiner Gartenseite aufgrund der Hanglange sechs Geschosse aufragt und damit weithin sichtbar ist. Das flache Dach ist in der Ansicht nicht wahrnehmbar, auf den Gebäudeecken und über

109 Istanbul, Kaiserlich-Deutsche Botschaft, Stadtteil Pera. Hubert Goebbels vor 1871–1874 und Albert Kortüm 1874–1877 (Holzstich 1878, heute Deutsches Generalkonsulat)

110 Istanbul, Kaiserlich-Deutsche Botschaft (um 1910)

den Ecken der Risalite standen zehn große Adler mit ausgebreiteten Schwingen. Dieses bedrohlich wirkende Motiv ist ein Zitat des Königlichen Palais Wilhelms I. in Berlin Unter den Linden, errichtet von Schinkel und Langhans in den Jahren 1834–1836. Kortüm hatte sich am Palais gleich in mehrfacher Hinsicht orientiert: rustizierte Erdgeschosse, Giebelverdachungen über den Obergeschoßfenstern und ein schmales Attikageschoß. So wurde die Kaiserlich-Deutsche Botschaft in Istanbul ein Bau, der preußischer erschien, als ihn die späte Berliner Schule entworfen hätte. Die Inneneinrichtung wurde aus Köln geliefert, Wände und Möbel waren in dunklen Tönen gehalten.

Als der Botschafter des Deutschen Reiches, Prinz Heinrich VII. Reuß, den Neubau im Jahr 1877 zum ersten Mal zu Gesicht bekam, beklagte er sich sofort bitter über die Architektur, die fehlgeplante Raumaufteilung und die behäbige Innenausstattung. Darüber brach nun ein öffentlicher Sturm der Entrüstung aus, der seinen Niederschlag in vielen Zeitungen fand. Der Bau galt allgemein als unzweckmäßig und wegen der hohen, dunklen Backsteinfassaden als abweisend sowie störend im Ortsbild − Backstein fand in Preußen vorzugsweise bei Kasernen und Zweckbauten Verwendung. Auch der Reichstag hielt den Bau nicht für gelungen. Bismarck schaltete sich nun persönlich ein und

205

sandte Baurat Hatzfeld nach Konstantinopel, welcher den Baustil als »höchst unglücklich« bezeichnete, seiner Meinung nach würde das Gebäude wie eine Festung aussehen.[188]

Planung und Bauausführung der Botschaft in der Türkei waren in Absprache zwischen den zwei preußischen Baumeistern und dem Auswärtigen Amt vollzogen worden. Bedauerlicherweise hatten sich beide Baumeister nicht hinreichend mit Diplomaten über die Funktionsabläufe im diplomatischen Dienst beraten. Was dazu führte, daß das Deutsche Reich sich nun viele Jahre bei Botschaftsneubauten zurückhielt. In Wien wurde zwar noch gebaut, dort aber bewußt in ganz anderen Formen; der nächste Neubau entstand dann erst wieder in Tokio, zwölf Jahre nach Vollendung der Botschaft in Istanbul.

Trotz erheblicher Bedenken nach den Auseinandersetzungen um den Neubau in Istanbul stimmte der Reichstag dem Neubau einer Botschaft in Wien schließlich noch zu. In diesem Fall gingen die entscheidenden Anregungen für die Gestaltung aber nicht von der preußischen Bauverwaltung, sondern von Diplomaten aus, die adliger Herkunft waren und internationale Erfahrungen besaßen.[189] Ein Bau im Stil der Berliner Schule schied von vornherein aus. Einen solchen hatte zunächst der Baubeamte Wilhelm Neumann, der zwei Jahre später die Leitung der Bauabteilung des Deutschen Reiches übernehmen sollte, im Jahr 1875 vorbereitet. Neumanns Entwurf basierte auf einem Konzept des deutschen Botschafters in Österreich von Schweinitz, der bürgerlicher Herkunft war. Diesen Entwurf lehnte jedoch der Bundesrat ab.[190] Die preußische Bauverwaltung wurde anschließend aus dem Verfahren herausgedrängt, als die nachfolgenden Botschafter Graf Stolberg zu Wernigerode (ab 1876) und Prinz Reuß (ab 1878), inzwischen von Istanbul nach Wien versetzt, sich mit dem Staatssekretär im Auswärtigen Amt von Bülow direkt über die Planungen absprachen. Den Diplomaten war daran gelegen, in Wien nicht mit einem fremden Baustil und einem übermäßig proportionierten Baukörper aufzufallen, weshalb sie gegen den erklärten Unmut der deutschen Architektenschaft einen Entwurf des österreichischen Architekten Viktor Rumpelmayer durchsetzten, der kurz zuvor in Wien die Botschaft Englands gebaut hatte. Die Akademie des Bauwesens, wiewohl nicht zufrieden mit der Architektur, stimmte dennoch zu; sie hatte gegen die Neurenaissance keine grundsätzlichen Bedenken, kritisierte allerdings mangelnde Vornehmheit, insgesamt sei das Gebäude des Deutschen Reiches nicht würdig.[191] Diese Intervention blieb jedoch wirkungslos.

206

111 Wien, Kaiserlich-Deutsche Botschaft. Viktor Rumpelmayer 1876 (zerstört)

Die Kaiserlich-Deutsche Botschaft in Wien wurde im Stil der internationalen Neurenaissance mit vielen französischen Motiven und einer insgesamt zurückhaltenden Erscheinung errichtet (Abb. 111). Dem um einen Innenhof gruppierten Haupttrakt, zweigeschossig und mit vortretenden Eckrisaliten, hatte man einen Querriegel mit Funktionsräumen zugefügt, das Dach erhob sich, französischen Vorbildern entsprechend, vergleichsweise steil. Die Innenausstattung war, soweit sie noch bekannt ist, im Stil des ausklingenden Rokoko gestaltet, das Mobiliar schlicht und edel. Mit dem Anschluß Österreichs an das Deutsche Reich verlor das Gebäude 1938 seine Bestimmung als diplomatische Vertretung. Josef Hoffmann baute es zu einem Treffpunkt für österreichische und deutsche Offiziere um. Im Zweiten Weltkrieg ist es vollständig zerstört worden.

Der deutsche Botschaftsbau entwickelte sich nach 1871 nur zögerlich. In Istanbul war ein als preußische Gesandtschaft geplanter Bau übernommen worden. Noch in der Tradition der älteren Berliner Schule stehend galt der Bau allgemein als mißlungen, und mit Recht galt er selbst für preußische beziehungsweise Berliner Verhältnisse als altmodisch. Für die Kaiserlich-Deutsche Botschaft in der österreichischen Hauptstadt setzten sich adlige Diplomaten mit ihrer Entscheidung für internationale Neurenaissance und Zurückhaltung im Stadtbild durch. Damit wurde diplomatischen Gepflogenheiten genügt, die noch immer stark vom Adel geprägt waren. Das war auf der anderen Seite aber auch eine Entscheidung für einen seinerzeit modernen und für Staatsbauten in ganz Europa beliebten Baustil. In Wien entstand einer der ersten völlig im Stil der internationalen Neurenaissance errichteten Bauten des Deutschen Kaiserreiches. Die deutsche Botschaft antwortete damit zugleich auf den 1859 begonnenen Ausbau der international beachteten Wiener Ringstraße, deren Pracht- und Wohnbauten überwiegend im Stil der Neurenaissance entstanden. Allein Flagge und Wappen unterrichteten den Besucher über die Nationalität der diplomatischen Vertretung des Deutschen Kaiserreiches in Wien.

Die internationale Neurenaissance als Baustil für Reichsbauten

Berlin, als Hauptstadt und Sitz der Reichsregierung das Zentrum für Staatsbauten des Deutschen Kaiserreiches, fungierte zugleich auch als Hauptstadt Preußens, weshalb sich die Reichsbauabteilung unausweichlich mit der preußischen Bauschule konfrontiert sah. In Preußen behauptete die Schinkelschule jahrzehntelang eine unangefochtene Vorrangstellung, auch weit über die Grenzen des Landes hinaus genoß sie großes Ansehen. Gemeinhin gilt ihr maßgeblicher Einfluß um 1870 als beendet, und sie fand seitdem auch sowohl im privaten Wohnbau wie im Geschäftsbau kaum noch Beachtung. Dennoch ist ihre Tradition im öffentlichen Bauwesen Preußens in variierter Form als eine sehr schlichte Neurenaissance nach italienischen Vorbildern noch bis zur Jahrhundertwende fortgeführt worden. Dazu hatte Friedrich August Stüler, ebenso wie Friedrich Hitzig, maßgeblich beigetragen (Abb. 18, 19, 21), wobei dieser Baustil wesentlich auf den preußischen Staatsbau in Berlin beschränkt blieb, welcher damit erfolgreich seine Identität wahrte, die bis zu den Anfängen der ersten Moderne vor der Jahrhundertwende erkennbar blieb (Abb. 27–30).

Viele preußische Baumeister zeigten sich angesichts dieser Bedeutung der preußischen Schule zum Zeitpunkt der Reichsgründung davon überzeugt, eine nationale, preußisch-deutsche Architektur zur Verfügung zu haben. Seit der Mitte des 19. Jahrhunderts aber erwies sich die internationale Neurenaissance mit ihren viel üppigeren Formen in den europäischen Ländern ebenso wie in den Vereinigten Staaten von

Amerika als erfolgreicher Baustil und bestimmte in vielen Hauptstädten die Staatsbauten. Um 1870 stellte sich darum für das Deutsche Reich – nachdem sich Preußen hinsichtlich seines Berliner Staatsbauwesens für seine Tradition entschieden hatte – die Frage, wie es seinerseits auf diese Situation reagieren würde. Die Antwort war unzweideutig: internationale Neurenaissance.

Die Reichsbauabteilung ist anfangs organisatorisch eng an Preußen gebunden gewesen, wofür Reichskanzler Fürst Otto von Bismarck gesorgt hatte, und auch die wichtigsten Baubeamten des Deutschen Kaiserreiches Wilhelm Neumann sowie August Busse kamen aus der preußischen Bauverwaltung. Die öffentliche Architektur des Deutschen Kaiserreiches litt in einigen Bereichen, vor allem bei den untergeordneten Bauten, an der mangelhaften Besetzung der Reichsbauabteilung mit qualifizierten Baumeistern. Die Namen der hier tätigen Architekten blieben nicht ohne Grund bis vor kurzem noch unbekannt. Der leitende Baubeamte Wilhelm Neumann wies zwar in die Richtung der internationalen Neurenaissance, es gelang ihm aber nicht, eine verbindliche, zeitgemäße und der Aufgabe angemessene Architektursprache zu entwickeln. Sein für das Deutsche Reich geschaffenes Œuvre, das vollständig unterging, blieb letztlich unentschlossen und wenig innovativ. Die Reichsregierung konnte sich – unter Bismarcks mächtigem Einfluß – nicht dazu entschließen, der Reichsbauabteilung die Möglichkeit zur Entwicklung einer eigenständigen Architektur zu geben oder Architekten vom Format eines Friedrich Adler, Hermann Ende oder Wilhelm Boeckmann einzustellen, wiewohl diese dem Staatsbauwesen des Reiches überaus wohlwollend gegenüberstanden.[192]

Einen größeren Handlungsspielraum sicherte sich dagegen der Reichstag mittels der Einforderung offener Architektenwettbewerbe für die wichtigsten Staatsbauten. Offene Wettbewerbe sind das erfolgreichste Instrument auf dem Weg der Emanzipation der Architektur des Kaiserreiches von der preußischen Bauschule und damit der Entwicklung hin zum internationalen Baugeschehen gewesen. Auf diese Weise konnten relativ junge, fortschrittliche Baumeister wie Otto Warth, Paul Wallot, Ludwig Hoffmann und Peter Dybwad gewonnen werden. Mit dem Kollegiengebäude der Straßburger Universität (Abb. 85), dem Reichstagsgebäude (Abb. 57), dem Leipziger Reichsgericht (Abb. 98) und bereits mit der Auswahl von Ludwig Bohnstedts Entwurf für ein Reichstagsgebäude (Abb. 45) im ersten Wettbewerb des Jahres 1872 waren deutliche Zeichen gesetzt worden, so daß sich in der Reichsgründungsära, von 1871 bis in den Beginn der 1890er Jahre, die internationale Neurenaissance als fast ausschließlich genutzter Baustil für die Staatsbauten des Deutschen Kaiserreiches etablierte. Die durch die föderativen Strukturen des Kaiserreiches bedingte Zweigleisigkeit des öffentlichen Bauwesens, d.h. die Aufteilung der Bauaufgaben und damit der zur Verfügung stehenden Kräfte auf das Reich und die Länder, bewirkte zweifellos eine Schwächung des Staatsbauwesens. Nicht zuletzt diese Aufsplitterung der Ressourcen führte dazu, daß die Staatsbauten des Deutschen Kaiserreiches in Berlin nicht dem in Paris und Wien vorgegebenen Niveau des Ausbaus entsprachen, obwohl man die gleichen Stilformen aufgriff. Das Kaiserreich hinterließ auch keine Werke, die sich als Marksteine der europäischen Architekturgeschichte erwiesen hätten, doch gilt es festzustellen, daß das Deutsche Reich alles daran setzte, um den Anschluß an das internationale Baugeschehen zu erreichen.

Die offizielle Architektur des Kaiserreiches fügte sich in den europäischen Kontext ein. Die Frage nach *dem* typisch deutschen Baustil ist in diesem Zusammenhang zeitgenössisch nur ganz selten – im historischen Rückblick sogar überraschend selten – gestellt worden, man erwartete von den Reichsbauten der Reichsgründungsära zunächst, daß sie der jeweiligen Aufgabe in angemessener und architektonisch »würdiger« Weise (so eine Forderung Wilhelms I. zum Reichstagsgebäude) genügten. Der Baustil war dabei zunächst nicht mehr und nicht weniger als zeitgemäß, schließlich verfolgte das Kaiserreich architektonisch nicht das Ziel, Außergewöhnliches zu schaffen, das sich signifikant von entsprechenden Bauten in anderen Ländern unterscheiden würde. So orientierte man sich am internationalen Geschehen. Das von Paul Wallot entworfene Reichstagsgebäude stand damit architektonisch in einem engeren Verhältnis zu Bauten in Wien und Paris als zu den preußischen Staatsbauten in Berlin. Der in den Neubarock changierende Dekorreichtum der Fassaden des Reichstagsgebäudes weist deutliche Verwandtschaft zum Fassadenschmuck des New Government Office in London auf, das John McKean Brydon 1898–1912 errichtete. Auch dort finden sich zwei durch Halbsäulenvorlagen zusammengefaßte Obergeschosse, ein Portikus im Fassadenzentrum und kleine Türmchen an den Ecken.[193] Das Staatsbauwesen des Deutschen Kaiserreiches war bis zur Jahrhundertwende wesentlich durch den Wunsch nach Ebenbürtigkeit im europäischen Kontext charakterisiert – nationale Exklusivität oder regionale Eigenheit bildeten nicht das vorrangige Gestaltungsmotiv.

An den Wurzeln der Moderne:
Stilpluralismus bis zum Ende des Kaiserreiches

Die Zeit um 1890 wird in vieler Hinsicht als ein Wendepunkt innerhalb der deutschen und der europäischen Geschichte angesehen. Kaiser
Wilhelm I. war zwei Jahre zuvor gestorben, es regierte sein Enkel Wilhelm II., der die Ära Bismarck mit der Entlassung des Reichskanzlers
beendete. Kein Zweifel konnte mehr daran bestehen, daß das junge
Deutsche Reich sich als mächtiger Staat in Europa etabliert hatte.
Zugleich verschärften sich in ganz Europa die nationalistischen Töne, in
Deutschland gewann der Alldeutsche Verband an Einfluß, das Koloni-
alwesen befand sich auf seinem Höhepunkt.

Die politische Konsolidierung der deutschen Gesellschaft in dem
noch jungen Reich war vorangeschritten, doch sah sich Deutschland
noch immer mit schwerwiegenden Problemen konfrontiert. Die Ver-
städterung schritt weiter voran, die Industrialisierung strebte einem
Höhepunkt entgegen, konfessionelle und traditionelle Bindungen verloren an Bedeutung. Weite Kreise kamen jetzt zu einer eher skeptischen
Beurteilung ihrer Gegenwart. Kapitalismus, Massengesellschaft, der
Verlust traditioneller Bindungen sowie die weiter fortschreitende Säku-
larisierung wurden beklagt. Eine kulturkritische Haltung war eine verbreitete Reaktion auf die sichtbaren Veränderungen. Friedrich Nietzsche galt schon zeitgenössisch als einer der signifikantesten Skeptiker
dieser Zeit, und er ist gewiß einer der einflußreichsten und zugleich
schwierigsten deutschen Denker gewesen. So suchte nun ein Teil der
Kräfte nach Lösungen durch Bewahrung der Tradition, ein anderer Teil
strebte genau in die entgegengesetzte Richtung, wobei sich aber beide
Strömungen als fortschrittlich begriffen.

Die Jahrzehnte nach etwa 1890 waren künstlerisch unruhige und
zugleich fruchtbare Zeiten, und es ist ein Leichtes, in der Kunst dieser
Zeit avantgardistische Werke ausfindig zu machen, die das Diktum von
einer epochalen Wende bestätigen – beispielsweise die impressionisti-
schen Gemälde. Die ersten Produkte des Kunstgewerbes, die auf die
Moderne vorauswiesen, kamen auf den Markt. In der Architektur, insbesondere im Bereich des Wohnungsbaus mehrten sich die Reformen
einfordernden Stimmen. Experimentierfreudiger Geist belebte die
Architektur, die Malerei (in Deutschland allerdings wenig) und das
Kunstgewerbe. Die Folge war eine Formenvielfalt insbesondere auch in

der Architektur, die es der rückblickenden Forschung – die gern stringente Entwicklungslinien aufzeigt – seit jeher schwer gemacht hat, das reiche Schaffen der Zeit bis zum Ersten Weltkrieg zu strukturieren. Die Reichsbauabteilung hielt in diesen Jahren zunächst an der internationalen Neurenaissance fest: Im Jahr 1894 wurde der Reichstag eingeweiht, das Reichsgericht in Leipzig folgte ein Jahr später. Nicht anders verhielt es sich in Wien, wo die letzten Neurenaissancebauten der Ringstraße erst nach der Jahrhundertwende vollendet worden sind. Doch stieß die Neurenaissance nach 1890 an ihre Grenzen, dieser Baustil bot kaum noch Entwicklungsmöglichkeiten, lebte sich allein noch im kommerziellen Wohnbau, indes ohne jegliche Innovationskraft, bis nach der Jahrhundertwende aus; der Neubarock erwies sich als eine Facette von etwas längerer Dauer.

In den 1890er Jahren sahen sich viele Erörterungen zur Architektur noch einmal mit der Frage konfrontiert, welcher Baustil dem nationalen Selbstverständnis Deutschlands angemessenen Ausdruck verleihen könnte. Solange der Historismus noch eine lebendige Richtung darstellte, konnte die *deutsche Neurenaissance* als eine der überzeugendsten Antworten hinsichtlich dieser Problematik gelten. Sie löste einen ideologischen Anspruch ein, den die internationale Neurenaissance nicht erfüllen konnte, und begriff sich zudem als bürgerlich. Für das national gesonnene Bürgertum bot sie eine ideale Alternative. Die deutsche Neurenaissance, die sich beispielsweise an der Weserrenaissance orientiert hatte – einem Stil, der in eigentümlicher Weise gotische Formen mit italienischen Renaissanceelemente kombiniert hat – war nicht nur im bürgerlichen Villenbau, sondern auch im öffentlichen Bauwesen vor allem auf regionaler Ebene beliebt. Bei Rathäusern und Postbauten ist sie gern gewählt worden. Das (erhaltene) Reichspostamt von Julius Raschdorff in Braunschweig ist eins von vielen Beispielen dafür. Unter den zentralen Gebäuden der Reichsbauabteilung war die deutsche Neurenaissance in einem einzigen Fall zum Zuge gekommen: beim Reichspatentamt in Berlin.

Mit der streng historisierenden Neuromanik ist nach 1890 ein weiterer Versuch unternommen worden, einen deutschen Nationalstil zu (er)finden. Mit dem Rückgriff auf die rheinische Romanik gab es in diesem Fall ebenso wie bei der deutschen Neurenaissance historische Rückbezüge in deutsche Landschaften. Doch gerade in Deutschland ist diese (international wirksame) Architektur sehr »kunsthistorisch« geprägt gewesen, manche Kirchenbauten kamen fast Kopien mittelalterlicher Vorbilder gleich.[194] Das Ausklingen des stiltreuen Historismus an der Jahrhundertwende brachte auch der Neuromanik, ebenso wie der deutschen Neurenaissance das Ende. Außerdem hatte Wilhelm II. sie eine Zeit lang als seinen Herrschaftsstil reklamiert, wodurch sie im Deutschen Reich einen exklusiven Charakter erhalten hatte. Ihr ideologischer Stellenwert für das nationale Selbstverständnis war nichtsdestoweniger sehr hoch.

Das Bauwesen sah sich gegen Ende des 19. Jahrhunderts ungeachtet aller Stilfragen mit drängenden praktischen Problemen konfrontiert. In den Großstädten herrschte Wohnungsmangel, die Wohnverhältnisse in Mietshäusern waren teilweise unerträglich. Kaum irgendwo ist das so offensichtlich geworden wie in Berlin. Bautechnische Aspekte gewannen an Bedeutung, die Errichtung volumenreicher Erker, Portale oder Fensterverdachungen war zu kostspielig geworden. Für die Masse der Bauten, die jetzt noch immer gebaut werden mußte, war eine zeitgemäße, nicht zu elitäre, zugleich praktikable Bauform zu finden. Viele Architekten und Architekturkritiker strebten darum eine Erneuerung des Bauwesens an. Die in den 1890er Jahren aufbrechenden Reformbewegungen haben schließlich die Grundlagen für die Architektur des 20. Jahrhunderts geschaffen und die Moderne vorbereitet.

Die Gartenstadtbewegung lieferte dem Siedlungsbau wichtige Impulse. Gerade in diesem Bereich entstanden nach 1900 erstmals Bauten nahezu ohne Gesimse und Ornament. Heinrich Tessenow (1876–1950)[195] und Hermann Muthesius (1861–1927) entwarfen trotz ihrer Orientierung an traditionellen Formen Architektur von zukunftsweisender Bedeutung. Die Heimatbewegung berief sich zur gleichen Zeit zwar erklärtermaßen programmatisch auf die Tradition, blickte dabei aber konzentriert auf einfache Bauten wie Bauernhäuser. Sie grenzte sich damit – aus damaliger Sicht – in fortschrittlicher Weise von der nun als akademisch und elitär abqualifizierten Stilarchitektur ab.

In der deutschen Architekturgeschichte spielten »Heimatstil« beziehungsweise »Heimatarchitektur« eine bedeutende Rolle. Sie sind – nicht ohne Ambivalenzen – recht gründlich untersucht worden.[196] Die Heimatbewegung gilt rückblickend als die reaktionärste der nach 1890 aufbrechenden Reformbewegungen, vor allem auch, weil sie sich 1933 umgehend dem Nationalsozialismus andiente. Aber man wird ihr aus einem ausschließlich politischen Blickwinkel nicht gerecht. Sie war in Deutschland nur signifikantester Ausdruck starker regionalistischer Tendenzen, die in ganz Europa nachhaltig gewirkt haben.

Der Industriebau war neben dem Siedlungsbau die zweite Domäne für Innovationen ohne starke Einschränkungen durch traditionelle Bindungen. Zahlreiche Architekturbüros schufen zukunftsweisende Architektur für aufstrebende Betriebe, wovon vieles aber noch weitgehend unbekannt ist. Die berühmt gewordenen Bauten des Peter Behrens für die AEG in Berlin haben Architekturgeschichte gemacht, und mit dem Faguswerk des Walter Gropius in Alfeld aus dem Jahr 1911 war ein entscheidender Schritt vollzogen, der doch schon so lange nahegelegen hatte. Die Industriearchitektur und die Industrialisierung der Fertigung von Bauelementen haben der Moderne schließlich Formen und Materialien an die Hand gegeben, um die endgültige Trennung vom Historismus in der Architektur vollziehen zu können.

Nichtsdestoweniger griff man auch in dieser Zeit noch einmal gezielt auf einen historischen Baustil zurück, diesmal jedoch nicht im akademischen Gewand der »Stilarchitektur«, sondern in der schlichtesten Form, welche die Architekturgeschichte zu bieten hatte: Noch einmal ist der Klassizismus beschworen worden. Im Jahr 1908 veröffentlichte Paul Mebes sein Buch »Um 1800«.[197] Den größten Anteil hat darin eine Bildersammlung von Bauten aus der Zeit des späten 18. und des frühen 19. Jahrhunderts, die er als Vorbilder für neue Architektur publizierte. Paul Mebes (1872–1938) ist im Jahr 1906 Architekt des Berliner Beamten Wohnungsbau Vereines geworden.[198] Er gelangte mit seinen Werken nicht zu so großem Ruhm wie beispielsweise Ludwig Hoffmann – es war vor allem sein Buch, das in Erinnerung blieb –, dennoch ist gerade sein architektonisches Œuvre signifikant für den sich anbahnenden Umbruch zur Moderne. Mebes selbst forderte Einfachheit sowie Zweckmäßigkeit und prognostizierte einen neuen Baustil. »Die erste und letzte Forderung sei und bleibe gerichtet auf die Wiedererlangung einer einheitlichen, auch dem Volke verständlichen Kunstsprache.«[199] Nach dem Ersten Weltkrieg errichtete er dann selbst moderne Siedlungen mit Flachdächern, zum Beispiel die Wohnanlage Werrablock in Berlin 1924–1926 und viele andere. Zunächst war ihm jedoch klassizistische Schlichtheit eine befriedigende Zwischenlösung gewesen. Ganz ähnlich hatte sich auch Karl Scheffler in seinem vielgelesenen Buch »Die Architektur der Großstadt« im Jahr 1913 geäußert, der ebenfalls auf die Zeit um 1800 verwiesen hat und dann ganz konkret einen internationalen Baustil für die Zukunft prognostizierte. »Man mag sich sehr wohl eine Art von Weltnutzarchitektur vorzustellen, der wenige große Stillinien zugrunde liegen, gewonnen aus den international gültigen, industriellen Arbeitsbedingungen, aus dem Industriematerial des Beton und aus den Instinkten einer weltumspannenden Unternehmerästhetik.«[200] Damit ist Scheffler einer der ersten Propagandisten des internationalen Stiles gewesen, als der die Moderne dann ihren weltweiten Siegeszug antrat. Gerade die Werke eines Paul Mebes verdeutlichen, wie der Neoklassizismus als ein entscheidender Wegbereiter der Architektur der Moderne fungierte. Im Schaffen vieler Architekten der Moderne hat es neoklassizistische Frühphasen gegeben, so bei Peter Behrens (s. u. die Botschaft in St. Petersburg) und auch bei Frank Lloyd Wright kurz nach 1890.[201]

Der vormoderne Siedlungs- und Wohnungsbau in neoklassizistischen Formen hinterließ riesige Bauvolumina. Ganze Stadtteile, beispielsweise in Berlin[202] und München, sind noch immer davon geprägt. In Hamburg schuf Fritz Schumacher (1869–1948) noch großenteils erhaltene Wohnsiedlungen.[203] Auch ein Teil der Werke von Theodor Fischer (1862–1938)[204] und von Ludwig Hoffmann in Berlin gehören in diesen Zusammenhang. Das Giebeldach ist hier die Regel, es gibt vielfach schlichte Lisenen an den Fassaden, Stuckdekor wird sehr sparsam und vorwiegend flächig eingesetzt. Dieser »rigoristische Traditionalismus« versuchte das Überlieferte durch Reduktion aus seiner Geschichtlichkeit herauszulösen, um es in die Gegenwart integrieren zu können.[205]

Zu den schmerzlichen Desideraten der deutschen Architekturgeschichte gehört aber das Fehlen eines verbindlichen Begriffes für diese Architektur. Das hat, neben politischen Vorbehalten, zu dem geringen Wissen und Verständnis beigetragen, das diesen Bauten entgegengebracht wird. Die intensive Erforschung der Moderne und ihrer Wurzeln hat den Blick verengt. So konnte es geschehen, daß der bei weitem größte Teil des Bauschaffens von etwa 1890 bis in die Zwischenkriegszeit noch immer unzureichend untersucht ist.[206]

Im angelsächsischen Bereich wird für diese Bauten der Begriff »traditionelle Architektur« gebraucht. Eine Übertragung auf Deutschland erscheint zunächst verlockend, doch steht dem eine recht präzise Charakterisierung der Heimatarchitektur entgegen, womit ein größerer Teil der deutschen Architektur dieser Zeit bereits benannt ist. In jüngerer Zeit ist ein Teil des Bauschaffens mit dem Begriff »Neubiedermeier« bezeichnet worden, ohne daß damit aber ein bestimmter Baustil faßbar charakterisiert worden wäre.[207] Auch Julius Posener sprach bereits beiläufig von Neobiedermeier. Diese Bezeichnung beinhaltet jedoch eine negative Wertung, die den durchaus vorhanden gewesenen innovativen Tendenzen im neoklassizistischen Gewand nicht gerecht wird.

So schlecht sich die Forschungslage zu dieser Architektur auch noch darstellt, so offen liegt ihr Beitrag zum Ende der akademischen Stilarchitektur zutage, womit sie den Weg in die Moderne ebnete.[208] Die neuen Entwicklungen in der Architektur der Zeit nach 1890 sind im öffentlichen Bauwesen zögerlicher rezipiert worden als im Industriebürgertum, das seine Wirtschaftskraft in zeitgemäßen Zweck- und Wohnbauten zur Schau stellte. Der Rückblick auf die Zeit um 1800, auf den Klassizismus, bot jedoch auch für repräsentative Bauten Möglichkeiten. Das zeigt wie kaum ein anderes Projekt die kurz vor dem Ersten Weltkrieg vollendete Kaiserlich-Deutsche Botschaft in St. Petersburg von Peter Behrens. Die Weimarer Republik beschäftigte sich ebenfalls mit dem Neoklassizismus. Die Nationalsozialisten reklamierten ihn nach der Machtergreifung sogleich für sich und monumentalisierten ihn mit gigantomanischen Planungen, wodurch dieser Baustil zumindest in Deutschland so nachhaltig diskreditiert worden ist, daß ein unbefangener Umgang mit ihm kaum noch möglich erscheint. In seinen Anfängen war dieser Baustil allerdings gar nicht so einschlägig ausgerichtet: Die Kaiserlich-Deutsche Botschaft in St. Petersburg hat dem Kaiser und der alten Herrschaftselite nämlich gar nicht gefallen. Gerade dieser Bau umfaßt in faszinierender Weise zugleich konservative und fortschrittliche Aspekte.

Die Aufgabenstellung der Reichsbauabteilung war nach 1890 eine andere als zur Zeit der Reichsgründung. Die Mehrzahl der für den neuen Staat dringend erforderlichen Bauten war nun vollendet oder zumindest mit ihrer Errichtung begonnen. Die Zahl der Bauwerke, die es nach dieser Zeit zu berücksichtigen gilt, ist darum nicht sehr groß. Diese äußeren Bedingungen haben mit dazu beigetragen, daß der internationalen Neurenaissance der Löwenanteil an den Reichsbauten zukommt. Nach 1890 hat sich die Reichsbauabteilung dennoch den neuen Richtungen geöffnet, und so entstanden Bauten in verschiedenen zeitgemäßen Stilen. Die Reichsbauabteilung ist deshalb nicht zu einem Hort der Avantgarde in der Architektur geworden, doch sie bewies abermals Aufgeschlossenheit für innovative Entwicklungen.

Die Neuromanik: der »neue deutsche Stil«

Als in den 1890er Jahren noch einmal vehement die Frage in den Vordergrund rückte, welcher Baustil als national im deutschen Sinne gelten könne, begegnete man dieser Thematik – im Unterschied zum frühen

19. Jahrhundert – aus einer kunsthistorischen Perspektive, weshalb die Neugotik sogleich ausschied. Die internationale Neurenaissance bot in dieser Hinsicht ohnehin keinerlei Anhaltspunkte. Dafür wurde mit der Neuromanik nun ein weiterer Versuch unternommen, *den* deutschen Baustil zu finden beziehungsweise zu kreieren, was in der Tat etwas Bestechendes an sich hatte, denn mit der rheinischen Romanik, der in diesem Zusammenhang die höchste Aufmerksamkeit geschenkt worden ist, sind Bauformen überliefert, die es in anderen Ländern und Regionen Europas so nicht gibt. Selbstverständlich handelt es sich dabei ›nur‹ um eine der schönsten und reichsten Varianten dieser mittelalterlichen Baukunst, die gar nichts mit dem Nationbegriff des 19. Jahrhunderts verbindet. Schon bald mußte deshalb auch hinsichtlich der Romanik akzeptiert werden, daß die Architektur des Mittelalters sich nicht den nationalen Topographien des 19. Jahrhunderts unterordnen ließ.[209]

Die um 1890 einsetzende Begeisterung für die Neuromanik in der deutschen Architektur hatte sich im Schrifttum der vorangegangenen Jahrzehnte bereits angekündigt. Der Kunsthistoriker Franz Kugler (1808–1858), Referent für Kunstangelegenheiten im preußischen Kultusministerium, hatte gegen Ende seines Lebens geschrieben: »Der Begriff des romanischen Styles findet in der deutschen Architektur seine vorzügliche charakteristische Erfüllung.«[210] Kugler meinte damit allerdings eine besonders enge Anlehnung an altchristliche Traditionen, es war keineswegs seine Absicht gewesen, einen historischen Baustil zu nationalisieren. Doch engten spätere Autoren den Begriff ›deutsche Romanik‹ in nationaler Hinsicht zunehmend ein. Der Altvater deutscher Kunstgeschichte, Georg Dehio, und Gustav von Bezold, die beide die deutsche Kunstlandschaft wie kaum jemand sonst kannten und gemeinsam ein bis heute fortgeführtes Nachschlagewerk zur deutschen Baukunst (den ›Dehio‹) erarbeiteten, schrieben 1892, der romanische Stil habe »seine früheste Ausbildung wie seine höchste Blüte« durch die Germanen erhalten.[211] Dieser Aussage unterlag allerdings kein völkischer Sinn, wie er sich zu Beginn des 20. Jahrhunderts mit dem Germanismus ausprägen sollte. Es ging vielmehr um Kunstlandschaften im weitesten Sinne: England, die Lombardei, Burgund, Nordfrankreich und die Normandie waren hier eingeschlossen.

Die definitive Nationalisierung des romanischen Baustiles vollzog sich denn auch eher am Rande beziehungsweise außerhalb der eigentlichen Fachwissenschaft. K. E. O. Fritsch etwa bezeichnete 1888 die Romanik als »unsere eigentliche *nationale* Bauweise, in welcher der

Genius deutscher Kunst seine größten und eigenartigsten, von keinem anderen Volk errichteten Denkmale geschaffen hat« [Kursivschrift im Originaltext].[212] Ernst Freiherr von Mirbach ging 1897 noch einen Schritt weiter, indem er forderte, von dem germanischen und nicht von dem romanischen Baustil zu sprechen.[213] Nun war der Rheinländer Mirbach zwar kein Kunsthistoriker und blieb somit ohne Einfluß auf die fachwissenschaftlichen Diskussionen, dafür war er aber seit 1881 Kammerherr des Kronprinzen Wilhelm, des zukünftigen Kaisers. Mirbach hat einen sehr wichtigen Beitrag zur Romanik-Begeisterung Wilhelm II. geleistet. Und der Kaiser selbst hat sich schon bald nach seinem Regierungsantritt als Protektor der Neuromanik stilisiert.

»In den Wintermonaten 1889/90 und im Frühjahr 1890 beschäftigte sich der Kaiser mit Vorliebe mit romanischen Bauten. Er ließ sich eine große Zahl von Photographien der altberühmten romanischen Kirchen des Rheinlandes mit den Abbildungen zahlreicher Details, namentlich der mannigfachen Ornamente, vorlegen. Seine Lieblingsbauten waren die Pfarrkirche und der Kaiserpalast in Gelnhausen aus der Hohenstaufenzeit, Limburg, Maria-Laach, Andernach, Sinzig, der Bonner Münster, Schwarz-Rheindorf, die bekannten romanischen Kirchen Kölns u. a. Dann wurden für ihn Abgüsse der Ornamente, besonders aus Gelnhausen, Maria-Laach, Bonn usw. angefertigt.« Das berichtete Paul Seidel, Dirigent der Kunstsammlungen in den königlichen Schlössern und Direktor des Hohenzollernmuseums, im Jahr 1907 in seinem Huldigungswerk »Der Kaiser und die Kunst«.[214] Selbstverständlich ist Wilhelm II. nicht der Initiator dieses Stiles gewesen, er griff vielmehr — wie so oft — aufmerksam und schnell eine neue Mode auf, die sich äußerst günstig in sein Geschichtsbild und sein Selbstverständnis als Kaiser einfügen ließ. Wilhelm II. erweist sich auch hier als talentierter Kompilator. Diese dynastische Initiative verlieh diesem Baustil — zumindest in Deutschland — einen exklusiven Charakter, weshalb Wolfgang Herrmann die deutsche Neuromanik zugespitzt als kaiserliche »Symbolarchitektur« bezeichnete.[215]

Im Konzert der historistischen Architektur spielte die Neuromanik schon vor der Jahrhundertmitte eine gewisse Rolle, wenn auch eher im Hintergrund. Lange Zeit blieb sie eine untergeordnete Strömung, noch stark vom Klassizismus geprägt und auf den Kirchenbau konzentriert, um erst im letzten Jahrzehnt des Jahrhunderts wirkungsvoll hervorzutreten. Nichtsdestoweniger gibt es auch aus der Frühzeit eindrucksvolle, teilweise sehr qualitätvolle Bauten.[216] Im Rheinland haben Architekten wie Ernst Friedrich Zwirner (1802–1861) und Johann Claudius von Lassaulx (1781–1848) an der Ausprägung dieses Stiles richtungweisend mitgewirkt. In Süddeutschland schuf Friedrich von Gärtner (1792–1847) bedeutende neuromanische Bauten, welche in der Münchner Ludwigstraße hauptsächlich an italienischen Vorbildern orientiert sind. Gärtner ist durch Heinrich Hübsch (1795–1863) beeinflußt worden, der im deutschen Südwesten in neuromanischen Formen gebaut hat. Der west- und süddeutschen Neuromanik entsprach in Preußen der Rundbogenstil, der Motive der christlichen Spätantike aufgenommen hatte; Ludwig Persius und Friedrich August Stüler schufen entscheidende Bauten dieser einflußreichen Richtung.

Während die Neuromanik der Jahrhundertmitte deutliche regionale Akzente gesetzt hat, wurde sie in den 1880er Jahre zu einer internationalen Erscheinung mit wechselseitigen Beeinflussungen, die wichtige Anregungen aus Amerika empfing. Bereits in den 1870er Jahren hat der Amerikaner Henry Hobson Richardson (1838–1886) Bauten errichtet, die als »Richardson Romanesque« einen hohen Bekanntheitsgrad erlangten.[217] Richardson hatte kurze Zeit in Paris an der École des Beaux-Arts studiert und dann im Architekturbüro von Théodore Labrouste (1799–1885) gearbeitet. Aus seinen Bauten spricht eine Kenntnis der französischen Hochromanik, dennoch sind die Formen so verwandelt, daß von einem stiltreuen Nachempfinden, wie es im neuromanischen deutschen Kirchenbau der 1890er Jahre oft zu sehen ist, keine Rede sein kann. Richardson handhabte sein von der Romanik abgeleitetes Formenvokabular so flexibel, daß er sowohl Kirchen als auch fast alle anderen Bauaufgaben verwirklichen konnte.

Das »Richardson Romanesque« wirkte in Deutschland auf die monumentalisierte Neuromanik der Jahrhundertwende. In dieser Zeit spielte die stiltreue Nachempfindung mittelalterlicher Vorbilder keine so große Rolle mehr wie kurz nach 1890, vielmehr flossen nun ägyptische und assyrische Motive in die zunehmende Tendenz zur Vereinfachung und Monumentalisierung ein. Der für mehrere deutsche Nationaldenkmäler in Auftrag genommene deutsche Architekt Bruno Schmitz, der Richardsons Bauten von einer Amerikareise aus eigener Anschauung kannte, gehörte zu denen, die aus der Neuromanik der 1890er Jahre einen stark veränderten Baustil entwickelten, weit vom Historismus entfernt. Es gibt noch immer keinen allgemeingültigen Namen für diesen Baustil, der in den zahlreichen (nur in den alten Bundesländern erhaltenen) Bismarcktürmen ebenso seinen Ausdruck fand wie im Leipziger

Völkerschlachtdenkmal, auch der gut erhaltene Stuttgarter Bahnhof von Paul Bonatz und Friedrich Eugen Scholer (errichtet 1911–1928) ist in diesem Zusammenhang zu nennen. Von »Zyklopenstil« wurde gesprochen[218], ebenso von »monumentalem Sakralismus«[219]. Mit der Bezeichnung »völkische Architektur« wurde der auf seine Weise durchaus überzeugende Versuch der politischen Verankerung in einer deutschen Gesellschaftsgruppe gemacht.[220] Versuchsweise eingeführte Begriffe wie »Teutonismus« beziehungsweise »Neuteutonenstil«[221] täuschen aber leicht darüber hinweg, daß es sich um eine internationale Erscheinung handelte. Mit diesem Baustil konnte sich das Bürgertum leichter identifizieren als mit der stiltreuen Neuromanik Kaiser Wilhelm II. Die monumentalisierte Neuromanik ist für kurze Zeit ein sehr beliebter Baustil des radikal-nationalistischen Bürgertums geworden, das sich innerlich bereits von der Monarchie zu entfernen begann.

Die stiltreue Neuromanik ist im Rahmen der offiziellen Architektur des Deutschen Kaiserreiches von hoher ideologischer Bedeutung gewesen, viel diskutiert finden sich ungezählte Beiträge über diesen Stil in den Bauzeitschriften. Im Kirchenbau spielte sie bei der konfessionellen Selbstdarstellung eine wichtige Rolle: Die katholischen Neugotiker im Rheinland konnten sich nicht mit ihr anfreunden, wiewohl es auch im deutschen Katholizismus eine Reihe einflußreicher Befürworter dieses Baustiles – und viele neuromanische Kirchen – gab. Auch im Synagogenbau besaß die Neuromanik eine große Bedeutung, hier galt sie als Zeichen jüdischer Integration in den deutschen Staat.[222] Festzuhalten bleibt indes, daß die Reichsbauabteilung selbst mit einer ganz anders gearteten Ausnahme (dem Reichsgesundheitsamt, s. S. 92 u. Abb. 39) gar nicht neuromanisch gebaut hat: Die berühmte Kaiser-Wilhelm-Gedächtniskirche in Berlin war eine Denkmalkirche, die auf einer dynastischen Initiative beruhte und durch Spenden finanziert wurde, und das große Kaiserschloß in Posen ist von Kaiser Wilhelm II. persönlich in Auftrag gegeben sowie von der Schloßbauverwaltung ausgeführt worden, wodurch es sich ganz erheblich von der Entstehung des Straßburger Kaiserpalastes unterscheidet. Die größte Nähe zum Reich haben die neuromanischen Bauten in Metz, die von der Reichspost und der Reichseisenbahn errichtet worden sind, nicht aber von der Reichsbauabteilung.

Mit dem Regierungsantritt Wilhelm II. im Jahr 1888 genügt der an den Verwaltungsstrukturen orientierte methodische Blick auf die Werke der Reichsbauabteilung und anderer Reichsorgane nicht mehr, es müssen auch Bauten aus anderen Zuständigkeitsbereichen berücksichtigt werden, denn erst Wilhelm II. erkannte die Möglichkeiten, die die Architektur zur Selbstdarstellung der Nation bot, und er übte einen weit über den Zuständigkeitsbereich der Reichsbauabteilung hinausgehenden Einfluß aus. Darum gehören beispielsweise die Bauten in Jerusalem, obwohl es sich nicht um Reichsbauten handelt, unbedingt in diesen Zusammenhang, denn Wilhelm II. hat sie ausdrücklich im neuromanischen Stil gewünscht – und das auch durchsetzen können.

Um 1890 ist im Zusammenhang mit öffentlichen Bauten die Frage nach *dem* deutschen Baustil in nachdrücklicher und vieler Hinsicht ganz neuer Weise gestellt worden. Ideologische Aspekte spielten nun eine konkretere Rolle als in der Reichsgründungsära. Architektur- und Ideengeschichte gingen in der deutschen Neuromanik für kurze Zeit eine enge Verbindung ein – was gar nicht so oft geschieht und auch nur bezüglich weniger Projekte in vollem Umfang gültig ist. Insgesamt blieb die Zahl neuromanischer Bauten dennoch relativ klein, es gibt kein quantitatives Korrelat zu ihrer ideologischen Bedeutung.

Die Kaiser-Wilhelm-Gedächtniskirche

Am 22. März 1891 wurde in Berlin der Grundstein zur Errichtung der Kaiser-Wilhelm-Gedächtniskirche gelegt. Am 1. September 1895, dem »Sedantag«, der zu einem halboffiziellen Nationalfeiertag des Kaiserreiches geworden war, konnte sie eingeweiht werden (Abb. 112). Wilhelm II. trieb die Realisierung dieses zu Ehren seines Großvaters errichteten Baus mit großem Nachdruck voran. An der Ausführung war er beständig beteiligt und besuchte wiederholt die Baustelle. Es war ein dynastisches Bauwerk, wesentlich von einem Hohenzollern für einen Hohenzollern gestaltet.[223] Das offizielle Gedenken des Deutschen Reiches für Wilhelm I. kam dagegen im Kaiser-Wilhelm-Denkmal auf der Schloßfreiheit zum Ausdruck (Abb. 6).

Trotz maßgeblicher inhaltlicher Einflußnahme finanzierte die Kaiserfamilie nur einen Bruchteil der Baukosten. Die Gelder für den 6,8 Millionen Mark teuren Bau waren vielmehr in der Öffentlichkeit gesammelt worden; als Hauptgeldgeber fungierten die Provinzen, allen voran die sächsische.[224] Die Organisation hielt ein Bauverein in den Händen, dem Ernst Freiherr von Mirbach vorstand. Aus dem vor Baubeginn ausgeschriebenen Wettbewerb ging der Architekt Franz Schwechten

112 Berlin, Kaiser-Wilhelm-Gedächtniskirche, Auguste-Victoria-Platz (heute Breitscheidplatz). Franz Schwechten 1891–1895 (als Kriegsruine erhalten)

(1841–1924) als Sieger hervor. Wilhelm I. und seine Frau Auguste Victoria hatten dessen neuromanischen Entwurf ausgewählt, der Bauverein stimmte erst an zweiter Stelle zu.

Trotz der Zerstörungen im Zweiten Weltkrieg dominiert der Turm der Kaiser-Wilhelm-Gedächtniskirche am Breitscheidplatz (früher Auguste-Victoria-Platz) noch immer den Berliner Stadtteil um Kurfürstendamm und Bahnhof Zoo. Nicht weniger als fünf Türme und zwei Querschiffe besaß der imposante Bau ursprünglich. Das Innere war aufwendig ausgestaltet worden (Abb. 113), die Vorhalle mit farbigem Mosaik dekoriert, das beispielsweise den noch heute erhaltenen Hohenzollernzug zeigt, in dem lebende und verstorbene Mitglieder der Königsfamilie das Kreuz verehren. In diesem Bildprogramm verbirgt sich latent die damals längst Geschichte gewordene Vorstellung vom Gottesgnadentum. So sehr dieser Gedanke schon damals kritisiert und belächelt worden ist, so wurde er doch von den Hohenzollern bis zur Abdankung Wilhelms II. wiederholt und in diesem Kirchenbau demonstrativ zur Schau gestellt. Das war eine wichtige inhaltliche Aussage der Kaiser-Wilhelm-Gedächtniskirche, die architektonisch der Neuromanik in Deutschland zum Durchbruch verhalf.

Die Bauformen der Kaiser-Wilhelm-Gedächtniskirche lehnten sich eng an Motive romanischer Kirchen des Rheinlandes an, was insofern nicht überrascht, als Schwechten gebürtiger Kölner gewesen ist. Die asymmetrische Ausrichtung der Kirche im Straßennetz orientierte sich an der Lage des Bonner Münsters zum dortigen Münsterplatz, ein historischer Rückbezug, den Kaiser Wilhelm II. ausdrücklich wünschte. Der markante Chor empfindet den Chor der Marienkirche in Gelnhausen nach, wie sich überhaupt viele Detailmotive in der rheinischen Romanik minutiös nachweisen lassen: Zwerggalerien auf Seitenapsiden, Schallarkaden, Rundbogenfriese usw. Der Wunsch nach genauer Nachbildung historischer Architektur ging so weit, daß die Fassaden mit Tuff bekleidet wurden, wie er in der Eifel gebrochen wird und für die rheinischen Kirchen Verwendung gefunden hatte. In Brandenburg war dieses Material dagegen ganz fremd, und überdies ist dieses weiche Gestein im kontinentalen Klima der Mark nicht sehr dauerhaft.

Die Kaiser-Wilhelm-Gedächtniskirche war dem Gedenken an Wilhelm I. gewidmet. Das war allerdings nicht die einzige Veranlassung für ihre Errichtung, denn sie entstand im Kontext einer evangelischen Kirchenbauinitiative, die in dem 1890 unter dem Protektorat der Kaiserin gegründeten »Evangelischen Kirchenbau-Verein« ihren organisatori-

113 Berlin, Kaiser-Wilhelm-Gedächtniskirche. Chor mit Hauptapsis

schen Rahmen gefunden hat. Dieser Verein förderte die Errichtung einiger hundert evangelischer Kirchen – sehr viele davon im neuromanischen Stil. Die Gründungsphase des Vereines verlief allerdings politisch ebenso brisant wie aufschlußreich, denn am Anfang stand die skandalöse »Stoecker-Versammlung« in Berlin.

Der konservative, antisemitische Hofprediger Adolf Stoecker (1835–1909) und seine Vertrauten hatten im Jahr 1887 Kronprinz Wilhelm, der ein Jahr später Kaiser werden sollte, eingeladen, um ihn als Kombattanten im Kampf gegen eine stärkere Verkirchlichung des öffentlichen Lebens zu gewinnen. Helmuth Plessner hat schon 1935 nachdrücklich darauf hingewiesen, daß im orthodoxen Protestantismus die Gefahr einer »Weltfrömmigkeit« verborgen lag, d. h. der Ausrichtung von moralischen Ansprüchen auf die Gesellschaft in religiösen Formen.[225] Wie immer man zu dieser Einschätzung stehen mag, so kam doch der Stoecker-Versammlung eine größere politische Bedeutung zu, als es von außen den Anschein hatte, denn sie richtete sich in krasser Form gegen die Opposition, die »Fortschrittsleute«, die »Judenschaft« und einen großen »Theil des Auslandes«.[226] In dem Skandal, der nach dem Bekanntwerden der Versammlung losbrach, geriet Wilhelm erstmals mit Bismarck aneinander. Bismarck schrieb den berühmt gewordenen »Erziehungsbrief«, wodurch sich Wilhelm bloßgestellt fühlte. Der Bruch zwischen dem späteren Kaiser und seinem Kanzler war hier bereits angelegt.

Aus der heiklen Stoecker-Versammlung ging schließlich allein der unauffällige »Evangelisch-Kirchliche-Hilfsverein« hervor, den Prinzessin Auguste Victoria 1888 gründete. Zwei Jahre später folgte dann der Kirchenbau-Verein. Die mit seiner Hilfe errichteten Gotteshäuser veranschaulichen in seltener Eindeutigkeit die Verknüpfung von Architektur mit moralischen beziehungsweise politischen Absichten.[227] Ein ganz unaufgeklärter Idealismus hat auf die Formenbildung unmittelbar eingewirkt. Dies war der Humus, auf dem die von Wilhelm II. geförderte Neuromanik blühen konnte. Wilhelm II. trat in dieser Hinsicht das Erbe Friedrich Wilhelm IV. an, während Wilhelm I. wenig Sinn für solche Ideen gehabt hat. Nach und nach wurde durch Wilhelm II. die christliche Bindung jedoch in Richtung auf eine nationale verschoben.

Die Pilgerstätten in Jerusalem

Palästina und mit ihm Jerusalem gehörten im späten 19. Jahrhundert zum Osmanischen Reich. Die religiöse Bedeutung der Heiligen Stadt für alle Konfessionen der Christenheit hatte Jerusalem dennoch einen herausgehobenen Status gesichert. Viele Länder unterhielten hier Häuser für ihre Pilger. Die evangelischen Christen aus Deutschland hatten in der Stadt 1841 ein englisch-preußisches Bistum mitbegründet. Die Preußen schieden jedoch 1885 aus, um die »Evangelische Jerusalem Stiftung« zu gründen. Auch die deutschen Katholiken organisierten sich in Palästina in einem Verein, 1895 entstand aus Vorläufern der »Verein vom Heiligen Land«. Politisch standen die Katholiken unter dem Protektorat Frankreichs, das vom Vatikan darin nachdrücklich unterstützt worden ist.

Die Brisanz der sich in Jerusalem überlagernden politischen Interessen zeigte sich anläßlich einer Orientreise Wilhelm II. im Jahr 1898. Zunächst war der Kaiser nach Konstantinopel gereist, wo er den international wie innenpolitisch umstrittenen Sultan Abdul Hamid besuchte. Das forderte den Zorn Frankreichs und Rußlands heraus, während England zunächst abwartete. Anschließend reiste Wilhelm II. nach Jerusalem, um die neue evangelische Erlöserkirche einzuweihen (Abb. 114). Bei dieser Gelegenheit schenkte er dem »Verein vom Heiligen Land« ein über der legendären Todesstätte Mariens, der Dormitio, gelegenes Grundstück. Das Deutsche Reich unterstützte damit die deutschen Katholiken in Palästina und setzte so ein deutliches Zeichen gegen das französische Protektorat; auch der Vatikan zeigte sich deshalb verstimmt.

Lange Zeit hatten den deutschen Wallfahrern eigene Pilgerstätten in Jerusalem gefehlt. Unter Friedrich Wilhelm IV. war über die Errichtung von Gebäuden und Kirchen nachgedacht worden; Karl Friedrich Schinkel hatte einen Entwurf für eine neue Grabeskirche angefertigt. Kronprinz Friedrich III. erwarb 1869 in Jerusalem ein Grundstück für einen evangelischen Kirchenbau, aber erst unter Wilhelm II. konnte die Erlöserkirche vollendet werden. Die Katholiken bauten nach der kaiserlichen Orientreise über der Dormitio ein Benediktinerkloster mit Kirche. Viele Jahre später wurde für die evangelischen Christen aus Deutschland auf dem Ölberg die Kaiserin-Auguste-Victoria-Stiftung errichtet.

Die vor und nach der Orientreise Kaiser Wilhelms II. fertiggestellten deutschen Neubauten in Jerusalem waren politisch nicht ohne Brisanz, weshalb sich geradezu die Frage aufdrängt, wie sich das Deutsche Reich architektonisch nicht nur vor der Christenheit, sondern vor der Weltöffentlichkeit darstellte. Der Baustil der Pilgerstätten zieht darum besondere Aufmerksamkeit auf sich: Alle wurden in den Formen rheinischer Hochromanik als deutliches Kennzeichen ihrer Eigentümerschaft errichtet. Sie sind noch heute gut erhalten.[228]

Die evangelische Erlöserkirche entstand unweit der Grabeskirche auf dem Grundstück »Muristan« (Abb. 114). Vor Inangriffnahme der Arbeiten wurden hier die unter dem Boden erhaltenen Reste der ehemaligen Kirche St. Maria latina ergraben und freigelegt. Der mit historischen Bauten bestens vertraute preußische Architekt Friedrich Adler (1827–1908), Baurat und Dezernent für Kirchenbau im Ministerium der öffentlichen Arbeiten, entwarf die Kirche in klaren neuromanischen Formen, wobei sich der Grundriß an den Fundamenten des Vorgängerbaues orientierte. Wilhelm II. zeichnete den Entwurf für den Turm. (Im April 1893 hatte Wilhelm Rom besucht und bei dieser Gelegenheit in Tivoli einen romanischen Kirchturm gezeichnet. Diese Zeichnung bestimmte er zur Grundlage für Adlers Ausführungsentwurf.) Solche Partizipation war sehr charakteristisch für diesen Kaiser, der sich auch in vielen anderen Fällen bis in Einzelheiten mit der Gestaltung von Neubauten befaßt hat. Die Einweihung im Jahr 1898 wurde auf den Reformationstag gelegt, das europäische Ausland berichtete ausführlich darüber.

114 Jerusalem, Evangelische Erlöserkirche neben der Grabeskirche. Friedrich Adler 1893–1898

115 Jerusalem, Benediktinerkloster über der Dormitio Mariae. Heinrich
Renard 1900–1906

Die deutschen Katholiken errichteten über der Dormitio, unweit
des Abendmahlsaales, ein Benediktinerkloster mit Marienkirche als
katholisches Pilgerzentrum (Abb. 115). Architekt war der Kölner Erz-
diözesanbaumeister Heinrich Renard, der selbstverständlich ein guter
Kenner der rheinischen Romanik gewesen ist. Auch dieser Gebäudekomplex entstand nicht ohne die Zustimmung Wilhelms II. – obwohl
er nicht als Bauherr fungierte. Renard reiste im Januar des Jahres 1900
nach Berlin, um seine Entwürfe mit dem Kaiser abzustimmen. Noch in
demselben Jahr wurde der Grundstein gelegt, 1906 war das Kloster vollendet, 1910 konnte die Marienkirche geweiht werden. Die katholische
Pilgerstätte wird von dem Zentralbau des Gotteshauses mit vier Ecktürmchen und einem weit abgerückten Turm weithin geprägt. Das
Rund der Kirche Mariae Heimgang ist mit Motiven des Aachener
Doms sowie der Kirche St. Gereon in Köln verziert. Im Inneren des
achtseitigen Rundbaus sind Bogenöffnungen eingefügt, die sehr genau
die charakteristischen Bogenöffnungen im karolingischen Zentralbau
des Aachener Doms wiederholen. Die übrigen Bauten erwecken mit

ihrer bossierten Steinverkleidung einen fast burgartigen Charakter. Die Architektur nimmt mit den hellen Steinfassaden, dem zweischichtigen Mauerwerk des Kirchenchores und dem abgerückten Kirchturm mit einer kuppeligen Steinhaube Rücksicht auf die mediterrane beziehungsweise orientalische Umgebung. Über die insgesamt dennoch neuromanische Gestalt schrieb die *Deutsche Bauzeitung* 1911: »Innerhalb dieser allgemeinen Grenzen bleibt für den erfindungsreichen Künstler noch immer Gelegenheit genug, dem Gebäude, wie es hier geschehen ist, Formen aufzuprägen, die erkennen lassen, daß deutsche Kunst und deutsche Eigenart an dem Werke geschaffen haben.«[229] Die teilweise Kopien nahekommende Formwiederholung ganz konkreter romanischer Bauten im Rheinland galt den Architekten und dem Kaiser als adäquate deutsche Selbstdarstellung.

Das Kaiserpaar hatte während seiner Orientreise 1898 seine Unterstützung für die Errichtung einer großzügigen evangelischen Pilgerstätte zugesagt. Die Kaiserin-Auguste-Victoria-Stiftung war das letzte große Werk des Berliner Kirchenbau-Vereins. Aus technischen Gründen erfolgte die Grundsteinlegung erst 1907, drei Jahre später konnte der Berliner Architekt Robert Leibnitz den Bau vollenden (Abb. 116), zu dessen Einweihung Prinz Eitel Friedrich nach Jerusalem reiste. Die evangelische Pilgerstätte vermittelt nach außen einen wehrhaften, fast trutzigen Charakter. Der zweigeschossige Bau ist außen mit einem Arkadengang und vielen vortretenden Giebeln gegliedert. Ein Turm überragt die Anlage. Während die Außenerscheinung mit Einzelmotiven wie Portalen oder Giebeln mittelalterliche Bauten in Hildesheim,

116 Jerusalem, Kaiserin-Auguste-Victoria-Stiftung auf dem Ölberg. Robert Leibnitz 1907–1910

Goslar und Bamberg in allgemeiner Weise zitiert, folgt das Innere weit genauer historischen Vorbildern. Alle Räume gruppieren sich um einen Kreuzgang, der mit seiner Zweigeschossigkeit dem Kreuzgang des Hildesheimer Domes nachempfunden ist, aber in einem evangelischen Bau gar keine funktionale Bedeutung besitzt. Das Innere der Kirche ist nach dem Vorbild von St. Michael in Hildesheim gestaltet.

Die *Deutsche Bauzeitung* schrieb 1911: »Es war der Wunsch des Kaisers, daß die Stiftung im Stil der romanischen Kunstperiode aus der Zeit der Kreuzzüge erbaut und als deutsches Haus weithin erkannt werde.«[230] Der Architekt Robert Leibnitz meinte abschließend: »Als stolzes Wahrzeichen deutscher Macht und deutscher Kulturarbeit erhebt sich die Stiftung wie eine trutzige Burg auf der höchsten Kuppe des Ölberges.«[231] Nur selten ist in der Architekturgeschichte in solcher Deutlichkeit zur Sprache gebracht worden, welche Aussage mit einer Architektur vermittelt werden sollte. Jerusalem war ein politischer Höhepunkt der deutschen Neuromanik unter den Auspizien des Kaisers.

Bahnhof und Post in Metz

Die öffentlichen Neubauten in Metz markieren einen architektonischen Kurswechsel: Während in der Hauptstadt des Reichslandes Straßburg vorzugsweise im Stil der Neurenaissance gebaut worden war, wurden Bahnhof und Post als repräsentative Bauwerke neuromanisch ausgeführt – allerdings ohne Beteiligung der Reichsbauabteilung. Dabei sind die Architekturformen der Neubauten in Metz zunächst gar nicht durch die zuständigen Dienststellen (die Bauabteilungen der Reichseisenbahn und der Reichspost) beeinflußt worden, denn es wurde ein Architektenwettbewerb ausgeschrieben, in dem es hieß, »die Wahl der Architekturformen wird den Bewerbern freigestellt«.[232]

Den ersten Preis im Wettbewerb um den Bahnhof errang der Berliner Architekt Jürgen Kröger mit einem Jugendstilbau; unter den ersten Prämierungen fand sich kein neuromanischer Entwurf. Erst nach zwei Änderungen gab Kröger seinem Entwurf die neuromanischen Formen. Die entsprechenden Zeichnungen waren nach der 1902 gefaßten Neuregelung der Superrevision für Reichsbauten Kaiser Wilhelm II. vorzulegen, ob dieser allerdings auch in diesem Falle einen vergleichbaren Einfluß ausübte wie auf die Gestaltung des Hamburger Hauptbahnhofes und die maßgebliche Entscheidung für den neuromanischen Stil ge-

117 Metz, Hauptbahnhof. Jürgen Kröger 1906–1908

troffen hat, läßt sich nach derzeitigem Kenntnisstand nicht nachweisen. Die Gründe für die Modifizierung des Krögerschen Entwurfes bleiben weiterhin im Dunkeln.

Der Bahnhof in Metz ist in den Jahr 1906–1908 gebaut worden (Abb. 117). Seine Fassade ist unsymmetrisch gegliedert. Die große Halle ist mit einem durchfensterten Giebel ausgezeichnet, neben dem ein Uhrenturm mit Rautendach nach dem Vorbild romanischer Kirchen steht. In der bossierten Fassade finden sich romanische Rundbogenfenster, Säulen und Rundbogenfriese. Damit ist das Formenrepertoire der mittelalterlichen Romanik bereits wesentlich benannt, denn in den Details und mehr noch der Innenausstattung gibt es keine historistische Stiltreue mehr. Motive des Jugendstiles, schlichte geometrische Elemente und eine Neigung zur Monumentalisierung entsprachen dem zeitgenössischen Geschmack. Bei näherem Hinsehen erweist sich die Charakterisierung mit dem Begriff »Neuromanik« als unpräzise.

Die Reichspost sah sich veranlaßt, dem durch den Bahnhof vorgegebenen Stil zu folgen und errichtete ihr schräg gegenüberliegendes Postamt ebenfalls im neuromanischen Stil (Abb. 118), wobei dieser Bau sehr viel strenger an historischen Vorbildern orientiert ist als das Bahnhofsgebäude. Der Entwurf des 1911 vollendeten Gebäudes stammte

231

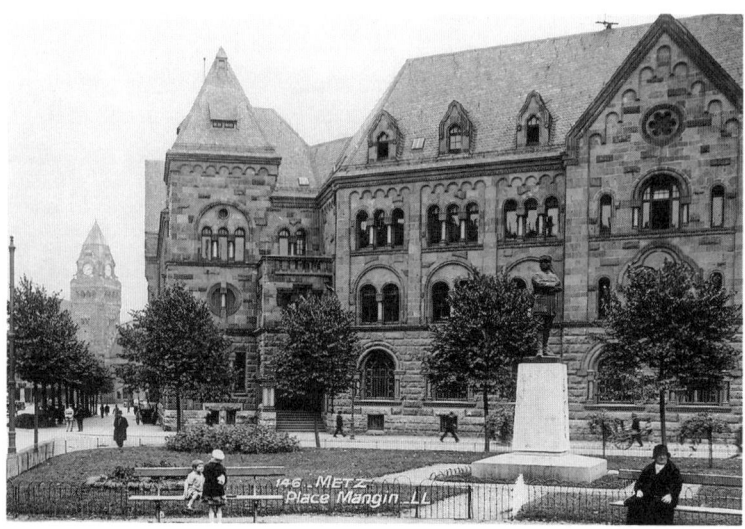

118 Metz, Reichspostgebäude. Rückseite. Jürgen Kröger 1908–1911

wiederum von Jürgen Kröger. Die Fenster des bossierten Erdgeschosses sind wie rundbogige Fenster im romanischen Kirchen- beziehungsweise Burgenbau gestaltet, und auch aus dem übrigen Repertoire hochmittelalterlicher Formen wurde mit Überfangbögen oder Schachbrettfriesen reicher Gebrauch gemacht.

Ein Teil des Stadtviertels um den Bahnhof in Metz ist mit diesen Bauten von der Neuromanik geprägt worden. Das war einerseits eine von nationalen Implikationen geprägte Stilentscheidung, das war andererseits aber auch insofern zeitgemäß, als die schon weitgehend abgewandelte, archaisierend vereinfachte Neuromanik des Bahnhofes durchaus zeittypisch für Verkehrsbauten und auch Kirchenbauten gewesen ist. Der regionale Rückbezug auf Lothringen hingegen bleibt vage, denn die Metzer Kathedrale ist ein gotischer Bau, während romanische Kirchen eher im Umland zu finden sind. Außerdem ist die Neuromanik nicht als allein stilbestimmend für Neubauten der deutschen Verwaltung in Metz auserkoren worden, so wurde im Jahr 1913 das Dienstgebäude für das Generalkommando des XVI. Armeekorps durch das Königliche Kriegsministerium im neubarocken Stil vollendet, der bewußt Anklänge an regionale Formen suchte.[233]

232

Die preußische Provinz Posen war während des 19. Jahrhunderts ein Gebiet von politischer Brisanz. Posen hatte bereits 1793 bis 1806 zu Preußen gehört. Nach dem Wiener Kongreß war es dann langfristig dem Hohenzollernstaat zugeschlagen worden. Im Jahr 1850 ist es verwaltungsmäßig zu einer Provinz innerhalb Preußens geworden, mit seinen Zentralbehörden in der Stadt Posen. (Nach dem Ende des Ersten Weltkrieges wurde der größte Teil der Provinz Posen nach Maßgabe des Versailler Vertrages an Polen gegeben.) Während der gesamten preußischen Zeit gelang es nicht, die auch im Reichstag heftig diskutierte »Polenfrage« zu lösen und einen Ausgleich zwischen dem deutlich größeren polnischen Bevölkerungsteil und dem deutschen herzustellen. 1871 war das Deutsche Reich als weitere Macht in diesem Gebiet hinzugekommen. Preußen und das Deutsche Reich betrieben seit den späten 1880er Jahren gemeinsam eine Germanisierungspolitik, doch erfüllte weder die forcierte Ansiedlung Deutscher noch die Förderung deutscher Kultur die in sie gesetzten Erwartungen.

Symptomatisch für die heikle politische Situation waren die letztlich erfolglosen Bemühungen um die Gründung einer Universität in Posen.[234] Die polnische Bevölkerung erhoffte sich hiervon eine Stärkung ihrer Interessen, denn es war klar, daß sie die Mehrheit der Studentenschaft stellen würde. Gerade aus diesem Grund gab es im Deutschen Reich erheblichen Widerstand gegen das Vorhaben. Um 1900 konnten dagegen einige andere Projekte erfolgreich vollendet werden. 1902 wurde die »Kaiser-Wilhelm-Bibliothek« eröffnet, deren Einrichtung durch Wilhelm II. gefördert worden war, und zu der die Bevölkerung des Deutschen Reiches mit zahlreichen Buchspenden (ähnlich wie bei der Straßburger Universitäts- und Landesbibliothek) beigetragen hatte. Das bescheidene Posener Provinzialmuseum stieg zum staatlich geförderten »Kaiser-Friedrich-Museum« auf. Die »Deutsche Gesellschaft für Kunst und Wissenschaft« kam hinzu.

In den Jahren 1905–1908 wurde in Posen schließlich ein großes Kaiserschloß in neuromanischen Formen errichtet[235] (Abb. 119). Als Bauherr trat die Krone auf. Der Entwurf stammte von Franz Schwechten, der zwar kein wirklicher Neuromaniker gewesen ist, sich aber durch den Bau der Kaiser-Wilhelm-Gedächtniskirche als geeigneter Architekt für Bauten in diesem Stil ausgewiesen hatte. Dieses Projekt leitete die Königliche Schloßbauverwaltung, während im Unterschied dazu der Kaiserpalast in Straßburg durch Instanzen des Reiches errichtet worden war. Das Posener Kaiserschloß verbindet in der Tat nur wenig mit dem vergleichsweise bescheidenen Kaiserpalast in der Hauptstadt des Reichslandes, das Kaiserschloß in der preußischen Provinz ist nicht nur viel größer, seine Errichtung war auch wesentlich stärker politisch motiviert. In Posen ging es um eine Machtdemonstration mittels historischer Bauformen. Der aufwendige Prachtbau erweckt rückblickend den Verdacht, eine kompensatorische Maßnahme gewesen zu sein, denn die Bilanz der deutschen Politik war in Posen zu diesem Zeitpunkt, gemessen an ihren eigenen Erwartungen, ganz offensichtlich negativ.

Das Kaiserschloß in Posen ist der größte neuromanische Bau, der im Deutschen Reich errichtet worden ist. Das Gebäude ist noch heute erhalten und beherbergt das »Neue Rathaus« der Stadt Poznan. Kaiser Wilhelm II. nahm sowohl auf die Planung wie die Ausführung und die Ausstattung großen Einfluß. Mitten in Posen entstand auf diese Weise ein burgartiger Bau in den zeitgenössischen Formen der monumenta-

119 Posen (Poznan), Kaiserschloß. Franz Schwechten 1905–1908 (heute Neues Rathaus)

lisierten Neuromanik. Ein massiver Turm überragt das Gebäude, das sich als ein Baukomplex aus verschiedenen Teilen mit Giebeln, Türmchen und vielgestaltigen Dächern darstellt. Die bossierten Fassaden sind mit Rundbogenfenstern durchbrochen, hinzu kommen Treppengiebel, Rundbogenfriese usw. Ähnlichkeiten mit dem preußischen Regierungsgebäude in Koblenz und der Kaiserin-Auguste-Viktoria-Stiftung in Jerusalem sind offensichtlich.

Der neuromanische Baustil des Posener Kaiserschlosses sollte eine eindeutige nationale Aussage machen. Franz Schwechten schrieb anläßlich der Einweihung im *Zentralblatt der Bauverwaltung:* »Als Wahrzeichen für die Kraft des Deutschtums soll der Bau wirken, sein Gepräge soll diesem auch äußerlich Rechnung tragen; deshalb wurden seine Bauformen romanisch gewählt.«[236] Damit formulierte Schwechten die Intentionen seines Auftraggebers, während sein Œuvre mitnichten auf eine nationalistische Architektur ausgerichtet war: Vom Anhalter Bahnhof bis zu modernen Geschäftshäusern reichen die Möglichkeiten dieses Architekten.

Das Dekor und die Ausstattung des Kaiserschlosses nehmen in vielfältigster Weise Bezug auf historische Bau- und Kunstwerke. Wilhelm II. wählte aus dem kulturellen Erbe Europas Motive, die ihm geeignet erschienen, seine Regentschaft als deutscher Kaiser historisch zu legitimieren. Das Vorzimmer des Kaisers schmückte eine Kopie des Teppichs von Bayeux, womit der Betrachter an die Zeit der Eroberung Englands durch die Normannen im 11. Jahrhundert erinnert worden ist. Es bleibt allerdings eine offene Frage, ob dieser historischen Darstellung ein hoher politischer Sinn zugedacht gewesen ist. Ernst Freiherr von Mirbach hatte die Normannen, die in Nordwestfrankreich siedelten, zwar als germanischen Stamm charakterisiert, doch wissenschaftliche Präzision stand bei der Ausstattung des Kaiserschlosses nicht im Vordergrund, bei näherem Hinsehen zeigt sich vielmehr, daß viele der historisierenden Zitate auf Eindrücke des Kaisers zurückgehen, die dieser im Zuge zahlreicher Reisen gewann.

Seitdem Wilhelm II. im Jahre 1913 eine Reise nach Süditalien und Sizilien unternommen hatte, schwärmte er einige Jahre für die hochmittelalterliche Kunst der Normannen in Sizilien, deren Werke eine eigenwillige, dennoch höchst qualitätvolle Mischung der hier aufeinandertreffenden Kulturkreise des byzantinischen Reiches, des Orients und des Westen bildeten. Diese Begeisterung des Kaisers fand unmittelbaren Ausdruck in der im Obergeschoß des Turmes eingerichteten

Kapelle des Posener Schlosses, wo er eine freie Nachempfindung der berühmten Cappella Palatina des normannischen Palastes in Palermo wünschte. Der achtseitige Raum verfügt über eine Apsis mit einem mosaizierten segnenden Christus, dem Pantokrator, nach dem Vorbild der normannisch-sizilischen Kirche in Monreale bei Palermo. Der Bogen über der Apsis zeigt Christus, der einem Engel die weltliche Krone überreicht. Der Engel hat Zepter und Reichsapfel in den Händen, neben ihm kniet ein Kaiser. Zur Linken Christi steht ein Engel mit Kelch und Hostie, neben ihm ein Priester mit einem Kirchenmodell. In Abwandlung mittelalterlicher Vorbilder wird hier die kaiserliche Regentschaft der Hohenzollern als Herrschaft von Gottes Gnaden dargestellt.

Wilhelm II. hat sich in einer nostalgisch anmutenden, anachronistischen Weise als Herrscher von Gottes Gnaden verstanden. Die Hohenzollern hatten zwar bis hin zu Wilhelm I. ihre Herrschaft stets als eine von Gott verliehene bezeichnet, aber das war in erster Linie ein religiöses Bekenntnis gewesen, ausgehend vom protestantischen Staatskirchentum. Wilhelm II. hingegen ließ sich wiederholt wie ein mittelalterlicher Kaiser darstellen, dem die Kaiserkrone durch den Papst (!) verliehen worden ist. Wie unrealistisch das persönliche Herrschaftsverständnis Wilhelms II. im Grunde gewesen ist, wurde der politischen Öffentlichkeit nur deshalb nicht im vollen Umfang bewußt, weil es seinen Ausdruck überwiegend im Bereich der Kultur, vorzugsweise der Baukunst gefunden hat. An der Fassade des Festsaales des Posener Kaiserschlosses wurden zwei Steinskulpturen aufgestellt: Friedrich I. Barbarossa und Karl der Große. Karl der Große zeigt die Gesichtszüge Kaiser Wilhelms II. Ähnliches wiederholte sich am Portal des Aachener Rathauses. Oberhalb des Einganges ist Christus zu sehen, ihm rechts und links zugeordnet Papst Leo III. und Karl der Große, welcher hier ebenfalls mit den Gesichtszügen Wilhelms II. dargestellt ist.

Wilhelm II. war Landeskirchenherr der evangelischen Kirche Brandenburg. Sein Rückgriff in die vorreformatorische Geschichte mutet deshalb seltsam an; den nur wenige Jahre zurückliegenden Kulturkampf schien er in diesem Zusammenhang zu ignorieren. Eine gewisse Affinität zur römisch-katholischen Kirche kam schließlich recht deutlich in der Annäherung Wilhelms II. an den Benediktinerorden zum Ausdruck.[237] Der Kaiser ermöglichte die Wiederbesiedlung des Eifelklosters Maria Laach durch Benediktiner der Beuroner Kongregation. Die

120 Klosterkirche Maria Laach (Eifel), ehem. Hochaltar. Gestiftet von Kaiser Wilhelm II., entworfen von Max Spitta 1898 (nicht erhalten)

bestens erhaltene romanische Kirche des Klosters fand das besondere Gefallen des Kaisers. Er ließ sie aufwendig ausstatten. Für den Chor stiftete er einen neuromanischen Baldachinaltar (Abb. 120), die drei Apsiswölbungen wurden auf seinen Wunsch mit Mosaik bekleidet: Die Hauptapsis erhielt das Bild des segnenden Christus nach dem byzantinischen Vorbild im sizilischen Monreale. Die Denkmalpflege reagierte fassungslos, sie war aber machtlos gegenüber dieser in der rheinischen Romanik historisch ganz fremden – noch heute raumbestimmenden – Darstellung, war sie doch von höchster Stelle angeordnet. Nicht weniger als fünf Mal besuchte Wilhelm II. Kloster Maria Laach, das politisches Gewicht erlangen sollte. Sein erster Abt, Willibrord Benzler, wurde 1901 Bischof von Metz. Benediktiner der Beuroner Kongregation übernahmen auch die Leitung der katholischen Pilgerstätten in Jerusalem.

An diesen wenigen – von vielen weiteren – Beispielen wird deutlich, in welcher Weise Wilhelm II. eine eigene Kulturpolitik betrieben hat.[238] Er schaltete sich in ungezählte öffentliche Bauvorhaben ein und

237

förderte sowie initiierte selbst Projekte. Bei den ihm besonders nahestehenden Werken, wie dem Kaiserschloß in Posen, und bei den Sakralbauten kommt sein Geschichtsverständnis anschaulich zum Ausdruck, das dem Idealismus protestantisch-preußischer Prägung entstammte und gefärbt war von zeitgenössischen nationalistischen Bestrebungen im Ton eines Langbehn oder Chamberlain: Geschichte war ihm ein Instrument politischer und moralischer Erziehung im nationalen Sinn.

Deutsche Neurenaissance: Das Reichspatentamt in Berlin

Das Kaiserliche Patentamt in der Berliner Luisenstraße (s. o. S. 90f. u. Abb. 37) war gerade zehn Jahre alt, als das Gebäude den Anforderungen nicht mehr genügte. Den zur Errichtung eines Neubaus ausgeschriebenen Wettbewerb gewannen die Architekten Solf & Wichards. In den Jahren 1903–1905 kam der große Neubau in der Gitschinerstraße 97–103 zur Ausführung. (Nach Kriegsschäden vereinfacht wiederherge-

121 Berlin, Reichspatentamt, Gitschinerstraße 97–103. Solf & Wichards 1903–1905 (nach Kriegsschäden vereinfacht wiederhergestellt)

stellt.) Der langgestreckte Gebäudekomplex entstand in den Formen deutscher Renaissance. Mit dem Reichspatentamt hat sich die Reichsbauabteilung erstmals von der internationalen Neurenaissance abgewandt (Abb. 121 u. 122).

Das Reichspatentamt erstreckt sich entlang der parallel geführten S-Bahnlinie an der Gitschinerstraße. Eine markante Eckausbildung mit zwei Türmen mit geschweiften Hauben und einem Giebel setzt einen eindrucksvollen Akzent an der Kreuzung Lindenstraße. Die Seitenfassaden sind mittels mehrerer Giebel untergliedert, wie sie im Schloßbau des Weserraumes häufig vorkommen. Die Binnenstruktur gliedert sich um nicht weniger als elf Innenhöfe.

Die deutsche Renaissance, die eine charakteristische Ausprägung in der Weserrenaissance gefunden hatte, war im 16. Jahrhundert eine eigentümliche Adaption italienischer Renaissance unter Einbeziehung gotischer Motive gewesen. Gerade in dieser Verknüpfung sahen Architekturtheoretiker im 19. Jahrhundert eine Möglichkeit zur Versöhnung von Antike und Gotik. Als Baustil nahm die deutsche Renaissance einen ersten Aufschwung in den 1870er Jahren (zum Beispiel im Aus-

122 Berlin, Reichspatentamt, Gitschinerstraße 97–103. Solf & Wichards 1903–1905

bau von Schloß Schwerin durch Friedrich August Stüler[239]), in stärkerem Maße vermochte sie sich dann nach etwa 1880 durchzusetzen und spielte im Interieur und im Kunstgewerbe der 1890er Jahre eine bedeutende Rolle. In diesem Zusammenhang war der Sitzungssaal des Reichstagsgebäudes der prominenteste Ort im Kaiserreich, der im Stil der deutschen Renaissance gestaltet worden ist (s. o. S. 135). Die deutsche Neurenaissance war mehr als eine Spielart der internationalen Neurenaissance, denn sie schien nationale Gültigkeit im Konzert der Stilarchitektur in plausibler, scheinbar historisch verbürgter Weise einzulösen. Darum bot sich dieser Stil dem deutschen Bürgertum, das sich lange der internationalen Renaissance verschrieben hatte, als eine Alternative mit nationaler Akzentsetzung in idealer Weise an, entsprechend entstanden viele bürgerliche und städtische Bauten in den Formen der deutschen Neurenaissance.

Welche Bedeutung der deutschen Neurenaissance um die Jahrhundertwende zukam, zeigte sich auf der Pariser Weltausstellung im Jahr 1900, denn das »Repräsentationshaus des Deutschen Reiches« am Seineufer ist in diesem Baustil errichtet worden. Den von dem Kaiserlichen Postbauinspektor Johannes Radke entworfenen Bau schmückten zahlreiche Erker, Türme sowie Balkone; das Äußere wurde farbig gefaßt, im Inneren gab es eine Weinstube.[240] Eine dem Reichskommissar zugeordnete Kommission mit renommierten Architekten wie Durm, Ende, Hinkeldeyn, Licht, Meerwein, Seidl und Wallot bestimmte im Anschluß an einen von ihr ausgeschriebenen Wettbewerb einen Entwurf von Friedrich von Thiersch und zwei von Johannes Radke zur Vorlage bei Kaiser Wilhelm II., welcher Radke auswählte. Die deutsche Neurenaissance erfuhr damit höchste Anerkennung, dennoch blieb diese Entscheidung umstritten.[241]

Einen Meilenstein in der Durchsetzung dieses Baustiles im Deutschen Reich bedeutete die Errichtung des recht gut erhaltenen Hamburger Rathauses, das 1886–1897 nach langer Planungsphase in einer Gemeinschaftsarbeit von Johannes Grotjan, Martin Haller, Bernhard Hanssen, Wilhelm Hauers, Lamprecht, Hugo Stamman und Gustav Zinnow errichtet wurde. Es folgten weitere Rathäuser im Stil der deutschen Renaissance, so dasjenige in Leipzig 1899–1905 von Hugo Licht. In gewisser Weise diente Paris als Vorbild, denn dort hatten Théodore Ballu (1817–1885) und Pierre Deperthes (1833–1898) das im Aufstand des Jahres 1871 niedergebrannte, historische Hôtel de Ville 1873–1883 in französischen Renaissanceformen restauriert.

Neubarock als Regionalbezug:
Der Rechnungshof des Deutschen Reiches in Potsdam

Bereits der Norddeutsche Bund hat seinen Bundeshaushalt durch einen Rechnungshof überwachen lassen, der seinerzeit eng mit der preußischen Oberrechnungskammer verbunden gewesen ist. Beide Institutionen waren in Potsdam angesiedelt. 1871 wurde aus dem Rechnungshof des Norddeutschen Bundes der Rechnungshof des Deutschen Reiches. Nach Unterbringung in der Potsdamer Mammonstraße 5 (heute Werner-Seelenbinder-Straße) arbeitete der Rechnungshof ab 1876 in angemieteten Privathäusern. Erst 1902 wurde die Ausführung eines weitgehend erhaltenen Neubaus in Angriff genommen, wozu ein Grundstück an der Waisenstraße (heute Dortusstraße 30–34) diente. Die Ausführung erfolgte in den Jahren 1904–1907 nach Plänen des sonst unbekannten Architekten Nicolaysen, der auch das Postamt in der Lothringen Straße in Berlin entworfen hatte (Abb. 123). Das Gebäude nutzen heute der Bundesrechnungshof sowie der Brandenburgische Landesrechnungshof.[242]

123 Potsdam, Rechnungshof des Deutschen Reiches, Dortusstr. 30–34 (ehem. Waisenstr.). Nicolaysen 1904–1907 (1934, heute Bundesrechnungshof)

Die Federführung bei Planung und Verwirklichung des neuen Rechnungshofes lag beim Reichsschatzamt. Gemäß der seit 1902 gültigen Befreiung der Reichsbauabteilung von der preußischen Superrevision sind die Entwürfe nun im Reichspostamt bearbeitet worden, das die leistungsfähigste Bauabteilung innerhalb der Reichsbehörden besaß. Da Nicolaysen auch ein Postamt entworfen hatte, scheint er den Auftrag über die Reichspostverwaltung ohne Wettbewerb erhalten zu haben. Die Revision nahm Postbaurat Ernst Hake vor.[243] Die Akademie des Bauwesens billigte zwar die Außenarchitektur, verlangte aber eingreifende Änderungen im Inneren – so sollte eine vorgesehene Durchfahrt im Zentrum der Fassade entfallen, um den inneren Verkehr nicht zu unterbrechen –, konnte sich jedoch mit diesem Anliegen nicht durchsetzen. Die Korridore durften nicht wie vorgesehen ohne Tageslicht angeordnet werden. Bemerkenswerterweise kritisierte die Akademie das Fehlen repräsentativer Motive und forderte deshalb einen Sitzungssaal.[244] Der Reichsrechnungshofpräsident gab nun selbst zu bedenken, daß die Arbeitsabläufe in der Behörde überhaupt keinen Sitzungssaal erfordern würden, weshalb ein Saal schließlich nicht zur Ausführung kam.

Im neubarocken Stil errichtet, wendet sich die dreigeschossige Hauptfassade des Rechnungshofes über einem gebänderten Erd- mit Sockelgeschoß zur Straße, den oberen Abschluß bildet ein hohes Mansarddach. Ein prunkvoller Mittelrisalit, der vor den Obergeschossen vier Säulen trägt, betont das Fassadenzentrum. An den Fassadenecken treten kurze Flügelbauten vor. Rückwärtig umschließt das Gebäude einen großen Innenhof. Die Hoffassaden sind in den 1930er Jahren um ein Geschoß aufgestockt worden, der im Zweiten Weltkrieg zerstörte Südflügel wurde in den 1970er Jahren durch einen zeitgemäßen Neubau ersetzt.

Die Architektur in der preußischen Residenzstadt Potsdam zeigt sich bis heute vom Barock geprägt. Das barocke Gebäude der preußischen Oberrechnungskammer befindet sich in Sichtweite des Rechnungshofes. Außerdem wurde 1902–1908 auch das von Paul Kieschke entworfene Brandenburgische Regierungsgebäude (Friedrich-Ebert-Straße, jetzt Stadthaus) im neubarocken Baustil errichtet. Der Rechnunghof des Deutsches Reiches fügte sich also gleichermaßen repräsentativ und harmonisch in dieses bedeutende Barockensemble ein. Ein exklusives Hervortreten im Stadtbild war nicht die Absicht bei der Errichtung dieses Hauses gewesen. Die starken regionalistischen Tendenzen in der Architektur der Zeit haben das ihrerseits verstärkt.

Neoklassizismus: Die Kaiserlich-Deutsche Botschaft in St. Petersburg und der Wettbewerb für Washington

Nach langer Pause im Botschaftsbau errichtete das Deutsche Reich in den Jahren 1894–1898 das Gebäude der deutschen Gesandtschaft in Tokio nach Plänen des englischen Architekten Josiak Conder neu (1945 zerstört). In der japanischen Hauptstadt entstand ein zweigeschossiger Bau von zurückhaltender Erscheinung mit einem offenen Gang vor dem Obergeschoß, der mit einigen Motiven lokale Bautraditionen zitierte. Das Kanzleigebäude war ein schlichter Backsteinbau.[245] 1912/13 wurde dann nach Plänen des Architekten Albert Gerster und in Absprache mit dem Gesandten von Bülow die deutsche Gesandtschaft in Bern neu gebaut. Das neubarocke Gebäude, dreiflügelig um einen Innenhof nach Art eines kleinen adligen Landsitzes konzipiert, greift traditionelle architektonische Motive der Schweiz auf, so daß es sich hervorragend in seine Umgebung einfügt.[246]

Wien, Tokio und Bern erwiesen sich als zurückhaltend konzipierte Bauten, die beiden letztgenannten mit vielen Reminiszenzen an lokale Bautraditionen. Die Ereignisse um den umstrittenen Botschaftsneubau in Istanbul hatten gewiß zu solcher Zurückhaltung Veranlassung gegeben. Auf der anderen Seite fügten sich diese Gebäude bündig in den Kontext der zeitgenössischen traditionellen Architektur ein, zu deren Grundsätzen eine Anpassung an regionale Bautraditionen und Landschaften gehört hat. Erst in St. Petersburg wagte das Deutsche Reich wieder einen – aufsehenerregenden – Botschaftsneubau. Peter Behrens (1868–1940) errichtete ihn 1911–1913. Dieser Bau ist überschwenglich gelobt und auf das Schärfste verurteilt worden, bis heute spaltet er die Architekturhistoriker in zwei Lager (Abb. 124).[247]

Im Jahr 1910 stand endgültig fest, das unzulängliche Botschaftsgebäude in St. Petersburg an Ort und Stelle (am Isaakplatz) durch einen Nachfolgebau zu ersetzen. Als Kaiser Wilhelm II. das verfügte, begab sich die Bauabteilung im preußischen Ministerium der öffentlichen Arbeiten an die Ausarbeitung eines entsprechenden Entwurfes. Angehörige des Auswärtigen Amtes setzten sich aber zugleich für die Beauftragung eines geeigneten Privatarchitekten ein. Legationsrat Edmund Schüler konnte den Staatssekretär im Auswärtigen Amt Alfred von Kiderlen-Waechter davon überzeugen, in dieser Sache Peter Behrens in Erwägung zu ziehen. Behrens' vielbeachtete Turbi-

124 Sankt Petersburg, Kaiserlich-Deutsche Botschaft. Peter Behrens
1911–1913 (Zustand kurz nach Vollendung)

nenhalle für die AEG in Berlin war jetzt vollendet, außerdem war
Schüler mit Theodor Wiegand befreundet, dessen Dahlemer Privathaus Behrens 1911/1912 entworfen hatte (beide Bauten sind erhalten).

244

Im preußischen Ministerium der öffentlichen Arbeiten war Baurat Saran mit der Bearbeitung der Entwürfe beschäftigt. Saran hat Peter Behrens eigentlich nur für die Gestaltung einiger Innenräume in Aussicht genommen, legte aber den von Behrens beigefügten Gesamtentwurf zusammen mit dem Entwurf aus der preußischen Bauverwaltung dem Kaiser vor. Wilhelm II. traf nun im März 1911 eine spontane und ebenso überraschende wie folgenreiche Entscheidung: Er bestimmte den Entwurf von Peter Behrens zur Ausführung.[248] Auch der Zar von Rußland äußerte sich zustimmend. Peter Behrens wurde nun veranlaßt, seinen Entwurf auszuarbeiten; dabei sollte er den Thronsaal vergrößern, für welchen er lediglich 177 qm eingeplant hatte.[249] Die Akademie des Bauwesens war ganz spät eingeschaltet worden und kritisierte nur noch verärgert Marginalien. Schon im Januar 1913 konnte der Neubau in St. Petersburg eingeweiht werden. Er ist noch heute erhalten.

Die Fassaden der Kaiserlich-Deutschen Botschaft in St. Petersburg sind mit sehr sorgfältig verarbeitetem finnischen Granit verkleidet, dessen rötlich-grauer Farbton sich den Adelssitzen der Stadt anpaßt. Behrens legte dem größeren Bereich der Hauptfassade eine Säulenarchitektur vor, die von geometrischer Präzision und gleichzeitig beeindruckender Monumentalität ist (Abb. 124). Der Begriff »Säulen« ist jedoch insofern unpräzise, als es sich bei genauerem Hinsehen um Rundpfeilervorlagen ohne Basis und Entasis handelt, die auf einem schlichten, durchlaufenden Sockel stehen. Fotos der oft in der Literatur abgebildeten Hauptfassade mit den Säulenvorlagen können außerdem leicht darüber hinwegtäuschen, daß die seitlich anschließenden Außenwände und die noch ein gutes Stück in die anschließende Seitenstraße

125 Sankt Petersburg, Kaiserlich-Deutsche Botschaft. Peter Behrens 1911–1913 (nach 1945)

hinein verlaufende Fassade sehr viel schlichter gestaltet sind. Mit Ausnahme der Säulenvorlagen am Haupteingang handelt es sich um zeitgemäße Architektur im Sinne beispielsweise der Industrieverwaltungsbauten in Berlin oder Düsseldorf.

Das Gesims vor dem flachen Dach ist mehrfach gestuft. Über seiner Mitte wurde eine Bronzeskulptur mit Kriegern und Pferden, die »Rossebändigergruppe« aufgestellt, die im Ersten Weltkrieg von den Bürgern der Stadt heruntergestürzt worden ist. Die Botschaft in St. Petersburg ist der einzige kaiserzeitliche Staatsbau gewesen, der nicht mit einer Germania als Gebäude des Deutschen Reiches gekennzeichnet worden ist. Während nach 1871 die Reichsgründung immer wieder mit Rückgriffen in die deutsche Geschichte legitimiert worden war, und deshalb Friedrich Barbarossa und die Germania zu Symbolfiguren wurden, ist nun nach neuen Zeichen gesucht worden. Weder das Reichswappen noch die Kaiserkrone waren großformatig an der Fassade der St. Petersburger Botschaft angebracht.

Noch überraschender als die Außenarchitektur erschien die Innenausstattung. Die Räume waren hell, ein Lichtermeer der AEG tauchte das Innere auch nachts in strahlendes Licht. An Forderungen des Werkbundes orientierte, schlichte Gestaltungen prägten den Gesamteindruck. Fraglos war das Innere der Botschaft moderner als die Außenarchitektur. An der Gestaltung von Innenräumen, wie des Treppenhauses hat Mies van der Rohe mitgearbeitet. Ein Teil der Ausstattung wurde darum auf der Kölner Werkbundausstellung 1914 gezeigt. Für das Königshaus und den konservativen Adel dürfte vor allem der Thronsaal überraschend und unangemessen erschienen sein (Abb. 126), denn dieser ist zwar sehr groß, doch diente nur ein schlichter Sessel ohne Baldachin als Thron – kein Neubarock vermittelte den Anschein jahrhundertealter Herrschaftstradition. Der Kaiser wurde hier zum Repräsentanten des bürgerlichen Nationalstaates. In den Botschaftsräumen sind folgende Ölgemälde aufgehängt worden: Franz von Lenbach, *Kaiser Friedrich*; Karl Schuch, *Ferch*; Walter Leistikow, *Grünheide*; Graf von Kalckreuth, *Dampfer im Dock*; Arnold Böcklin, *Landschaft*. Hinzu kamen zwei Bronzeskulpturen von Max Klinger (Frauenkopf) und A. Gaul (zwei Bären).[250]

Peter Behrens sah sich durch den Auftrag für die St. Petersburger Botschaft mit einer komplexen Aufgabenstellung konfrontiert. Als Architekt, der sich im Werkbund auf die Suche nach ganz neuen Lösungen begeben hat, konnte er nicht zu einem konventionellen Ergebnis im

126 Sankt Petersburg, Kaiserlich-Deutsche Botschaft. Thronsaal.
Peter Behrens 1911–1913

Sinne der nun als akademisch abgelehnten Architektur der Stile kommen. Deutsche Neurenaissance oder Neubarock lagen ihm völlig fern. Die Aufgabe der Errichtung der Botschaft in St. Petersburg hat außerdem Rahmenbedingungen geschaffen, die zu berücksichtigen waren: Die Architektur mußte nicht nur der diplomatischen Funktion würdig sein, der Standort an einem auffälligen Eckgrundstück am St. Petersburger Isaakplatz forderte darüber hinaus geradezu eine monumentale Erscheinung, denn am Rande der großen Fläche konnte der Bau schnell belanglos erscheinen. Mit großer Spannung mußte darum erwartet werden, zu welcher Lösung Behrens für einen Staatsauftrag kommen würde, denn die Frage der Staatsrepräsentation konnte hier nicht ignoriert werden.

Peter Behrens ist als Architekt ein Autodidakt gewesen, am Anfang seiner Laufbahn stand das Design von Gebrauchsgegenständen im Zentrum seines Schaffens. Auf der Darmstädter Mathildenhöhe hat er 1899 ein Wohnhaus mit Jugendstilinnenausstattung gebaut. 1903–1907 war er Leiter der Kunstgewerbeschule in Düsseldorf. Entscheidende Entwicklungen vollzogen sich in seinem Schaffen schließlich als künstlerischer Berater der AEG in den Jahren 1907–1911, es entstanden wegweisende Industriebauten. Außerdem realisierte er einflußreiche Werke im Stil des Neoklassizismus, der nach 1900 einen mit großen Hoffnungen verbundenen Aufschwung genommen hatte. Viele Architekten, wie Alfred Messel und Ludwig Hoffmann, beriefen sich in dieser Zeit wieder auf Schinkel. Behrens' Rückgriff auf den romantischen Klassizismus kommt bei einigen seiner Villen zum Ausdruck, wie Haus Cuno (1908–1911) in Hagen. Er experimentierte aber auch mit florentinischer Frührenaissance, beispielsweise beim Krematorium in Hagen-Delster (1906/1907); Hagen entwickelte sich aufgrund privater Förderung zu einem der ersten Kristallisationspunkte der Moderne.

Bei Peter Behrens' Turbinenhalle für die AEG in der Huttenstraße in Berlin-Moabit fallen große Glasflächen sowie die monumentalen Ecken unter dem massiv wirkenden Dach auf, die seitlichen Fassaden sind rhythmisch gegliedert. Die Außenarchitektur erscheint monumental, es handelt sich aber um eine Stahlkonstruktion. Das Gebäude läßt die Fabrikhallen des 19. Jahrhunderts, an denen sich noch oft Giebel mit historisierenden Motiven finden, weit hinter sich. Es sind nur noch wenige Schritte bis zum Faguswerk von Walter Gropius in Alfeld (1911) – einer Inkunabel der Moderne. Was an konträren Lösungen im Zweckbau jetzt aber noch immer möglich gewesen ist, zeigt die Schachtschleuse neben der Weserüberführung des Mittellandkanales bei Minden, deren hohe Bauten 1911–1914 noch im Stil der Neuromanik errichtet worden sind.

1910–1913, also ein Jahr vor dem St. Petersburger Botschaftsgebäude beginnend, baute Peter Behrens für die AEG die Kleinmotorenfabrik in der Berliner Voltastraße. Die Straßenansicht ist bemerkenswert: Der größte Teil der viergeschossigen Fassade ist zurückgesetzt und mit schlichten Rundpfeilervorlagen aus Backstein geschoßübergreifend zusammengefaßt und rhythmisiert. Die Vorderkanten der Vorlagen, die Traufe und glatte Wandflächen an den äußeren Kanten der Gebäudefront bilden zusammen die vordere Fläche der Fassade. Das Motiv der rhythmischen Gliederung wiederholt die Seitenfassade der Turbinenhalle, und es ist im Grunde nicht weit entfernt von der Fassadengestaltung der Botschaft in St. Petersburg. Hier wurde Behrens jedoch den repräsentativen Ansprüchen des staatlichen Auftrages mit einem kleinen, allerdings entscheidenden Kunstgriff gerecht: Den ohne Entasis gestalteten »Rundpfeilervorlagen« in St. Petersburg gab er flache Deckplatten, wodurch sie als Säulen erscheinen. So changiert die Fassade der Botschaft ständig zwischen schlichter Modernität und klassischer, konservativ erscheinender Säulenordnung, was viele Betrachter bis heute irritiert. Darüber hinaus dokumentiert sie den großen Einfluß, den der Industriebau auf die Anfänge der Moderne ausübte.

Die St. Petersburger Botschaft war repräsentativ und zugleich von hoher architektonischer Qualität. Sie beeindruckte durch Monumentalität, ohne pompös aufzutreten. Die Architektur bündelte Älteres, indem sie an die Tradition des preußischen Klassizismus anknüpfte, andererseits war diese Monumentalisierung – bei gleichzeitiger Vereinfachung der Formen – konsequent neu. Keinesfalls darf die Innenausstattung vergessen werden, die mit modernstem Interieur und neuer Technik aufwartete. Peter Behrens fand, den Historismus des 19. Jahrhunderts hinter sich lassend, eine überzeugende Lösung für die schwierige Aufgabe. Und doch war dieser Bau von Beginn an so umstritten wie nur wenige andere in der deutschen Architekturgeschichte. Den Kritikern im Jahr 1913 war er zu progressiv, den Kritikern nach 1945 dagegen zu konservativ. Die retrospektive Beurteilung der St. Petersburger Botschaft wird schließlich durch die Diskreditierung des Neoklassizismus durch die Nationalsozialisten heillos verkompliziert. Zu einer vorurteilsfreien Würdigung der St. Petersburger Botschaft gelangt man jedoch nur unter Berücksichtigung der Architektur aus der Zeit vor der Entscheidung für Behrens' Entwurf im Jahr 1911 – und das war der breite Kontext der traditionellen historistischen Architektur, die zwar in ihrer Funktionalität oftmals schon modern, aber in ihren Formen nur noch wenig innovativ gewesen ist.

Unmittelbar nach der Vollendung der Botschaft wandten sich Kaiser Wilhelm II. und mit ihm weite Kreise aus seiner Umgebung abrupt von dem Bau ab. Der deutsche Botschafter in Rußland, Graf Pourtales, war schon in der Schlußphase der Bauausführung, vor allem hinsichtlich der Ausstattung, unzufrieden geworden. Der Kaiser lehnte es ab, dem Architekten, dessen Entwurf er doch selbst befürwortet hatte, einen Orden zu verleihen. In einem rechtfertigenden Schreiben an das Auswärtige Amt erläuterte Peter Behrens im nachhinein seinen Entwurf: »Es war meine Absicht, solche Bauformen zu erstreben, die im engen Anschluß an die Tradition die Bedingungen unserer Zeit berücksichtigen. Es ist die Geschmacksrichtung, die der Deutsche Werkbund vertritt, die ich im Auftrage des Handelsministeriums als Direktor der Kunstgewerbeschule in Düsseldorf zu lehren hatte, die bei allen Ausstellungen deutscher Kunst im Auslande ideale Anerkennung und materiellen Nutzen erbrachte, die merkbar anfängt, für Deutschlands Kunstindustrie den Weltmarkt zu gewinnen. Diese hat nichts mit den Auswüchsen hypermoderner Kunstanschauungen zu tun.«[251] Wie brisant die Architektur der deutschen Botschaft in St. Petersburg gewesen ist, geht aus den öffentlichen Reaktionen hervor. Die *Berliner Zeitung* war zur Vollendung voll des Lobes, sie sprach von »großer Klarheit, ... kein kleinlicher Formelkram«.»Das Ganze hat etwas Modernpreußisches, man könnte sagen: einen verjüngten Brandenburger Tor Stil. Dieser preußische Klang ist auch im Innern. ... Ueberall historische Klänge, mit moderner Klarheit verwertet.« Dem Auswärtigen Amt wurde zur Wahl des Architekten gratuliert.[252] Hier pries man Neoklassizismus – im Sinne der Publikationen von Mebes und Moeller van den Bruck – als preußische Architektur der Zukunft, was eine weit verbreitete Auffassung beziehungsweise Hoffnung gewesen ist.[253] Das *Berliner Tageblatt* verschob den Akzent dagegen von Preußen auf das Deutsche Reich. Es lobte das Auswärtige Amt dafür, sich endlich einmal der »Bevormundung« durch die preußische Bauverwaltung entzogen zu haben. Die Architektur sei »klar und groß gedacht« und setze der französisch gestimmten internationalen Haltung endlich etwas Deutsches entgegen.[254]

Der Neoklassizismus trug kurz vor dem Ersten Weltkrieg das Potential in sich, zum Staatsbaustil zu avancieren. Peter Behrens teilte diese Auffassung, wie aus seinem Schreiben an den Kaiser hervorgeht. Ob der Neoklassizismus dabei eher als Baustil des preußischen Staates oder des Deutschen Reiches aufgefaßt worden ist, war von sekundärer Bedeutung. Kaiser Wilhelm II. hatte sich vor der Vollendung der St. Petersburger Botschaft für diesen Stil durchaus interessiert; so lobte er Alfred Messels AEG-Verwaltungsgebäude in Berlin-Mitte am Spreeufer aus den Jahren 1904/1905 (Abb. 127). Doch die Begeisterung des Kaisers für den Neoklassizismus ist nur von kurzer Dauer gewesen. Eine Fortsetzung fand dieser Baustil bei den Staatsbauten des Kaiserreiches nur noch mit dem 1911–1914 errichteten Reichsmarineamt in Berlin, das aber weit weniger Aufsehen erregte.

Der Neoklassizismus war vor allem im Industriebürgertum beliebt, dessen Mentalität nicht mit der alten, oftmals adligen Elite übereinstimmte. In den Werken des Peter Behrens, der für die Industrie Bedeutendes geleistet hat, wird das sehr anschaulich. Mit diesem Baustil identifizierte sich auch ein nationalistisches, bisweilen radikalnationalistisches Bürgertum, das nicht mehr bedingungslos monarchistisch ausgerichtet

127 Berlin-Mitte, AEG-Verwaltungsgebäude. Alfred Messel 1904/1905
(zerstört)

gewesen ist. An einem Eklat wurde das sehr deutlich: Im Oktober des
Jahres 1913 wurde in Leipzig das Völkerschlachtdenkmal eingeweiht;
Kaiser Wilhelm II. verließ jedoch die Einweihungsfeier vorzeitig aus
Verärgerung über die Initiatoren der Denkmalarchitektur, die sich
weniger auf den Kaiser als auf das Volk berufen hatten[255] (s. o. S. 32).
Die steinsichtige Architektur des Denkmales ist nicht ohne Beziehung
zu den Granitfassaden der Petersburger Botschaft. Hier wie dort kündigte sich das Ende einer Epoche an, der sensible Kaiser hat es sehr wohl
gespürt. Erstaunlicherweise konnte sich Behrens selbst nach dem Ende
der Monarchie nicht mit seiner Architektur im öffentlichen Bauwesen
etablieren. Die Weimarer Republik ließ den neoklassizistischen Erweiterungsbau der alten Reichskanzlei 1928 von Eduard Jobst Siedler
bauen, und auch die Nationalsozialisten umgingen Behrens zumeist.

Die Kontroversen um den deutschen Botschaftsbau brachen erneut
auf, als unmittelbar nach Vollendung der Botschaft in St. Petersburg
auch für Washington Neubauplanungen eingeleitet worden sind. Mit
St. Petersburg war die Öffentlichkeit auf diese Bauaufgabe aufmerksam
geworden, nicht mehr Diplomaten oder Bauverwaltungen allein konn-

ten nun über die Architektur der Botschaften entscheiden. Das verunsicherte die zuständigen Behörden. Für Washington schrieben sie einen Wettbewerb aus und beriefen Peter Behrens in das Preisgericht – das ehrte ihn, aber so konnte er selbst keinen Entwurf einreichen.

Am Entscheidungsprozeß für die Auswahl eines geeigneten Wettbewerbsbeitrages waren neben berufenen Architekten die Bauabteilung im preußischen Ministerium der öffentlichen Arbeiten, die Akademie des Bauwesens, das Auswärtige Amt und der Kaiser beteiligt. Im Preisgericht saßen neben den Architekten auch Diplomaten. Das ganze Verfahren verlief in gespannter Atmosphäre, denn es sollte eine Aufregung vermieden werden, wie sie die Botschaft in St. Petersburg verursacht hatte. Der Erste Weltkrieg verhinderte zwar letztlich die Ausführung einer neuen Kaiserlich-Deutschen Botschaft in Washington, dennoch fiel zuvor die Entscheidung des Preisgerichtes: der konservative Entwurf von Bruno Möhring erhielt den ersten Preis.[256]

Bruno Möhring (1863–1929) hatte einen zweiteiligen Baukörper in den Formen eines schlichten Neubarock entworfen (Abb. 128). Es gibt ein Mansarddach, einen vortretenden Risalit im Zentrum der Fassade und ein hohes Obergeschoß mit großen Fenstern. Der Entwurf zeigt alle Zeichen eines Kompromisses. Es ist bemerkenswert, wer ihn durchgesetzt hat: maßgeblich Staatssekretär von Jagow und Botschafter von Bernstorff. Die deutsche Architektenschaft reagierte dagegen ablehnend auf das Votum und kritisierte Möhrings Entwurf, was einem der Ihrigen nicht oft

128 Bruno Möhring 1913, preisgekrönter Wettbewerbsentwurf für eine Kaiserlich-Deutsche Botschaft in Washington (nicht ausgeführt)

widerfuhr.[257] Der Entwurf galt als zu stark an Bekanntem und Geläufigem orientiert, durch nichts werde anschaulich, daß es sich um eine Botschaft handeln würde. Der »preußische Barock« – der sich in dem Entwurf letztlich verbarg – könne in gleicher Gestalt für jede durchschnittliche öffentliche Aufgabe verwendet werden. Tatsächlich war diese traditionelle Architektur bereits zu einem Anachronismus geworden.

Die Entscheidung für Bruno Möhring war allerdings nicht einhellig gefallen, denn es gab neben ihm noch drei weitere preisgekrönte Wettbewerbsbeiträge. Unter diesen ragt der Entwurf von Martin Dülfer (geb. 1859) aus Dresden, der durch mehrere Theaterbauten bekannt wurde, heraus, nicht zuletzt weil er sehr aufmerksam diskutiert worden ist. Dülfer war der fortschrittlichste Preisträger. Die Hauptfassade war streng geometrisch gegliedert. Pfeiler ohne Kämpfer und Basis rhythmisieren die Vorderansicht, die zwischen sie eingespannten Fenster scheinen vom Boden bis zur Traufe durchzulaufen. Schließlich störte Wilhelm II. das Verfahren in seiner Schlußphase, indem er einen Entwurf von Oberhofbaurat Ernst von Ihne zur Ausführung bestimmte. Die deutschen Architekten waren empört, wagten aber keinen offiziellen Widerspruch.

Die Akademie des Bauwesens hat sich zum ganzen Verfahren abwägend geäußert, sie gab Möhring keineswegs den Vorzug, das Innere sei vielmehr kleinlich, das Äußere erschien ihr uneinheitlich. Auch für Dülfer und für Ihne wollte sie sich nicht entscheiden, gab vielmehr fünf Entwürfe zu erneuter Bearbeitung an die Architekten zurück. Dabei sprach sie die Empfehlung aus, zu bedenken, was deutsche Kunst sei.[258] Diesen Aspekt griff auch die Presse auf. Die *Volks-Zeitung* aus Berlin ermutigte das Auswärtige Amt, einen deutschen Stil zu suchen und fand in diesem Zusammenhang die Botschaft in St. Petersburg recht gut.[259] Nur die *Tägliche Rundschau* aus Berlin hielt Möhrings Entwurf für besser als St. Petersburg.[260]

In den zwischen 1871 und 1913 errichteten Botschaftsbauten des Deutschen Kaiserreiches kommt kein einheitlicher Gestaltungswille zum Ausdruck. Planung und Ausführung waren nicht konsequent zentralisiert, Wettbewerbe wurden anfangs noch nicht ausgeschrieben. Die Reichsbauabteilung konnte die Planungen nicht an sich ziehen, weil das mit Preußen verwobene Auswärtige Amt eine etwas exklusive Position innerhalb der Reichsverwaltung besessen hat. Letztendlich konnte darum nirgendwo auf der Welt eine deutsche Botschaft anhand ihrer Architektur der Nation zugeordnet werden. Bedenkt man des weiteren, daß die meisten diplomatischen Vertretungen des Deutschen Reiches in angemieteten oder gekauften Häusern residierten, dann zeigt sich, daß die Botschaftsarchitektur nur bedingt als Instrument nationaler Selbstdarstellung des Deutschen Kaiserreiches geeignet gewesen ist. Erfahrene Diplomaten haben auf einige der Neubauten Einfluß genommen. Sie tendierten zwar meist zu einer elitären Eleganz im Hinblick auf die Ausstattung, zugleich aber zu architektonischer Zurückhaltung im Stadtbild. Es waren vielmehr die Diskussionen um die ganz wenigen relevanten, zugleich relativ späten Neubauprojekte – Istanbul, St. Petersburg, Washington – die in das Rampenlicht öffentlicher Architekturkritik gerieten. Doch diese Bauten hatten es wahrlich in sich. Ihre aus dem aktuellen Architekturgeschehen hervorgegangene Verschiedenheit bezeugt das breite Spektrum der architektonischen Möglichkeiten. Bei der Diskussion der Entwürfe für Washington standen sich schließlich die Traditionalisten und die zum Neoklassizismus tendierenden Reformarchitekten gegenüber. Das Deutsche Kaiserreich fand darüber zu keinem Konsens und damit auch keine verbindliche Architektur für seinen Botschaftsbau.

Das Reichsmarineamt in Berlin

Im Jahr nach der Reichsgründung ist neben dem Reichskanzleramt sowie dem Auswärtigen Amt die Kaiserliche Admiralität als eine dritte oberste Reichsbehörde eingerichtet worden. Damit hatte sich die Marine im Reich einen bereits im Norddeutschen Bund vorbereiteten Sonderstatus sichern können, der sie vom Heer unterschied, das weiterhin den jeweiligen Bundesländern unterstellt blieb; der Oberbefehl des Kaisers galt für die Bundesheere nur im Kriegsfall. Mit dem Regierungsantritt Kaiser Wilhelm II. begannen die fetten Jahre der Reichsmarine. Wilhelm trennte den Oberbefehl endgültig von der Verwaltung, welche 1889 im Reichsmarineamt zusammengefaßt wurde. Die Verwaltung der Reichsmarine war in Berlin lange Zeit an verschiedenen Standorten untergebracht. In den Jahren 1911–1914 wurde schließlich in der Königin-Augusta-Straße (heute Reichpietschufer 72–76) ein repräsentativer Neubau für das Reichsmarineamt ausgeführt, der die Bedeutung zum Ausdruck bringt, die der Marine inzwischen nicht nur vom Kaiser, sondern von weiten Kreisen der Bevölkerung zugemessen wurde. Die Bauleitung lag in den Händen der Bauabteilung der Reichsmarine, die 1885 von der Superrevision durch das preußische Ministerium der öffentlichen Arbeiten befreit worden war.

Den Entwurf für das weitgehend erhaltene Reichsmarineamt schuf die Architektengemeinschaft Heinrich Reinhardt & Georg Süßenguth, die durch mehrere Rathausbauten hervorgetreten war. Sie realisierten einen fünfgeschossigen Neubau mit mehreren Innen- und Lichthöfen[261] (Abb. 129). 1938 kam an der Rückseite der Bendlerblock an der Stauffenbergstraße (früher Bendlerstraße) hinzu. Das Reichsmarineamt ist ein mit großer Sorgfalt ausgeführter Bau im Stil des Neoklassizismus. Die Hauptfassade besitzt mit einem Portikus mit Unterfahrt einen markanten Akzent. Sie ist mit flachen Lisenen gegliedert, vor dem Walmdach gibt es ein schlichtes, schmales Gesims. Der gut erhaltene Eingangsbereich und der Hauptlichthof sind mit scharfkantigem Steinschnitt und ausgewogenen Proportionen gestaltet (Abb. 130).

Die Architektur des Reichsmarineamtes erregte viel weniger Aufsehen als die Kaiserlich-Deutsche Botschaft von Peter Behrens in St. Petersburg, die fast gleichzeitig errichtet wurde. Das Reichsmarineamt war gewiß etwas traditioneller und weniger provokativ als die Botschaft. Seine Architektur eines gemäßigten Neoklassizismus entsprach einem in der Zeit vor und nach dem Ersten Weltkrieg im gesamten

129 Berlin, Reichsmarineamt, Reichpietschufer 72–76 (ehem. Königin-Augusta-Straße). Reinhardt & Süßenguth 1911–1914 (heute Verteidigungsministerium)

130 Berlin, Reichsmarineamt. Haupthalle

öffentlichen Bauwesen innerhalb des Deutschen Reiches (mit einem besonderen Schwerpunkt in Preußen) bevorzugten Baustil. Zahlreiche Rathäuser, Verwaltungsbauten usw. entstanden in den Formen dieses Neoklassizismus. Die von der Bauabteilung im preußischen Ministerium der öffentlichen Arbeiten herausgegebene *Zeitschrift des Bauwesens* stellte zwischen der Jahrhundertwende und dem Ende des Kaiserreiches eine noch kaum gewürdigte Fülle öffentlicher Neubauten im neoklassizistischen Stil vor. Der unübersehbare Rückgriff auf die Zeit »um 1800« war einerseits im Sinne der preußischen Bauverwaltungen und andererseits eine der neuesten Architekturformen, die zur Verfügung standen. So hat Alfred Messel mehrere zukunftsweisende Bauten in diesem Stil gebaut und emanzipierte sich damit allmählich vom akademischen Stilzitat. Vor diesem Hintergrund erscheint die Aufregung um Behrens' Botschaftsbau in St. Petersburg als eine Ausnahme, die vor allem signifikant für den konservativen Kaiser und sein adliges Umfeld, nicht aber repräsentativ für eine mittlerweile breite Strömung in der Architektur war.

Zahlreiche Architekten und Architekturkritiker meinten im Neoklassizismus einen neuen Staatsbaustil für das Deutsche Reich und Preußen (zwischen denen in diesem Zusammenhang nicht immer genau unterschieden worden ist) zu erkennen. Moeller van den Bruck gehörte zu den schärfsten Propagandisten dieser Richtung, mit besonderem Akzent auf Preußen.[262] Mit historisch-kritischem Auge wäre allerdings schnell die Problematik solcher Inanspruchnahme einer historischen Stilform offenbar geworden, denn ebenso wie auf Schinkel und mehr noch Friedrich Gilly hätte man sich auch auf die Arbeiten der sogenannten ›Revolutionsarchitekten‹, auf die Entwürfe des Dreigespannes Boullée, Ledoux, Lequeu berufen können.[263] Die nationalistische Indienstnahme des Neoklassizismus hätte sich damit sogleich als eine unzulässige Reduktion der Architekturgeschichte entlarven lassen. Außerdem handelte es sich, auch wenn Preußen aufgrund seiner Bautradition ein besonderer Anteil am Neoklassizismus zukommt, nicht um eine auf das Deutsche Reich beschränkte Entwicklung. Schließlich ließ der Verlauf der deutschen Geschichte nach einem aufsehenerregenden Auftakt keine abschließende Klärung der Frage zu, ob der Neoklassizismus ein spezifischer Staatsbaustil im Kaiserreich[264] werden könnte – und was in der Weimarer Republik (beispielsweise der Erweiterungsbau der Reichskanzlei durch Eduard Jobst Siedler im Jahr 1928 in der Wilhelmstraße) und im Nationalsozialismus geschehen ist, das ist bereits ein anderes, gewiß höchst spannendes Kapitel.

Architektur für die Nation?

Im Januar 1871 ist in Versailles das Deutsche Reich gegründet worden. Der preußische König Wilhelm I. wurde Deutscher Kaiser. Damit entstand mitten in Europa ein neuer Staat, den es in dieser Form nie gegeben hatte. Es dauerte etwa ein bis zwei Jahrzehnte, bis der junge Nationalstaat eine die deutschen Bundesländer zusammenfassende Infrastruktur ausgebildet hat. Die Erfahrungen des preußischen Staates sind dabei in vieler Hinsicht richtungweisend gewesen.

Im Verlauf des Ausbaus der Verwaltungsstrukturen und der politischen Organe des Reiches wurden zahlreiche Gebäude für Reichsämter, Reichsministerien und andere Instanzen gebaut. Mit Spannung konnte erwartet werden, in welchem Baustil das Deutsche Reich seine Staatsbauten errichten würde, denn die Epoche des Historismus baute bis in den Anfang des 20. Jahrhunderts hinein in historischen Stilformen. Die Architekturgeschichte von der Antike über das Mittelalter bis zum Barock ist ihr eine unerschöpfliche Quelle von Vorbildern gewesen. Wie bei allen anderen Bauvorhaben auch, stellte sich den Auftraggebern und Architekten die für das 19. Jahrhundert charakteristische Frage: »In welchem Stile sollen wir bauen?« In das Zentrum entsprechender Diskussionen rückte das Parlamentsgebäude des Deutschen Reiches, der monumentale Neubau für den Reichstag und den Bundesrat.

In der Weise, wie auch der Ausbau der Reichsregierung erst allmählich voranschritt – es gab anfangs nur wenige Reichsämter und keine Ministerien – entwickelte sich auch das Staatsbauwesen des Kaiserreiches nur zögerlich. Eine eigene Bauabteilung ist erst um 1877 beim Reichskanzleramt angesiedelt worden, 1884 kam sie an das Reichsamt des Inneren. Reichskanzler Fürst Otto von Bismarck beobachtete durchaus sorgfältig die Arbeit seiner Baubeamten und drängte stets auf eine möglichst schnelle sowie kostengünstige Realisierung der anstehenden Neubauten. In Baufragen ganz Pragmatiker ließ er jedoch eine dynamische, eigenständige Entwicklung der Reichsbauabteilung nicht zu, unterstellte sie vielmehr der Superrevision durch das preußische Ministerium der öffentlichen Arbeiten. Wichtige Entwürfe mußten außerdem der preußischen Akademie des Bauwesens zur Begutachtung unterbreitet werden. Es ist auch nicht im Sinne des Reichskanzlers gewesen, hervorragende Architekten einzustellen. So litt die Reichsbauabteilung einerseits an ihrer Rückbindung an Preußen, andererseits an ihrer schwachen personellen Besetzung. Viele Aufgaben erledigte die Bauabteilung im preußischen Ministerium der öffentlichen Arbeiten. Das Reich lief damit Gefahr, preußisch zu bauen (was gewiß nicht im Sinne der anderen Bundesländer sein konnte). Größere Eigenständigkeit erlangten nur die vom Reichskanzleramt beziehungsweise dem Reichsamt des Inneren unabhängigen Bauabteilungen der Reichseisenbahn, der Reichsmarine und vor allem der Reichspost, letztere einer der größten Auftraggeber für öffentliche Architektur im Deutschen Kaiserreich.

Wenn es dem Deutschen Kaiserreich trotz seiner engen Anbindung an Preußen gelungen ist, ein eigenes architektonisches Profil zu gewinnen, dann hatte das seine Ursache in einigen entscheidenden Beschlüssen des Reichstages. Mit der durch das Plenum des Reichstages mehrfach erfolgreich erhobenen Forderung nach Ausschreibung öffentlicher Wettbewerbe – die der preußischen Bauverwaltung ein kaum genutztes, eher ungeliebtes Instrument gewesen sind – gelang es, der preußischen Dominanz einen Riegel vorzuschieben. Die Wettbewerbskommissionen für Reichsbauten sind stets mit hochqualifizierten Architekten verschiedenster Richtungen und Schulen besetzt gewesen. Sie kamen keineswegs nur aus Preußen, sondern auch aus den westlichen und südlichen Bundesländern und aus Österreich. Wettbewerbe für die großen Staatsbauten des Kaiserreiches hat insbesondere auch die deutsche Architektenschaft mit Nachdruck gefordert. Damit drängten die Privatbaumeister, deren Zahl beständig zugenommen hatte, in das öffentliche Bauwesen hinein.

Eine erste architektonische Richtungsentscheidung für Staatsbauten des Deutschen Kaiserreiches war die Auswahl von Ludwig Bohnstedts Neurenaissanceentwurf für ein Reichstagsgebäude im ersten Wettbewerb von 1872. Der Reichstag griff wenig später auch in die Planung des Kollegiengebäudes für die Kaiser-Wilhelm-Universität in Straßburg ein. Er kippte einen Vorschlag des Universitätsbaumeisters Hermann Eggert, der aus der preußischen Bauverwaltung kommend in das Reichsland versetzt worden war. Auf dem Wege des nun durchgeführten Wettbewerbes konnte ein Entwurf von Otto Warth zur Ausführung bestimmt werden, der aus dem Südwesten des Reiches kam und nicht in der Berliner Schule ausgebildet worden war. Der Baustil war hier ebenfalls internationale Neurenaissance. Auch der Entwurf für das Reichsgericht in Leipzig war aus einem offenen Wettbewerb hervorgegangen. Als 1882 der aus dem zweiten Reichstagswettbewerb ausgewählte Entwurf von Paul Wallot zur Ausführung bestimmt worden ist, setzte das Deutsche Reich ein deutliches architektonisches Zeichen. Mit dem Reichstagsgebäude gelang ihm – gegen den massiven Widerstand der preußischen Akademie des Bauwesens – die endgültige Emanzipation vom preußischen Klassizismus und der von ihm in Berlin geprägten schlichten Neurenaissance. *Der* Baustil für Staatsbauten des Deutschen Reiches war von der Reichsgründungsära bis in die 1890er Jahre hinein internationale Neurenaissance.

Einer der politisch brisantesten Orte für Bauten des Kaiserreiches war das Reichsland Elsaß-Lothringen. Die heterogene Bevölkerungszusammensetzung aus Franzosen und Deutschen konnte bei den Entscheidungen für öffentliche Neubauten nicht unberücksichtigt bleiben. Wie umstritten die Beanspruchung dieses Gebietes durch das Deutsche Reich politisch auch gewesen war, so zeigt sich doch in der Architektur der dort errichteten Reichsbauten Sensibilität für die vorgefundene Situation. In der Hauptstadt Elsaß-Lothringens, Straßburg, wurde nicht preußisch gebaut, und es ist auch nicht der Versuch gemacht worden, in irgendeiner Weise deutsch zu bauen. Die wichtigsten Bauten entstanden im Stil der internationalen Neurenaissance. Der Kaiserpalast reagierte in seinem Dekor und seiner Ausstattung sogar unübersehbar auf den an der Pariser École des Beaux-Arts gepflegten Geschmack. Die noch immer sehr gut erhaltenen öffentlichen Bauten in der kaiserzeitlichen Neustadt waren ein versöhnliches, werbendes Angebot an die Elsässer und keine nationalistische Machtdemonstration.

Mit der internationalen Neurenaissance stellte sich das Deutsche Reich neben die großen Nachbarländer Frankreich und Österreich. Dabei ging es gewiß nicht darum, die in der Entwicklung der Architektur führenden europäischen Hauptstädte Paris und Wien zu überbieten. Die in Wien im Stil der Neurenaissance für Politik und Kultur errichteten Gebäude sind um ein Vielfaches aufwendiger als vergleichbare Neubauten in Berlin, Leipzig und Straßburg. Das Deutsche Reich stand ja auch noch ganz am Anfang seiner Entwicklung, es verfügte über keinerlei Erfahrungen mit einer Architektur auf einer nationalen Ebene, oberhalb der deutschen Bundesländer. Außerdem haben die föderativen Strukturen dem Reich selbst gar nicht genug Ressourcen zukommen lassen, um Staatsrepräsentation im großen Stil betreiben zu können, immer wieder rückte die Kostenfrage in den Vordergrund. Viele öffentliche Bauaufgaben sind auch weiterhin von den Bundesländern wahrgenommen worden, die dabei ihren eigenen Traditionen folgten. Das zeigte sich in Preußen in aller Deutlichkeit, denn dieses Land errichtete in der Zeit des Kaiserreiches eine bis heute noch gar nicht vollständig gewürdigte Fülle sehr eindrucks- und qualitätvoller Verwaltungsbauten, an deren Zahl die Reichsbauten bei weitem nicht heranreichen. Eine architektonische Entwicklung wie in Wien oder der Hauptstadt des straff zentralisierten französischen Staates, Paris, konnte sich aufgrund der politischen Strukturen des jungen Deutschen Reiches in Berlin gar nicht einstellen.

Die Diskussionen über eine dem Deutschen Reich angemessene Architektur konzentrierten sich von Anfang an auf das Reichstagsgebäude. Nach der Reichsgründung wollten die Nationalliberalen es – analog zu den Nationaldenkmälern – als ein Erinnerungsmonument für die Reichsgründung und den Sieg über Frankreich errichtet wissen. Über diese Zielsetzung bestand allerdings keineswegs Einhelligkeit, außerdem wandelte sich die politische Stimmungslage bis zur Ausschreibung des zweiten Reichstagsbauwettbewerbes im Jahr 1882: Jetzt standen die Anforderungen an die Nutzung des Gebäudes im Vordergrund. Paul Wallots Entwurf wurde vor allem gewählt, weil er die Schwierigkeiten der Grundrißgestaltung überzeugend gelöst hatte. Wallot wählte – wie die meisten anderen Wettbewerbsteilnehmer – den Stil der internationalen Neurenaissance. Dabei neigte er zu einem besonderen Dekorreichtum, denn er war ein großer Verehrer von Charles Garnier, dem Architekten der Pariser Oper, und der Neurenaissance der Pariser Schule. Obwohl Wallot nicht in Paris studiert hatte, war er mit der Üppigkeit der Architektur des Reichstagsgebäudes, dem wichtigsten Repräsentationsbau des Kaiserreiches, noch weit über das hinausgegangen, was Architekten wie Friedrich Hitzig und Richard Lucae im öffentlichen Bauwesen Preußens in den Formen einer vergleichsweise schlichten Neurenaissance verwirklicht hatten. In diesem Sinne war die Architektur des Reichstagsgebäudes nicht nur international, sondern in gewisser Weise – analog zu einem mittelalterlichen Begriff für die französische Gotik – opus francigenum.

Im Unterschied zur Außenarchitektur ist das Innere des Reichstagsgebäudes weitgehend im Stil der deutschen Renaissance gestaltet worden. Mit der aus Holz geschaffenen Innenausstattung der Sitzungssäle und Büros wurden eigenständige Akzente gesetzt, denn in Paris oder Wien wäre für einen Bau dieser Kategorie selbstverständlich Marmor verwendet worden (wie er ja im Inneren des Straßburger Kaiserpalastes bezeichnenderweise auch eingesetzt worden war). Die deutsche Renaissance bildete in der Architektur des Historismus eine Mode der 1880er Jahre und traf auf große Resonanz beim deutschen Bürgertum, das sich mit dem 16.

Jahrhundert und seiner Kunst bevorzugt identifizierte, weil es in dieser Epoche die Wurzeln des bürgerlichen Zeitalters sah. Mit der Innenausstattung des Reichstagsgebäudes haben die im Reichstagsplenum versammelten Bürger ihren politischen Versammlungsort ihrem Geschmack entsprechend gestaltet. Paul Wallot erwies sich hierin als idealer Partner.

Im letzten Jahrzehnt des 19. Jahrhunderts setzten Entwicklungen ein, die der Architektur und der Kunst folgenreiche Veränderungen gebracht haben. Im Zuge eines letztmals aufblühenden Stilpluralismus verlor die internationale Neurenaissance (und wenig später auch die kurzzeitig aufgeblühte deutsche beziehungsweise nordische Renaissance) ihre Vorrangstellung im öffentlichen Bauwesen der westlichen Welt. Reformbewegungen veränderten das gesamte Baugeschehen folgenreich, die Architektur der Stile spielte im Siedlungs- und Industriebau kaum noch eine Rolle. Zugleich wurde ein letztes Mal ein historischer Baustil beschworen: der Klassizismus der Zeit um 1800. Der Neoklassizismus bot sich in vieler Hinsicht für repräsentative öffentliche Gebäude an, denn er verband in eigentümlicher Weise Tradition und Fortschritt miteinander. Seine Beliebtheit fiel in die Zeit einer verschärften nationalen Stimmung. Viele Architekturkritiker deklarierten ihn zu einem Staatsbaustil preußisch-deutscher Couleur. Aber nur Preußen reagierte nachdrücklich darauf und errichtete nach der Jahrhundertwende eine Fülle seiner öffentlichen Neubauten in diesem Stil. Für die spezifische Entwicklung in Preußen hat die von Schinkel ausgehende Bautradition eine wichtige Rolle gespielt, denn die preußische Schule trennte sich während des gesamten 19. Jahrhunderts – trotz ihrer Hinwendung zu einer maßgeblich von Friedrich August Stüler geprägten, sehr schlichten Neurenaissance – im öffentlichen Bauwesen Berlins nie wirklich vom Klassizismus.

Das Deutsche Kaiserreich baute im Unterschied zu Preußen nur selten neoklassizistisch: die Kaiserlich-Deutsche Botschaft in St. Petersburg und das etwas konservativere Reichsmarineamt in Berlin. Es war wohl kein Zufall, daß mit der Botschaft in St. Petersburg gerade ein Bau aus dem Bereich des Auswärtigen Amtes im neoklassizistischen Stil entstand, denn dieses Amt war unmittelbar aus dem preußischen Ministerium der auswärtigen Angelegenheit heraus entwickelt worden. Für die von Peter Behrens, einem eher konservativen Vertreter unter den reformorientierten Architekten, entworfene Botschaft in St. Petersburg wurde das Reich vielfach beglückwünscht. Viele Kritiker meinten, nun endlich einen Staatsbaustil entdeckt zu haben, der dem Kriterium nationaler Exklusivität in vollem Umfange genüge. Das Kaiserreich hat den Neoklassizismus dennoch nicht umfassend für sich in Anspruch genommen, die Botschaft in St. Petersburg blieb eine Ausnahme. Der kurze Zeit später ausgewählte Entwurf Bruno Möhrings für eine (nicht realisierte) Botschaft in Washington fiel in einen schlichten, konservativen Neubarock zurück. Als es zu klären galt, ob der Neoklassizismus lediglich eine spezifisch preußische Erscheinung darstelle oder ob er Gültigkeit für die Staatsbauten des Reiches haben könnte, brach der Erste Weltkrieg mit der anschließenden Abdankung des Kaisers aus. Die Aufgabe einer klärenden Entscheidung wurde an die Weimarer Republik weitergereicht.

In der Entwicklung der Staatsbauten des Deutschen Kaiserreiches spiegelt sich zunächst die Geschichte der Architektur wider. Das Deutsche Kaiserreich hat keinen nationalen Baustil erfunden, ja nicht einmal einen Versuch in dieser Richtung unternommen. Mit der überwiegend bevorzugten Neurenaissance wählte es nach der Reichsgründung vielmehr einen Repräsentationsstil von internationaler Gültigkeit. Diesem Stil kommt der Löwenanteil unter den Staatsbauten zu. Andere Stilformen spielten eine geringe Rolle. Die Reichsregierung hat auf die in den Architekturzeitschriften der Zeit vielfach diskutierte Frage nach einem nationalen Baustil nicht entsprechend den Erwartungen der Autoren reagiert. Es gab keinen politischen Willen zur Entwicklung einer spezifisch deutschen Staatsarchitektur. Die Kompetenzen für die Gestaltung von Staatsbauten verteilten sich außerdem auf so viele verschiedene Organe, daß es zu einer Zentralisierung der Bauaufgaben nicht gekommen ist. Kaiser Wilhelm I. und Reichskanzler Otto von Bismarck widmeten dieser Angelegenheit kaum Aufmerksamkeit. Die Zusammensetzung des Reichstages war viel zu heterogen, um hier schnell und dauerhaft zu konsensfähigen Richtungsentscheidungen kommen zu können, doch ist gerade dem Reichstag die Ausschreibung offener Wettbewerbe zu verdanken, die den Staatsbau des Kaiserreiches auf ein internationales Niveau hoben. Diese komplexe Situation erklärt den überwiegend vorherrschenden künstlerischen Opportunismus der Architektur der Staatsbauten des Deutschen Kaiserreiches.

Es hat im Deutschen Kaiserreich nicht an Bemühungen gefehlt, Monumente im öffentlichen Raum zum Zweck der nationalen Selbstvergewisserung zu errichten beziehungsweise vorhandene Werke dafür in Dienst zu nehmen. Anschaulichster Ausdruck des nationalen Selbstverständnisses dieser Epoche waren die deutschen Nationaldenkmäler. Diese überwiegend von Vereinen, Kommunen und Provinzen getragenen

Aktivitäten konnten nicht spurlos an der öffentlichen Architektur des jungen Nationalstaates vorübergehen. So wollten die Nationalliberalen kurz nach der Reichsgründung das Reichstagsgebäude als ein nationales Monument erbauen lassen. Aber das Staatsbauwesen hat diesen politischen Anspruch nicht aufgenommen. Solche nationalistischen Konnotationen spielten bei dem erst ab 1884 realisierten Parlamentsbau kaum noch eine Rolle. Auch als ein radikalnationalistisches, bisweilen völkisch gesonnenes Bürgertum nach der Jahrhundertwende sein neues Nationalgefühl mit dem archaisierenden Monumentalismus des Leipziger Völkerschlachtdenkmales zum Ausdruck brachte, und dieses Bürgertum im Neoklassizismus einen neuen Staatsbaustil zu erkennen meinte, reagierte die Reichsregierung zurückhaltend. Damit beantwortet sich eine der anfangs gestellten Fragen: Die Staatsbauten des Deutschen Kaiserreiches dienten nicht in erster Linie als Instrumente nationaler Politik, eine solche Funktion ist ihnen nur in wenigen Fällen zugemessen worden.

Unmittelbare Verbindungen zwischen Architektur und Politik finden sich in der Geschichte tatsächlich nur ausnahmsweise, und stets waren solche Bedeutungen zeitlich begrenzt. Das gilt für den konservativen, historisierenden Monumentalismus, den »Zuckerbäckerstil« Josef Stalins wie für den Monumentalklassizismus Adolf Hitlers. Sehr häufig lassen sich Initiativen für eine rein politisch verstandene Architektur auf mächtige Einzelpersonen zurückführen. Und in allen Fällen ist auf vorhandene Architekturströmungen zurückgegriffen worden, keiner der genannten Herrscher hat seinen selbsterklärten Herrschaftsstil erfunden, es sind lediglich bereits vorhandene Formen modifiziert worden. Im Deutschen Kaiserreich gab es nur einen einzigen spektakulären Fall dieser Art: die Neuromanik Wilhelms II. Dieser dynastische Versuch der Kreierung einer Herrschaftsarchitektur ist aber ebenfalls sehr bald versiegt. Außerdem hat Wilhelm II. keineswegs nur die Neuromanik gefördert, denn in Berlin bevorzugte er beispielsweise den Neubarock. Die Reichsbauabteilung wahrte Distanz zu diesen Intentionen des Kaisers.

Aspekte nationaler Identität verbanden sich im Deutschen Kaiserreich nur in Ausnahmefällen mit bestimmten Staatsbauten. Keine architektonische Form und kein Baustil besaß aus sich heraus eine politische Aussagekraft – das war übrigens eine charakteristische Erscheinung der gesamten Architektur des Historismus. Für die Staatsbauten des Deutschen Kaiserreiches gilt: Erst kam die Architektur und dann die Ideologie. Bei der Annäherung an die Frage nach der Bedeutung der Staatsbauten für die politische Selbstdarstellung des Deutschen Kaiserreiches ist darum sorgfältig zwischen der Geschichte der Architektur und der Geschichte der politischen Ideen zu unterscheiden. Die nationale Überhöhung eines Stiles oder eines Gebäudes beruhte weitgehend auf Definition. Form und Bedeutung standen in keinem kausalen Verhältnis zueinander. Die Vermittlung einer politischen Botschaft mit Hilfe von Architektur bedurfte des begleitenden, erklärenden Wortes in Schrift oder Sprache oder zumindest der Anbringung allgemein anerkannter Symbole, denn Architekturformen als solche besaßen (jedenfalls seit dem späten 18. Jahrhundert) keine eindeutige politische Aussagekraft mehr.

In dem Maße wie das Reichstagsgebäude in der Zeit seiner Errichtung als politisches Monument für den jungen Nationalstaat verstanden worden ist, konnte es als ein Instrument nationaler Identitätsbildung dienen. Dabei ist allerdings der Baustil nicht ausschlaggebend gewesen, denn der war aus italienischer Renaissance und französischer Neurenaissance abgeleitet. Seine – komplexe – politische Botschaft erschloß sich vielmehr aus dem zeitgenössischen Kontext von Politik und Architektur. Dabei war die Anbringung von Symbolen eine Notwendigkeit, denn ausweislich seiner Architektur hätte das Reichstagsgebäude auch ein Justizpalast sein können. Eine unverzichtbare Voraussetzung für eine nationalpolitische Wirksamkeit dieser Architektur war außerdem ein entsprechendes Vorwissen der Betrachter, das durch die im späten 18. Jahrhundert einsetzenden nationalen Bestrebungen gebildet worden ist. Erst als sich der nationalpolitische Gedanke konkretisiert und gefestigt hatte, konnte er mit einer bestimmten Form (oder einem Stil) in Verbindung gebracht werden. Und diese Form konnte dann verstärkend auf die Betrachter zurückwirken.

Im 19. Jahrhundert sind es in aller Regel ausgewählte, im Stil der Zeit errichtete Bauten gewesen, denen eine besondere politische Bedeutung beigemessen worden ist. Wenn diese zeitgenössische politische Bedeutung eines Gebäudes unterging – wie beim Reichstagsgebäude – dann konnten sich neue Bedeutungen mit ihm verbinden, die sich von der ursprünglichen unterscheiden. Dafür ist das Reichstagsgebäude auch heute noch das anschaulichste Beispiel: Lange Zeit als Ausdruck wilhelminischen Größenwahnes stigmatisiert, avanciert es seit wenigen Jahren zu einem Symbol nationaler Selbstvergewisserung. Es mutiert zum Zeichen eines geläuterten deutschen Nationalverständnisses, das gute und schlechte Aspekte der nationalen Geschichte integriert. Dieser Prozeß ist Teil gegenwärtiger Bildung von kultureller und politischer Identität – mit der Geschichte der Architektur des Bauwerkes hat das nur mittelbar zu tun.

Anmerkungen

1 Die nicht unumstrittenen Schriften von Günter Bandmann (grundlegend: Mittelalterliche Architektur als Bedeutungsträger, Berlin 1951) gaben der deutschen Forschung wichtige Impulse. Ein Überblick über die gesamte Architekturgeschichte nach der Antike bei Adolf Reinle, Zeichensprache der Architektur. Symbol, Darstellung und Brauch in der Baukunst des Mittelalters und der Neuzeit, Zürich und München 1976. Für den Sammelband Politische Architektur, hg. von Martin Warnke 1984 sind unstrittige Bautypen ausgewählt worden: Schlösser, Botschaften etc. Gottschall 1987 ist soziologisch orientiert und geht wenig auf die Baugeschichte ein. Zum Hintergrund Kruft 1991. Zu Begriff und Methodenfrage Winfried Nerdinger, Politische Architektur. Betrachtungen zu einem problematischen Begriff, in: Architektur und Demokratie 1996, S. 10–31; Klaus von Beyme, Politische Ikonologie der Architektur, in: Architektur als politische Kultur 1996, S. 19–34 (außerdem noch weitere Beiträge zum Thema in dem Sammelband); und ausführlicher Beyme 1998.

2 Uvo Hoelscher, Die Kaiserpfalz Goslar (Denkmäler deutscher Kunst, Bd. 1), Berlin 1927; Arndt 1976; Monika Arndt, Der Weissbart auf des Rotbarts Throne: mittelalterliches und preussisches Kaisertum in den Wandbildern des Goslarer Kaiserhauses, Göttingen 1977.

3 Arndt 1985.

4 Die Literatur zum Thema ist umfangreich. Zeitgenössisch sind sie bereits mit zahlreichen Abbildungen publiziert worden, z. B. Fritz Abshoff, Deutschlands Ruhm und Stolz. Unsere hervorragendsten vaterländischen Denkmäler in Wort und Bild, Berlin o. J. (1904?). Ganz im Zeitgeist und darum schon wieder eine Quelle Hubert Schrade, Das deutsche Nationaldenkmal. Idee – Geschichte – Aufgabe, München 1934. Grundlegend für die historische Beurteilung war und ist Nipperdey 1968. Die unmittelbar nachfolgende Auseinandersetzung geschah nicht selten unter politischen Vorzeichen: Denkmäler 1972; Kerssen 1975; Günther Kleineberg, Die Wacht am Rhein. Megalomanie und Politik-Kultur: Denkmalsprojekte, in: Deutsche Architekten- und Ingenieurzeitschrift, 3, 1976, S. 16–19; Tittel 1981; Scharf 1983. Manche Publikation kam auch jetzt noch im nationalistisch-nostalgischen Geist auf den Markt; z. B. Wallfahrtsstätten der Nation. Vom Völkerschlachtdenkmal zur Bavaria, Frankfurt am Main 1971. Als Bildsammlung Heinz Csallner, Kaiserdenkmäler in alten Ansichten, Zaltbommel 1982. Mit früheren Epochen Scharf 1984. Nach 1989/90 wurde das Thema erneut wissenschaftlich aufgegriffen: Laumann-Kleineberg 1989; Nationaldenkmal 1993; Historische Denkmäler 1994; Tacke 1995; Alings 1996.

5 Nipperdey 1968, S. 567ff; Ein Jahrhundert Hermannsdenkmal, 1875–1975, hg. von Günther Engelbert (Sonderveröffentlichung des Naturwissenschaftlichen und Historischen Vereins für das Land Lippe, Bd. 23), Detmold 1975, darin Nipperdey, Zum Jubiläum des Hermannsdenkmals; Gerd Unverfehrt, Arminius als nationale Leitfigur. Anmerkungen zu Entstehung und Wandel eines Reichssymbols, in: Kunstverwaltung, Bau- und Denkmal-Politik im Deutschen Kaiserreich, hg. v. Ekkehard Mai u. Stephan Waetzold (Kunst, Kultur und Politik im Deutschen Kaiserreich, Bd. 1), Berlin 1981, S. 315–340.

6 Rudolf Engelhardt, Das Niederwald-Denkmal, Bingen 1973; Lutz Tittel, Das Niederwalddenkmal 1871–1883, Hildesheim 1979; Tittel 1981, S. 223ff; Alings 1996, S. 167ff.

7 Berlin und seine Bauten 1896, Bd. I, S. 36–38 (Halmhuber); M. Sperlich, Das Kaiser-Wilhelm-Nationaldenkmal, in: Kunstgeschichtliche Gesellschaft zu Berlin. Sitzungsberichte 1970/71, 3f; Hoffmann, Romanik 1995, S. 54f; Alings 1996, S. 212ff.

8 Monika Arndt, Das Kyffhäuser-Denkmal. Ein Beitrag zur Ikonographie des Zweiten Kaiserreiches, in: Wallraf-Richartz-Jahrbuch 1978, S. 75–127; Michael Stuhr, Das Kyffhäuser-Denkmal – Symbol und Gestalt, in: Historismus – Aspekte zur Kunst im 19. Jahrhundert. Hg. von Karl-Heinz Klingenburg (Seemann-Beiträge zur Kunstwissenschaft), Leipzig 1985, S. 157–182; Tittel 1981, S. 235ff.

9 Arndt 1978 (wie Anm. 8), S. 121.

10 Günter Engelbert, Die Errichtung des Kaiser-Wilhelm-Denkmals auf der Porta Westfalica, in: Westfalen 51, 1973, S. 322–345; Tittel 1981, S. 236ff.

11 W. Laué und Magunna, Das Kaiser-Denkmal am Deutschen Eck in Coblenz, Köln 1897; Antje Laumann, Das Denkmal Kaiser Wilhelms I. am Deutschen Eck. Zur Baugeschichte des Kaiserdenkmals für die Rheinprovinz, in: Landeskundliche Vierteljahresblätter, Trier 1975, S. 165–175; Tittel 1981, S. 233ff; Hoffmann, Romanik 1995, S. 55ff.

12 Feier der Vollendung des Provinzial-Denkmals des Hochseligen Kaisers und Königs Wilhelm des Grossen Majestät am Deutschen Eck zu Coblenz am 31. August 1897, o. O.

13 Alfred Spitzner, Deutschlands Denkmal der Völkerschlacht, das Ehrenmal seiner Befreiung und nationalen Wiedergeburt. Weiheschrift des Deutschen Patriotenbundes, Leipzig 1913; Friedrich Schulze, Die Völkerschlacht und ihr Ehrenmal, Leipzig 1937; Eduard Bachmann, Die Völkerschlacht, das Völkerschlachtdenkmal und sein Erbauer Clemens Thieme, Leipzig 1938; Werner Starke, Das Völkerschlachtdenkmal, 5. Auflage, Leipzig 1963; Hans u. Ortrun Hartmann, Völkerschlachtdenkmal Leipzig, 5. Auflage, Leipzig 1977; M. Lurz, »Lieblich ertönt der Gesang des Sieges«. Projekte und Denkmäler der Völkerschlacht bei Leipzig 1814–1894, in: Kritische Berichte, 16, 1988, H. 3, S. 17–32 u. 17, 1989, H. 1, S. 22–38; aufschlußreich die ausgezeichnete Monographie von Hutter 1990.

14 Stefan-Ludwig Hoffmann, Sakraler Monumentalismus um 1900. Das Leipziger Völkerschlachtdenkmal, in: Totenkult 1994, S. 249–280; ders., Mythos und Geschichte. Leipziger Gedenkfeiern der Völkerschlacht im 19. und frühen 20. Jahrhundert, in: Nation und Emotion 1995, S. 111–132. Hoffmann bietet sehr aufschlußreiche Einblicke in den gesellschaftlichen Kontext der Auftraggeberschaft, die rechts vom Kaiser stand; darauf hatte auch Hutter 1990 bereits hingewiesen.

15 Dazu Sprengel 1991.

16 Franz Servaes, Franz Metzner in seinen neuen Werken, in: Die bildenden Künste, Jg. 1, 1916/18, S. 93–108; J. A. Schmoll gen. Eisenwerth, J. A., Franz Metzner und der Monumentalismus seiner Zeit, in: M. Pötzl-Malikova, Franz Metzner. Ein Bildhauer der Jahrhundertwende in Berlin-Wien-Prag-Leipzig, München 1977; Thomas Topfstedt, Anmerkungen zur Monumentalskulptur des Leipziger Völkerschlachtdenkmals, in: Akten des 25. Internationalen Kongresses für Kunstgeschichte, Wien 1983. Bd. 8, Wien und die Architektur des 20. Jahrhunderts, Wien u. a. 1986, S. 65–71.

17 Plagemann 1972; Hedinger 1981; Alings 1996, S. 128ff, 235ff; Günter Kloss und Sieglinde Seele, Bismarck-Türme und Bismarck-Säulen. Eine Bestandsaufnahme, Petersberg 1997.

18 Kloss und Seele (wie Anm. 17) 1997, Abb. S. 16 u. 17.

19 Häufig wird auf das Grabmal des Theoderich in Ravenna verwiesen. In Erwägung müssen auch die byzantinischen Zentralbauten der christlichen Spätantike gezogen werden. Diese wurden u. a. über frühromanische Bauten in Norditalien dem Westen bekannt. Der Zentralbau war als Grablege im ganzen Mittelmeerraum beliebt. Der karolingische Zentralbau der Aachener Pfalzkapelle ist ebenfalls ein Grabbau, nämlich für Karl den Großen.

20 Dazu u. a. Ribbe 1976.

21 Walter Steiner, Europa in der Urzeit. Die erdgeschichtliche Entwicklung unseres Kontinents von der Urzeit bis heute, München 1993, S. 97.

22 Vgl. Architektur und Demokratie 1996.

23 Von »intellektueller Symbolallergie« sprach in zugespitzter Weise Quartisch 1977.

24 Die Literatur zu diesem Thema ist kaum noch zu überblicken. Wichtig in diesem Zusammenhang u. a. Borst 1979; Identität 1979; Nationale Mythen 1991 (darin z. B. Michael Jeismann, Was bedeuten Stereotypen für nationale Identität und politisches Handeln? S. 84–93); Nation und Emotion 1995; Nationale und kulturelle Identität 1996. Für die kulturelle Situation in Deutschland im 19. Jahrhundert speziell u. a. Georg Bollenbeck, Bildung und Kultur. Glanz und Elend eines deutschen Deutungsmusters, Frankfurt a. M. und Leipzig 1996. In Deutschland einflußreich auch die Schriften des Ägyptologen Jan Assmann, z. B. Das kulturelle Gedächtnis. Schrift, Erinnerung und politische Identität in frühen Hochkulturen, München 1997 mit einem umfassenden Literaturverzeichnis.

25 Erzählung, Identität und historisches Bewußtsein. Die psychologische Konstruktion von Zeit und Geschichte, hg. von Jürgen Straub (Erinnerung, Geschichte, Identität 1), Frankfurt a. M. 1998; Die dunkle Spur der Vergangenheit. Psychoanalytische Zugänge zum Geschichtsbewußtsein, hg. von Jörn Rüsen u. Jürgen Straub (Erinnerung, Geschichte, Identität 2), Frankfurt a. M. 1998; Identitäten, hg. von Aleida Assmann u. Heidrun Freise (Erinnerung, Geschichte, Identitäten 3), Frankfurt a. M. 1998; Die Vielfalt der Kulturen, hg. von Jörn Rüsen, Michael Gottlob u. Achim Mittag (Erinnerung, Geschichte, Identität 4), Frankfurt a. M. 1998. Etwas älter Emil Angehrn, Geschichte und Identität, Berlin u. a. 1985.

26 Bernd Krewer und Lutz H. Eckensberger, Selbstentwicklung und kulturelle Identität, in: Handbuch Sozialisationsforschung, hg. von Klaus Hurrelmann und Dieter Ulich, 5. Auflage, Weinheim und Basel 1998, S. 573–594, hier S. 592.

27 Georg Dehio, Denkmalschutz und Denkmalpflege im neunzehnten Jahrhundert. Festrede an der Kaiser-Wilhelm-Universität zu Straßburg, den 27. Januar 1905, in: ders., Kunsthistorische Aufsätze, München und Berlin 1914, S. 261ff, hier S. 268.

28 H. Lezius, Das Recht der Denkmalpflege in Preußen, Berlin 1908, S. 3.

29 Zur preußischen Denkmalpflege an den romanischen Kirchen im Rheinland Hoffmann, Romanik, 1995.

30 Die Literatur zum Thema in Deutschland ist sehr umfangreich, insbesondere nach 1990 enstanden noch einmal zahlreiche Arbeiten. Ausgewählt hier Nationalismus 1985; Johnston 1990; Nationale Mythen 1991; Nation und Emotion 1995; Wehler 1995, die lange Anm. auf S. 1349; Nationale und kulturelle Identität 1996; Holz 1997; Hobsbawm 1998; Mythen der Nation 1998.

31 Hobsbawm 1998, S. 21. Der Autor bezieht sich auf Ernest Gellner, Nationalismus und Moderne, Berlin 1991, S. 77. Aufschlußreich ist die kurz nach dem

Tod des Autors erschienene Arbeit Ernest Gellner, Nationalismus. Kultur und Macht, Berlin 1999. Vgl. auch Benedict Anderson, Die Erfindung der Nation. Zur Karriere eines folgenreichen Konzepts, Berlin 1998.

32 Zunächst anonym erschien »Rembrandt als Erzieher« im Jahr 1890.

33 Houston Stewart Chamberlain, Die Grundlagen des 19. Jahrhunderts, 2 Bde., München 1899.

34 Ernest Renan, Qu'est ce que c'est une nation? Paris 1882, S. 7.

35 Dieter Bartetzko, Denkmal für den Aufbau Deutschlands. Die Paulskirche in Frankfurt a. M., hg. von Elmar Lixenfeld, Königstein im Taunus 1998.

36 Der Begriff »internationale« Neurenaissance ist nicht etabliert, wird hier aber wegen seiner besonderen Eignung gewählt und zur weiteren Benutzung empfohlen.

37 Ein guter Überblick bei Scharabi 1968. Außerdem Ders., L'influence de l'architecture de l'École des Beaux-Arts de Paris en Allemagne, in: Cahiers du Centre de Recherches et d'Études sur Paris et l'Ile-de-France, Nr. 18, 1987, S. 271–280. Einiges bei Hitchcock 1994.

38 Steinhauser 1969.

39 Scharabi (1968, S. 70) nach einer Statistik der École des Beaux-Arts.

40 Heinrich Magirius, Gottfried Sempers zweites Hoftheater. Entstehung, künstlerische Ausstattung, Ikonographie, Wien u. a. 1985.

41 Die Architektur der Wiener Ringstraße ist gründlich erforscht. Die Wiener Ringstraße – Bild einer Epoche. Die Erweiterung der inneren Stadt unter Kaiser Franz Joseph, Bd. 1, Graz 1969, Bd. 2–11, Wiesbaden 1979. Darin zahlreiche Abbildungen.

42 Abb. z. B. auch bei Scharabi 1993, Nr. 175–177.

43 Scharabi 1968, S. 38–67 mit zahlr. Abb. im Anhang.

44 Börsch-Supan 1977, S. 89ff; außerdem Hitzig 1850/1867.

45 Börsch-Supan 1977, Abb. 78.

46 Scharabi 1993, Abb. S. 136, Nr. 154.

47 Dolgner 1993, Abb. S. 119; Engel 1997, Abb. S. 57.

48 Raffael trug diese Form nach Florenz, wahrscheinlich geht auf ihn der Entwurf für die Villa Pandolfini (vor 1520 bis um 1530) zurück, deren Fassaden zwar nicht gequadert sind, die aber wie das Palais Borsig auch das Nischensystem im Obergeschoß zeigt.

49 Wichtige Berliner Architekten dieser Richtung waren: Hermann Ende (1829–1907), Wilhelm Boeckmann (1832–1902), Heinrich Kayser (1842–1917), Karl von Großheim (1841–1911), Walter Kyllmann (1837–1913), August Heyden (1827–1897).

50 Dazu vor allem Morsey 1957.

51 GStA HA I, Rep. 93B, Nr. 1929, 1930, 1931.

52 Das Ministerium der öffentlichen Arbeiten war 1878 durch Aufteilung des Ministerium für Handel, Gewerbe und öffentliche Arbeiten entstanden. Seine Abteilung III war die Bauabteilung, deren Aufgaben in der preußischen Verwaltungsreform 1849 geregelt worden waren.

53 BuAB R 43, I Gr. 2, Bd. 26, fol 25ff, 4.7.1880, Bismarck an Wilhelm II. u. fol. 30, 7.7.1880 Erlaß Wilhelms II., fol. 35ff, 4.8.1880 Minister Maybach, preuß. Ministerium der öffentlichen Arbeiten an Bismarck. Das Ministerium entschied anschließend, diesen Erlaß nicht zu veröffentlichen, so daß die verwaltungsmäßigen

Vorgänge um die Reichsbauabteilung in der Öffentlichkeit bisher nicht bekannt geworden sind. Sie gehen nur aus den Akten der Reichskanzlei hervor.

54 Zawisla 1982; P. Krause, Die Entwicklung der preußischen Hochbauverwaltung, in: Zentralblatt der Bauverwaltung, Jg. 40, 1920, Nr. 47, S. 298–301.

55 Die Hochbauverwaltung war neben dem Administrationsbau u. a. für Schulen und Krankenhäuser zuständig.

56 Hinkeldeyn, Die Aufgaben der Hochbauverwaltung des preußischen Staates, in: Zentralblatt der Bauverwaltung, Jg. 25, 1905, Nr. 60, S. 373–380, hier S. 380.

57 BuAB R 43, I Gr. 2, Bd. 26, fol. 78ff, 21.6.1881, Reichskanzler von Bismarck: Verzeichnis derjenigen wichtigen öffentlichen Bauunternehmungen, welche von der Akademie des Bauwesens nach Nr. 2 des Allerhöchsten Erlasses vom 7.5.1880 zu beurteilen sind.

58 Die Akten der Akademie des Bauwesens sind im Zweiten Weltkrieg leider vernichtet worden. Viele wichtige Gutachten sind aber gezielt in den einflußreichen Zeitschriften der Bauverwaltung publiziert worden, andere finden sich handschriftlich in den Akten der jeweiligen Bauten, sofern diese erhalten sind. Ein erster historischer Einblick bei Henning 1981.

59 Kaiser Wilhelm I., Reichs- und Staatsanzeiger 1880, Nr. 114.

60 BuAB R 43, I Gr. 2, Bd. 26, fol. 146ff, 2.3.1882, Bismarck.

61 BuAB R 43, I Gr. 2, Bd. 26, fol. 187ff, der Staatssekretär im Reichspostamt an Bismarck; fol. 195ff, 17.7.1885, Antwort Bismarck; fol. 226ff, 10.7.1885, Ministerium der öffentlichen Arbeiten an Reichskanzlei.

62 BuAB R 43, I Gr. 2, Bd. 26, 10.5.1885, Wilhelm I.

63 BuAB R 43, I Gr. 2, Bd. 27, fol. 104ff, 18.7.1901 Bericht der Reichskanzlei; fol. 155ff, 6.10.1902, der Reichskanzler, Neuregelung der Superrevision; fol. 158, 20.10.1902, Wilhelm II.: die Mitwirkung des preußischen Ministeriums der öffentlichen Arbeiten bei Reichsbauten wird ausgesetzt.

64 Arndt 1985.

65 Börsch-Supan 1977, S. 639; Kieling 1986, S. 68; Kieling 1987, S. 224; Ribbe und Schäche 1987, S. 643 (Text von Michael Cullen). In den Akten der Reichsbauabteilung werden persönliche und architektonische Belange um Wilhelm Neumann ausgesprochen selten erwähnt. Ein Hinweis auf seine Tätigkeit in GStA I. HA, Rep. 2.2.1., Nr. 12977, fol. 140r, 28.2.1878, Staatssekretär von Bülow an Wilhelm I., Immediatbericht. Zit. n. Schwantes 1997, S. 126, Anm. 34.

66 Wilderotter 1998, Abb. S. 317.

67 Börsch-Supan 1977, Abb. 468.

68 Börsch-Supan 1977, Abb. 470.

69 Erst die jüngsten Publikationen zur Berliner Architektur machten auf Neumanns Bauten für das Deutsche Reich aufmerksam. Engel 1997; Wilderotter 1998.

70 Börsch-Supan 1977, S. 560; Kieling 1987; Ribbe und Schäche 1987.

71 Bekiers u. a. 1981, S. 62 mit Abb. 2.

72 Bekiers u. a. 1981; Wilderotter 1998.

73 Landtag 1993; H. Staroste, Die Gebäude des preußischen Landtages – Eine Baubiographie, in: Gebaute Vergangenheit heute, Berichte aus der Denkmalpflege, Berlin 1993.

74 Bekiers u. a. 1981, S. 59f.

75 Zu den Reichsbauten gibt es keine ausführliche Literatur. Eine knappe zeitgenössische Darstellung in Berlin und seine Bauten, 1896, Bd. 2, S. 73–82; jüngst ein Kapitel bei Engel 1997, S. 50–59, wo auf wichtige Aspekte aufmerksam gemacht wird, aber noch keine Quellen berücksichtigt werden; die Bauten in der Wilhelmstraße dargestellt bei Wilderotter 1998 im Anhang S. 239ff; die wenigen erhaltenen Bauten werden vorgestellt in Hauptstadtplanung 1995.

76 Karl Hinkeldeyn, Der Entwurf zu den Erweiterungsbauten des Reichsschatzamtes in Berlin, in: Zentralblatt der Bauverwaltung, Jg. 27, 1907, S. 682.

77 Bereits 1882 war der Raumbedarf so gewachsen, daß die Bauabteilung im Ministerium der öffentlichen Arbeiten einen Neubau nach Gutachten von Bauinspektor Lorenz vorschlug. Bismarck lehnte das jedoch aus Kostengründen kategorisch ab. GStA HA I, Rep. 93B, Nr. 1929, fol. 125f, 25.4.1882, Bismarck an den Minister der öffentlichen Arbeiten.

78 Dazu u. a. Engelniederhammer 1995; Kunst, Symbolik und Politik 1995.

79 Maximilian Rapsilber, Das Reichstagshaus zu Berlin. Eine Darstellung der Baugeschichte und der künstlerischen Ausgestaltung des Hauses, Berlin 1894; Berlin und seine Bauten, 1896, Bd. 2, S. 53–65; Otto Hoßfeld, Das Reichstagsgebäude in Berlin, Leipzig und Berlin 1898; Führer durch das Reichstagsgebäude, hg. vom Büro des Reichstages, 3. Auflage, Berlin 1911; Rave und Wirth 1955; Raack 1978; Haltern 1981; Milde 1981, S. 301ff; Schmädeke 1981; Cullen 1990; Reiche 1988; Cullen 1995; Cullen, Das Reichstagsgebäude. Ein baugeschichtlicher Überblick, in: Kunst, Symbolik und Politik 1995, S. 231–246; Kieling 1995; Wolfgang Schäche, Platz für die Macht. Der Spreebogen in Berlin-Tiergarten, in: Moderne Architektur in Deutschland 1900 bis 2000. Macht und Monument, hg. von Romana Schneider u. Winfried Wang, Ausstellungskatalog Frankfurt a. M., Ostfildern-Ruit 1998, S. 33–51; Cullen 1999; Wefing 1999. Das Reichstagsgebäude ist in der deutschen Forschung lange Zeit kaum beachtet worden. Erste Arbeiten legten Raack 1978 und Schmädeke 1981 monographisch vor, wichtig ist auch Haltern 1981. Kieling 1995 bietet einen kompakten Überblick ohne wissenschaftlichen Apparat. Ausführlich ist Cullen 1995 (2. Auflage 1999), der historisch vorgeht und die Architekturgeschichte nur am Rande behandelt. Erstaunlicherweise wird Reiche 1988 (Dissertation auf Mikrofiche) in der nachfolgenden Literatur überwiegend nicht genannt, wiewohl mehreren danach erschienen Büchern unschwer anzumerken ist, daß eben diese Arbeit – ohne korrekte Zitation – ausgewertet wurde. Reiche bearbeitete die Baugeschichte ausführlich anhand von Quellen, so daß der Bauverlauf und der Prozeß der Meinungsbildung in der Politik sehr gut dokumentiert sind. Reiche erhielt seinerzeit allerdings keinen Zugang zum Hauptstaatsarchiv in Merseburg, wodurch ihm der Einblick in die dort ausgelagerten preußischen Ministerialakten (jetzt GStA Berlin-Dahlem) verwehrt war; er sah auch nicht die Bauakten der Reichskanzlei, die sich jetzt im Bundesarchiv in Berlin-Lichterfelde befinden.

80 Hubert 1992.

81 Die Entstehung der nationalsozialistischen Katastrophe hätte auch anders diskutiert werden können, beispielsweise unter stärkerer Beteiligung von Sozialpsychologen oder Humanethologen.

82 Milde 1981, S. 302 u. 305.

83 W. Mommsen 1992, S. 281, »Kultur und Politik im deutschen Kaiserreich«.

84 Julius Posener (1979, S. 81), der in verdienstvoller und seinerzeit avantgardistischer Weise die Berliner Architektur der Jahrhundertwende vorgestellt hat.

Posener hat auch soziologisch gedacht, was methodisch berechtigt und damals zeitgemäß war, aber wenn die Auftraggeber genauer in den Blick genommen werden, dann verschwimmt sein Wilhelminismus-Begriff. So rechnete er das Völkerschlachtdenkmal bei Leipzig zu den besonders »wilhelminischen« Werken, wogegen heute klar ist, daß gerade dieses Nationaldenkmal den Unwillen Kaiser Wilhelms II. auf sich gezogen hat. »Wilhelminismus« im Sinne Poseners läßt sich nicht auf die »wilhelminischen« Herrscher reduzieren, auch nicht auf eine dem »wilhelminischen« Reich besonders verpflichtete Auftraggeberschaft. Der Begriff ist letztlich ideologisch aufgeladen und in hohem Maße von der kritischen Sicht der Nachkriegszeit geprägt. Er wird bei näherem Blick auf die Architekturgeschichte untauglich.

85   J. Marchand, Le Palais Bourbon, Paris 1962.

86   F. Schwengel, Hg., The Story of the United States Capitol, Washington 1985.

87   M. H. Port, The Houses of Parliament, New Haven und London 1976.

88   Farbabb. bei Haagsma u. Haan 1988, S. 58.

89   Die ausgeprägten christlichen Konnotationen des neugotischen Stils könnten in Budapest, im Osten der österreichisch-ungarischen Doppelmonarchie auch die Präsenz des Christentums gegenüber dem nahen Islam im Osmanischen Reich demonstriert haben; diese Vermutung ist zuweilen geäußert worden. Das mag eine Rolle gespielt haben, doch war die Neugotik als Baustil für Parlamentsneubauten beziehungsweise deren Entwürfe im 19. Jahrhundert zu verbreitet, um allein auf eine religiöse Bedeutung beschränkt werden zu können.

90   Renate Wagner-Rieger und Mara Reissberger, Theophil von Hansen (Die Wiener Ringstraße. Bild einer Epoche, Bd. VIII Die Bauten und ihre Architekten, 4 Theophil von Hansen), Wiesbaden 1980, Text zu Hansen von R. Wagner-Rieger S. 111–164.

91   Zit. nach Reiche 1988, S. 2.

92   Stenografische Berichte der Verhandlungen des Reichstages, 5.2.1876. Zit. nach Reiche 1988, S. 137.

93   Reiche 1988, S. 87f.

94   Reiche 1988, S. 93f.

95   Petition, betreffend den Erlass einer öffentlichen Konkurrenz für Entwürfe zum Haus des deutschen Reichstages, in: Deutsche Bauzeitung, Jg. 5, Nr. 46, 1871, S. 367f.

96   Der Text des Wettbewerbsprogrammes 1872 abgedruckt bei Cullen 1995, S. 347–349.

97   Zu den Einzelheiten Reiche 1988, S. 107ff. Farbabb. mehrerer Wettbewerbsentwürfe in Haagsma u. Haan 1988, S. 56–59.

98   1835–1912, Geheimer Regierungsrat, vortragender Rat im preußischen Kultusministerium und ab 1886 Konservator der Kunstdenkmäler in Preußen. Reinhold Persius war ein Sohn von Ludwig Persius, dem Architekten Friedrich Wilhelms IV.

99   Programm für den Entwurf eines Reichstagsgebäudes, in: Zentralblatt der Bauverwaltung, Jg. 2, 1882, S. 37–39; Die Deutsche Bauzeitung veröffentlichte nur eine Zusammenfassung. F.: Die Konkurrenz für Entwürfe zum Hause des deutschen Reichstages, in: Deutsche Bauzeitung, Jg. 16, 1882, Nr. 54, S. 66–68. Der Programmtext ist außerdem abgedruckt bei Cullen 1995, S. 354–359.

100 Es sind niemals alle Namen der Teilnehmer bekannt geworden. Cullen (1995, S. 359–362) hat mehr als 100 identifiziert.

101 Zum Wettbewerb für das Kollegiengebäude der Kaiser-Wilhelm-Universität in Straßburg (1878) waren 101 Entwürfe eingereicht worden, für das Rathaus in Hamburg (1876) 144. Reiche 1988, S. 161.

102 Der Gärtner-Schüler Gottfried Neureuther (1811–1887) war einer der großen süddeutschen Renaissancisten; von ihm stammte der Entwurf für das Münchner Polytechnikum.

103 Der offizielle Bericht: Hermann Eggert, Die Konkurrenz für Entwürfe zum neuen Reichstagsgebäude, in: Zentralblatt der Bauverwaltung Jg. 2, 1882, S. 229–232, 240–245, 248–253, 258–263, 270–274, 282–285, 290–292. Zusammenfassung des Wettbewerbsergebnisses in: Deutsche Bauzeitung, Jg. 16, 1882, Nr. 54, S. 313ff.

104 August Busse war bereits seit drei Jahren in der Bauabteilung des Reiches tätig und wurde im Wettbewerb kritisiert, weil er als Beamter an der Vorbereitung des Programms mitgearbeitet hat. Er verzichtete darum auf sein Preisgeld.

105 Farbabb. mehrerer Wettbewerbsbeiträge in Haagsma u. Haan 1988, S. 60–63.

106 Raack 1978, Abb. S. 29; Haagsma u. Haan 1988, Farbabb. S. 60; Cullen 1995, Abb. S. 77.

107 Dolgner 1993, Abb. S. 118.

108 Jutta Krauß, Die Wiederherstellung der Wartburg im 19. Jahrhundert (Kleine Schriftenreihe der Wartburg-Stiftung, Bd. 1), Kassel 1990; Günter Schuchardt, Die Wartburg. Eisenach, 2. Auflage, Leipzig 1995.

109 Milde 1981, Abb. 280f.

110 Scharabi 1993, Abb. 194, S. 169.

111 Scharabi 1968, S. 46.

112 Die Arbeit der Kommission ist in den Bauakten im BuAB und im GStA in Berlin dokumentiert. Ein Verfahrensbericht auch in Berlin und seine Bauten 1896, Bd. 1, S. 2.

113 Weil die Strukturen der Bauverwaltung des Deutschen Reiches bisher nicht untersucht worden waren, kamen fast alle Autoren zu anders lautenden Schlüssen; so jüngst noch Heinrich Wefing (1999, S. 5): »Als Bauherr des Reichstagsgebäudes fungierte nicht die Volksvertretung selbst, sondern der Reichskanzler, wobei die letzte und maßgebliche Instanz stets der Kaiser war.«

114 GStA HA I, 93B, Nr. 1922, fol. 133–135, 9.6.1886, Mitteilung der Wünsche des Kaisers durch den Reichskanzler an den preußischen Minister der öffentlichen Arbeiten.

115 Wallot wurde von Wilhelm I. am 20.11.1882 wohlwollend empfangen. Das berichtete er seinem Freund K. E. O. Fritsch. Reiche 1988, S. 190.

116 H., Die Wallotfeier, in: Deutsche Bauzeitung, Jg. 28, Nr. 99, 1894, S. 613–615.

117 GStA HA I, Rep. 93B, Nr. 1922, fol. 1, 1.6.1883, Bismarck an Minister Maybach.

118 GStA HA I, Rep. 93B, Nr. 1922, fol. 2–15, Sitzungsprotokolle der Akademie des Bauwesens Mai und Juni 1883. Teilnehmer der Sitzung am 29.5.1883 waren: Ende, Giersberg, Adler, Kind, Spieker, Persius, Raschdorff, Jacobsthal,

Heyden, Otzen, Blankenstein, Schmieden, von Werner, Wolff, Schöne, Dohme, Dehn-Rothfelser, Raschdorff, Wallot.

119 20.6.1884, Wallot an Bluntschli. Brief im Nachlaß Paul Wallot in der Kunstbibliothek Berlin. Zit. nach Reiche 1988, S. 194.

120 Rapsilber 1894 (wie Anm. 79), S. 30.

121 Berliner Tageblatt, Nr. 275, 16.6.1883.

122 Brief von Lerchenfeld-Koefering an von Crailsheim in München. Bayr. Hauptstaatsarchiv, Nr. 95488; zit. nach Reiche 1988, S. 191, Anm. 12.

123 Reiche 1988, S. 193.

124 GStA HA I, Rep. 93B, Nr. 1922, fol. 11–15, 8.6.1883, Sitzungsprotokoll der Akademie des Bauwesens.

125 GStA HA I, Rep. 93B, Nr. 1922, fol. 47f, 10.7.1883, Separt-Votum von Adler, Cornelius, Persius; fol. 84ff, Reichstagsvorlage vom 26.3.1884.

126 GStA HA I, Rep. 93B, Nr. 1922, fol. 133–135, 9.6.1886 u. fol. 143, 22.11.1886, der Reichskanzler an den Minister der öffentlichen Arbeiten.

127 GStA HA I, Rep. 93B, Nr. 1922, fol. 200f, 21.12.1888, der Reichskanzler an den Minister der öffentlichen Arbeiten.

128 GStA HA I, Rep. 93B, Nr. 1923, fol. 1f, 13.11.1889, der Reichskanzler an den Minister der öffentlichen Arbeiten. Die Bauabteilung im Ministerium der öffentlichen Arbeiten zog ihre Bedenken abschließend zurück, ebd. fol. 11ff, 10.5.1890, Gutachten.

129 Die Feier der Schlußsteinlegung des deutschen Reichstagshauses, in: Zentralblatt der Bauverwaltung, Jg. 14, 1894, S. 505–507.

130 F., Ein kaiserliches Urtheil über Berliner Architektur und die Berliner Architekten, in: Deutsche Bauzeitung, Jg. 27, 1893, Nr. 37, 230f. Zeitgenössisch galt das Zitat als nicht gesichert. Das vermerkte die Deutsche Bauzeitung, Jg. 33, Nr. 25, S. 159 in einer Fußnote.

131 Der Maler Eugen Bracht berichtete darüber: »Nachdem Wallot S. M. die Pläne dargelegt und die bestehenden Schwierigkeiten gestreift hatte, war jener mit seiner Meinung bereits fertig und Wallot mit der Hand auf die Schulter klopfend sagte er siegesbewußt: Mein Sohn – das machen wir so und wollte loszeichnen oder hatte bereits begonnen – worauf Wallot in seiner entschiedenen Art, sich gross aufrichtend, erwiderte: Majestät, das geht nicht!« Rudolf Theilmann, Hg., Die Lebenserinnerungen von Eugen Bracht, Karlsruhe 1973, S. 140f; zit. nach Reiche 1988, S. 210, Anm. 80.

132 K. E. O. Fritsch, Berliner Neubauten, 70. Das Reichshaus, in: Deutsche Bauzeitung, Jg. 28, 1894, Nr. 88, S. 541–545, Nr. 90, S. 553–556; Richard Streiter, Zur Baugeschichte des Reichstagshauses, in: Zentralblatt der Bauverwaltung, Jg. 14, 1894, S. 441–445, 451f, 461–466, 471f, 477–481, 497–500; Paul Wittig (Vortrag über den inneren Ausbau des Reichtagsgebäudes) Mittheilungen aus den Vereinen. Architekten-Verein zu Berlin, 28.10.1895, in: Deutsche Bauzeitung, Jg. 29, 1895, Nr. 89, S. 550f; Georg Buss, Das Haus des Deutschen Reichstages, in: Kunstgewerbeblatt, Jg. 6, 1895, S. 73–125; Paul Wittig, Der innere Ausbau des Reichstagshauses in seiner technischen Ausführung, in: Zentralblatt der Bauverwaltung, Jg. 16, 1896, S. 493–496, 501–503, 549f, 561–564.

133 Cullen 1995, Abb. S. 158.

134 Vgl. den Katalog Renaissance der Renaissance 1992. Hier werden in besonderer Weise auch Innenausstattungen des 19. Jahrhunderts im Stil deutscher

Renaissance vorgestellt. Im Deutschen Reich übte auf diesem Gebiet die Kunstgewerbeausstellung 1876 in München großen Einfluß aus.

135 Die Prinzregentenzeit, hg. von Norbert Götz und Clementine Schack-Simitzis, Ausstellungskatalog des Münchner Stadtmuseums, München 1988, S. 201, Nr. 3.3.50.2 mit Abb.

136 Buss 1895 (wie Anm. 132), S. 105.

137 Dazu auf seine Weise eindrucksvoll Buss 1895 (wie Anm. 132), S. 106, der das Trinken von nicht-alkoholischen Getränken im Erfrischungssaal des Reichstagsgebäudes für unangemessen hielt, weil auch schon die alten Deutschen das Wasser verschmäht hätten.

138 Paul Wittig, Die Bücherei im Reichstagshause in Berlin, in: Zeitschrift für Bauwesen Jg. 48, 1898, Sp. 21–28, Atlasband Tafel 7–9.

139 Deutsche Renaissance. Eine Sammlung von Gegenständen der Architektur, Decoration und Kunstgewerbe in Original-Aufnahmen, hg. von August Ortwein, 9 Bde., Leipzig 1871–1884. Das Werk geht topografisch vor, die Zeichnungen sind zum Teil unzulänglich, aber es werden Kunstwerke vorgestellt, die damals kaum bekannt waren (und heute leider zum großen Teil zerstört sind). Eine Aneinanderreihung von Entdeckungen war überwiegend auch Wilhelm Lübke, Geschichte der deutschen Renaissance, Stuttgart 1872. Erstmals wissenschaftlich vergleichend, wenn auch noch lückenhaft war Gustav von Bezold, Die Baukunst der Renaissance in Deutschland, Holland, Belgien und Dänemark (Handbuch der Architektur, Zweiter Teil, 7. Band), Stuttgart 1900.

140 Z. B. Georg Hirth, Das deutsche Zimmer der Gotik und Renaissance, des Barock-, Rococo- und Zopfstils, 3. Auflage, München und Leipzig 1886.

141 Hubert Stier, Die deutsche Renaissance als nationaler Stil, und die Grenzen ihrer Anwendung. Vortrag auf der VI. General-Versammlung des Verbandes deutscher Architekten- und Ingenieur-Vereine zu Stuttgart am 26.8.1884, in: Deutsche Bauzeitung 1884, S. 426–429.

142 Wolfgang Brönner, Die bürgerliche Villa in Deutschland 1830–1890. Unter besonderer Berücksichtigung des Rheinlandes (Beiträge zu den Bau- und Kunstdenkmälern im Rheinland, Bd. 29), Düsseldorf 1987.

143 Vgl. neben vielen anderen Publikationen jüngst: Geld und Glaube. Leben in evangelischen Reichsstädten, Ausstellungskatalog Memmingen, hg. von Wolfgang Jahn u. a. (Veröffentlichungen zur Bayerischen Geschichte und Kultur 37/98, hg. vom Haus der Bayerischen Geschichte), Augsburg 1998.

144 Die Bilder sind verschollen, der 1981 entdeckte Entwurf bei Cullen 1995, Abb. S. 162f.

145 »Es ist keine leichte Aufgabe, in Deutschland ein ernst strebender Künstler zu sein. Welche ungeheure Menge von geistiger Trägheit ist noch zu überwinden, ehe wir zu einem engeren Zusammenhang zwischen Kunst und Leben in unserem Volke gelangen«, in: Die Zukunft, 11.3.1899. Zit. n. Cullen 1990, S. 294.

146 F., Die Ausschmückung des Reichshauses mit Kunstwerken, in: Deutsche Bauzeitung, Jg. 33, Nr. 24, S. 151–154, Nr. 25, S. 157–159.

147 Die Themen der Werke und die Bildhauer hat Jürgen Reiche (1988) dargestellt und damit eine wichtige Dokumentation vorgelegt, zumal das meiste heute zerstört ist. Auf Reiche wird in diesem Kapitel wesentlich Bezug genommen.

148 Die Heraldik des Reichstagshauses. (Mittheilungen aus Vereinen. Architekten- und Ingenieurverein zu Hannover), in: Deutsche Bauzeitung, Jg. 33, 1899, Nr. 47, S. 300–302.

149 Der Vorsitzende der Vereinigung Berliner Architekten, von der Hude, sagte während der Wallotfeier am 7.12.1894, ihm würden vom Portal die unsichtbaren Worte »Dem Deutschen Volke« entgegenleuchten, wofür er minutenlangen Beifall erhielt. H., Die Wallotfeier in Berlin, in: Deutsche Bauzeitung, Jg. 28, 1894, Nr. 99, S. 613–615.

150 Vossische Zeitung, 3.2.1897.

151 GStA HA I, Rep. 93 B, Nr. 1933.

152 Paul Wallot an Friedrich Bluntschli am 19.5.1890, Familienarchiv Bluntschli in Zürich; zit. n. Reiche 1988, S. 212.

153 Tilmann Buddensieg, Das Reichstagsgebäude von Paul Wallot. Rätsel und Antworten seiner Formensprache, in: Wefing, Dem Deutschen Volke 1999, S. 30–43.

154 Kölnische Zeitung, 28.7.1889. Gurlitt war mit Wallot befreundet und ein Anhänger dekorreicher Neurenaissance. Es war gewiß kein Zufall, daß er seinen Artikel in der überwiegend preußenkritischen Metropole der Rheinprovinz publizierte.

155 Richard Streiter, Zur Baugeschichte des Reichstagshauses, in: Zentralblatt der Bauverwaltung, Jg. 14, 1894, S. 441–445, 451f, 461–466, 471f, 477–481, 497–500.

156 Reiche 1988, S. 320.

157 Paul Wallot an Friedrich Bluntschli am 19.5.1890. (Familienarchiv Bluntschli, Zürich). Zit. nach Reiche 1988, S. 375f, mit Anm. 29.

158 Paul Wallot an Friedrich Bluntschli am 19.5.1890, Familienarchiv Bluntschli in Zürich; zit. n. Reiche 1988, S. 212.

159 Hammer-Schenk 1978; Nohlen 1981 und 1982. Klaus Nohlen (1982) hat in seiner Dissertation die Quellen zum Baugeschehen in der Straßburger Neustadt sehr gründlich ausgewertet. Ihm kann hier weitgehend gefolgt werden. Wichtige ältere Literatur: Straßburg und seine Bauten, hg. vom Architekten- und Ingenieur-Verein für Elsaß-Lothringen, Straßburg 1894; Kurt Bauch, Straßburg, Berlin 1941.

160 Klaus Nohlen hat die Hintergründe dieser Ereignisse aus den Akten herausgearbeitet. Nohlen 1982, S. 45ff.

161 Monument Historique, classement 2. Stufe.

162 Als Bildhauer waren tätig: Franz Jakob Born, Karl Albert Bergmeier, Adolph Brütt, Max Klein, Franz Krüger, Richard Ohmann, Johannes Riegger.

163 Das schließt Klaus Nohlen (1982) nach sorgfältigem Aktenstudium.

164 Auch wenn Elsaß-Lothringen nicht den Status eines Landes besaß, so konnte es in solchen Verwaltungsangelegenheiten doch wie ein Land handeln.

165 Monika Meier, Das Regierungsgebäude in Minden, in: Renaissance der Renaissance 1992, Aufsatzband, S. 303–315.

166 Leipzig und seine Bauten, hg. von der Vereinigung Leipziger Architekten und Ingenieure, Leipzig 1892, S. 136ff; Steffen-Peter Müller, Der Wettbewerb zum Reichsgericht in Leipzig. Studien zur Architektur und zur Entscheidungsfindung über den Sitz des Reichsgerichts, in: Denkmalpflege in Sachsen. Mitteilungen des Landesamtes für Denkmalpflege, Heft 1, 1994, S. 56–65; Das Reichsgericht. Anläßlich des 100. Jubiläums des Reichsgerichtsbaus 1995 hg. vom Stadtgeschichtlichen

Museum Leipzig, Leipzig 1995; Denkmale in Sachsen, hg. vom Landesamt für Denkmalpflege Sachsen. Stadt Leipzig, Bd. 1: Südliche Stadterweiterung, bearb. von Christoph Kühn und Brunhilde Rothbauer (Denkmaltopographie Bundesrepublik Deutschland), Berlin 1998, S. 264f; Dorsch 1999 mit einer umfassenden stil- und formanalytischen Studie.

167 GStA HA I, Rep. 93B, Nr. 1932, fol. 1, 13.7.1883.

168 Zentralblatt der Bauverwaltung, Jg. 4, 1884, S. 38.

169 GStA HA I, Rep. 93B, Nr. 1932, fol. 6f, 30.7.1883, fol. 8f, 11.9.1883, das Reichsjustizamt an das Ministerium der öffentlichen Arbeiten, fol. 10f, 21.9.1883, das Ministerium an den Reichskanzler. Es ist oft behauptet worden, daß die repräsentative Architektur der »Justizpaläste« die Bevölkerung einschüchtern sollte. Dem hat Kähne widersprochen, der auf Veränderungen im Verlauf der Justizgeschichte, insbesondere die Öffnung der Gerichte für das Publikum verwies. Volker Kähne, Gerichtsgebäude in Berlin. Eine rechts- und baugeschichtliche Betrachtung, Berlin 1988. Die Bauakten zum Reichsgericht weisen allerdings – für diesen Einzelfall – nach, daß eine repräsentative Halle gebaut werden sollte, ohne daß diese eine praktische Funktion gehabt hätte.

170 GStA HA I, Rep. 93B, Nr. 1932, fol. 24ff, Programm für den Entwurf eines Reichsgerichtsgebäudes in Leipzig.

171 National-Zeitung, 25.4.1885.

172 Frankfurter Journal, 2.5.1885.

173 GStA HA I, Rep. 93B, Nr. 1932, fol. 76–79, 17.11.1885, Gutachten der Akademie für das Bauwesen, fol. 84f, 12.12.1885, Reichsjustizamt. Das Gutachten ist aufgrund der Differenzen nicht veröffentlicht worden. Mit kleinlicher Kritik schaltete sich abschließend die Bauabteilung im preußischen Ministerium der öffentlichen Arbeiten ein. Ebd. fol. 114–128, 29.4.1887, technisches Gutachten.

174 GStA HA I, Rep. 93B, fol. 131, 29.10.1887, Reichs-Justizamt.

175 In den Akten der Reichsbauabteilung im Bundesarchiv Berlin-Lichterfelde sind vielfache Kontakte zwischen der Reichskanzlei und der Bauabteilung im Reichspostamt dokumentiert, während es keine Korrespondenz mit der Reichseisenbahn gibt. Nur einige Schreiben der Reichsmarine sind hier noch überliefert.

176 Wilhelm Lübke, Das deutsche Reichspostbauwesen, in: Altes und Neues. Studien und Kritiken, Breslau o. J. (1891), S. 343–350; Berlin und seine Bauten 1896, Bd. 2, S. 85ff; Robert Neumann, Gebäude für den Post-, Telegraphen- und Fernsprechdienst (Handbuch der Architektur, IV. Teil, 2. Halbbd., 3. Heft), Leipzig 1908; Jaeger 1987.

177 Jaeger 1987, S. 15f.

178 Seidel 1905, S. 40.

179 Nekrolog in: Zentralblatt der Bauverwaltung, Jg. 5, 1885, S. 6.

180 Schwatlo, Das neue kaiserliche General-Post-Amts-Gebäude Leipziger Str. 15, in: Deutsche Bauzeitung 5, 1871, S. 419–421; ders., Kaiserliches General-Postamt in Berlin, in: Zeitschrift für Bauwesen 25, 1875, S. 143–156, 295–312, 439–454.

181 Milde 1981, Abb. S. 256.

182 Wilhelm Lübke, Die Entwürfe für den neuen Dombau in Berlin, in: Altes und Neues. Studien und Kritiken, Breslau o. J. (1891), S. 351–359; Schümann 1980 mit allen Details der Planungsgeschichte; Frowein-Ziroff 1981; Karl-Heinz Klingenburg, Zur Kuppelgestalt am Berliner Dombauprojekt im 19. Jahrhundert, in:

223 Die Kaiser-Wilhelm-Gedächtniskirche (Berliner Neubauten 72), in: Deutsche Bauzeitung, Jg. 29, 31.8.1895, 433–435; Mirbach 1897 (wie Anm. 213); Frowein-Ziroff 1982.

224 Die Konfession der Spender ist dabei von entscheidender Bedeutung gewesen: von den 3,5 Millionen Mark, die an reinen Baukosten angefallen waren, haben katholische Christen nur 55.000 Mk bezahlt. Mirbach 1897 (wie Anm. 213), S. 111.

225 Helmut Plessner, Die verspätete Nation. Über die politische Verführbarkeit bürgerlichen Geistes, 5. Auflage, Frankfurt a. M. 1994.

226 Alfred Graf von Waldersee, Teilnehmer der Stoecker-Versammlung, an Prinz Wilhelm. Zit. nach John C. G. Röhl, Wilhelm II. Die Jugend des Kaisers 1859–1888, München 1993, S. 717.

227 Dazu zeitgenössisch Ernst Freiherr von Mirbach, Die Mitarbeit unseres Kaiserpaares zur Beseitigung kirchlicher Notstände und seine Fürsorge für das Heilige Land, Potsdam 1917.

228 Geschichte der deutschen evangelischen Kirche und Mission im Heiligen Land. Ein Vademecum für die Pilgerfahrt zur Einweihung der Erlöserkirche in Jerusalem, Gütersloh 1898; Das deutsche Kaiserpaar im heiligen Lande im Herbst 1898, Berlin 1899; (Jerusalem) Die neuen deutschen Bauten in Jerusalem, in: Deutsche Bauzeitung 45, 1911, S. 1–6, 13–17, 28–30, 33–36, 70f; Ernst Freiherr von Mirbach: Die Deutschen Festtage im April 1910 in Jerusalem. Die Einweihung der Kaiserin-Auguste-Victoria-Stiftung mit der Himmelfahrt-Kirche auf dem Ölberge und der Kirche Mariä Heimgang auf dem Zion. VIII. Bericht über die Kaiserin-Auguste-Victoria-Stiftung auf dem Ölberge bei Jerusalem für das Jahr 1910, Potsdam 1912; Roth 1973; Edina Meyer, Die Dormition auf dem Berge Zion in Jerusalem, eine Denkmalskirche Kaiser Wilhelms II. im Heiligen Land, in: Architectura. Zeitschrift für Geschichte der Baukunst 14, 1984, 149–170; Schütz 1988; Krüger 1995; Jürgen Krüger, Evangelische Erlöserkirche, Jerusalem, Regensburg 1997 (Kleine Kunstführer 2310); Richter 1997.

229 Jerusalem 1911 (wie Anm. 228), S. 15.

230 Jerusalem 1911 (wie Anm. 228), S. 13.

231 Mirbach 1912 (wie Anm. 228), S. 120.

232 Kriesche, Der Wettbewerb um die Hochbauten des neuen Personenbahnhofs in Metz, in: Zentralblatt der Bauverwaltung, Jg. 22, Nr. 49, 1902, S. 298f; Beblo 1934; Bringmann 1968; Thomas Joest, Symbolique de la gare de Metz, in: Monuments historique, Nr. 6, 1978, S. 45–49; Jean Kail, Une Promenade d'Architecture a Metz (Conseil d'Architecture, d'Urbanisme et de l'Environnement de la Moselle), Metz 1986.

233 Das Gebäude entstand auf der ehemaligen Stadtumwallung, an der Merowinger Anlage. Das neue Dienstgebäude für die Intendanturen und die Geschäftsräume des Generalkommandos des XVI. Armeekorps in Metz, in: Zentralblatt der Bauverwaltung, Jg. 33, 1913, Nr. 9, S. 66f.

234 Lothar Burchardt, Hochschulpolitik und Polenfrage. Der Kampf um die Gründung einer Universität in Polen, in: Kunstverwaltung, Bau- und Denkmalpolitik im Kaiserreich (Kunst, Kultur und Politik im Deutschen Kaiserreich, Bd. 1), Berlin 1981, S. 147–164.

235 Franz Schwechten, Das neue Residenzschloß in Posen, in: Zentralblatt der Bauverwaltung, Jg. 30, Nr. 69, 1910, S. 453–458; Georg Voss, Die Kaiserpfalz

in Posen. Die Schloßkapelle, Posen 1913; Georg Voss, Die Kaiserpfalz in Posen. Führer durch das Schloß, Posen 1913; Paul Seidel, Die Mosaiken der Schloßkapelle zu Posen, in: Hohenzollern Jahrbuch. Forschungen und Abbildungen zur Geschichte der Hohenzollern in Brandenburg-Preußen, hg. von Paul Seidel, Jg. 18, 1914, S. 19–27; Bringmann 1968; Frowein-Ziroff 1982.

236   Schwechten (wie Anm. 235) 1910, S. 453.

237   Hoffmann, Wilhelm II. 1995.

238   Stather 1994.

239   Georg Adolph Demmler (1804–1886) hatte bis 1851 in Formen französischer Renaissance gearbeitet, erst danach Stüler in nordischer Renaissance.

240   Johannes Radke, Das Deutsche Haus auf der Weltausstellung in Paris 1900, in: Zentralblatt der Bauverwaltung, Jg. 19, Nr. 85, 1899, S. 513–516.

241   Die Architektur auf der Pariser Weltausstellung des Jahres 1900, in: Deutsche Bauzeitung, Jg. 34, Nr. 66, 1900, S. 401f.

242   Ralph Paschke (Brandenburgisches Landesamt für Denkmalpflege), Verwaltungsgebäude, ehm. Rechnungshof des Deutschen Reiches, MS April 1999. Für die freundliche Hilfe durch Übersendung des Manuskriptes danke ich Herrn Dr. Paschke.

243   GStA HA I, Rep. 93B, Nr. 1934, 20. 4. 1904, Reichsrechnungshofpräsident an Reichsschatzamt.

244   GStA HA I, Rep. 93B, Nr. 1934, 23. 3. 1904, Gutachten der Akademie des Bauwesens.

245   Niederwöhrmeier 1977, S. 298f u. Abb. 137f.

246   Ebd., S. 72f, 166–175 u. Abb. 25–29; GStA HA I, Rep. 93B, Nr. 2053.

247   Niederwöhrmeier 1977, S. 74–86 u. 176–195; Tilmann Buddensieg, Die Kaiserlich Deutsche Botschaft in Petersburg von Peter Behrens, in: Warnke, Politische Architektur in Europa, 1984, S. 374–398.

248   GStA HA I, Rep. 93B, 10. 3. 1911, das Königliche Ministerium der Auswärtigen Angelegenheiten an das Ministerium der öffentlichen Arbeiten.

249   Ebd. 18.3.1911, Gutachten aus dem Ministerium der öffentlichen Arbeiten.

250   GStA HA I, Rep. 93B, Nr. 2074, 30. 1. 1914, Ministerium der öffentlichen Arbeiten zum Rücktransport.

251   Politisches Archiv des Auswärtigen Amtes in Bonn, IB Rußland 58, Bd. 37, 15.2.1913, zit. nach Niederwöhrmeier 1977, S. 195.

252   M. O. in Berliner Zeitung, 28. 1. 1913, Mittagsausgabe.

253   Mebes 1908 (wie Anm. 197); Moeller van den Bruck, Der Preußische Stil, 5. Auflage, Breslau 1931.

254   F. St. in Berliner Tageblatt, 28. 1. 1913.

255   Hutter 1990; Stefan-Ludwig Hoffmann 1994 (wie Anm. 14).

256   S., Wettbewerb um Vorentwürfe für das Haus der Deutschen Botschaft in Washington, in: Zentralblatt der Bauverwaltung, Jg. 33, 1913, S. 492f.

257   H., Das Ansehen deutscher Kunst im Auslande und der Wettbewerb um den Neubau des Botschafts-Gebäudes in Washington, in: Deutsche Bauzeitung, Jg. 42, Nr. 80, 1913, S. 721–726.

258   GStA HA I, Rep. 93B, Nr. 2082, 31.12.1913, Gutachten der Akademie des Bauwesens, Hinkeldeyn. Die fünf empfohlenen Entwürfe stammten von Dülfer, Engler/Scheibler, Ihne, Möhring und Thyriot. (Dülfer, Ihne und Möhring

haben das Angebot angenommen.) Die Entscheidung der Akademie ist nicht veröffentlicht worden, kam aber durch eine Indiskretion in die Presse. Bericht im Berliner Tageblatt, 3.12.1913.

259   Volks-Zeitung, 9.9.1913, Paul Wertheim.

260   Tägliche Rundschau, 8.9.1913, Willy Pastor.

261   M., Der Neubau eines Dienstgebäudes für die obersten Marinebehörden in Berlin, in: Zentralblatt der Bauverwaltung, Jg. 34, Nr. 55, 1914, S. 405–409; Hauptstadtplanung 1995, S. 92f.

262   Moeller van den Bruck 1931 (wie Anm. 253).

263   Winfried Nerdinger und Klaus Jan Philipp, Revolutionsarchitektur – ein Aspekt europäischer Architektur um 1800, in: Revolutionsarchitektur – ein Aspekt europäischer Architektur um 1800, Ausstellungskatalog München 1990, S. 13–42.

264   Kurz vor dem Ersten Weltkrieg begannen Planungen für eine Umgestaltung des vor dem Reichstagsgebäude gelegenen Königsplatzes mit Errichtung eines königlichen Opernhauses anstelle der Krolloper. Ein zur Ausführung vorgesehenes großes Opernhaus für 2500 Zuschauer entwarf Ludwig Hoffmann in einer fast neoklassizistisch anmutendenden Neurenaissance 1913. Otto March u. a. legten bemerkenswerte Planungen für ein »Deutsches Forum« vor. Eine bedeutende Rolle hatte auch der »Wettbewerb Groß-Berlin« 1908/09 gespielt. In der Weimarer Zeit ist dann ein Erweiterungsbau des Reichstages geplant worden. Weil davon nichts realisiert worden ist, soll dieses aufschlußreiche Kapitel deutscher Architekturgeschichte hier unberücksichtigt bleiben. Ein Überblick bei Wolfgang Schäche, Platz für die Macht. Der Spreebogen im Berlin-Tiergarten, in: Moderne Architektur in Deutschland 1900 bis 2000. Macht und Monument, hg. von Romana Schneider u. Wilfried Wang, Ostfildern-Ruit 1998, S. 32–51.

Literatur

1910. Halbzeit der Moderne. Van de Velde, Behrens, Hoffmann und die anderen, bearb. von Klaus-Jürgen Sembach u.a., Ausstellungskatalog Münster 1992, hg. von Klaus Bußmann, Münster 1992.

Abenteuer, Das, der Ideen. Architektur und Philosophie seit der industriellen Revolution, Ausstellungskatalog Neue Nationalgalerie Berlin 1984, Berlin 1984.

Alings, Reinhard, Monument und Nation. Das Bild vom Nationalstaat im Medium Denkmal – zum Verhältnis von Nation und Staat im deutschen Kaiserreich 1871–1918 (Beiträge zur Kommunikationsgeschichte, Bd. 4), Berlin und New York 1996.

Architektur und Demokratie. Bauen für die Politik von der amerikanischen Revolution bis zur Gegenwart, hg. von Ingeborg Flagge und Wolfgang Jean Stock, 2. Auflage, Ostfildern-Ruit 1996.

Architektur als politische Kultur – philosophia practica, hg. von Hermann Hipp und Ernst Seidl, Berlin 1996.

Arndt, Monika, Die Goslarer Kaiserpfalz als Nationaldenkmal. Eine ikonographische Untersuchung, Hildesheim 1976.

Arndt, Monika, Die »Ruhmeshalle« im Berliner Zeughaus. Eine Selbstdarstellung Preussens nach der Reichsgründung (Die Bauwerke und Kunstdenkmäler von Berlin, Beiheft 12), Berlin 1985.

Badstübner, Ernst, Kunstgeschichtsbild und Bauen in historischen Stilen – Ein Versuch über die Wechselbeziehungen zwischen kunstgeschichtlichem Verständnis, Denkmalpflege und historistischer Baupraxis im 19. Jahrhundert, in: Historismus – Aspekte zur Kunst im 19. Jahrhundert. Hg. von Karl-Heinz Klingenburg (Seemann-Beiträge zur Kunstwissenschaft), Leipzig 1985, S. 30–49.

Bauer, Roger, Die Wiederkunft des Barock und das Ende des Ästhetizismus, in: Fin de Siècle. Zu Literatur und Kunst der Jahrhundertwende (Studien zur Philosophie und Literatur des neunzehnten Jahrhunderts, Bd. 35), Frankfurt a. M. 1977, S. 206–222.

Beblo, Fritz, Die Baukunst in Elsaß-Lothringen 1871–1918, in: Das Reichsland Elsaß-Lothringen 1871–1918, Bd. 3, Wissenschaft, Kunst und Literatur in Elsaß-Lothringen 1871–1918. Hg. im Auftrage des Wissenschaftlichen Instituts der Elsass-Lothringer im Reich an der Universität Frankfurt von Georg Wolfram, Frankfurt a. M. 1934, S. 241–263.

Beenken, Hermann, Das 19. Jahrhundert in der deutschen Kunst. Aufgaben und Gehalte. Versuch einer Rechenschaft, München 1944.

Beenken, Hermann, Der Historismus in der Baukunst, in: Historische Zeitschrift 157, 1938, S. 27–68.

Beiträge zur Rezeption der Kunst des 19. und 20. Jahrhunderts, hg. von Wulf Schadendorf (Studien zur Kunst des 19. Jahrhunderts, Bd. 29), München 1975.

Bekiers, Andreas und Karl-Robert Schütze, Zwischen Leipziger Platz und Wilhelmstraße. Das Kunstgewerbemuseum zu Berlin und die bauliche Entwicklung seiner Umgebung von den Anfängen bis heute, Berlin 1981.

Berlin und seine Bauten, hg. vom Architekten-Verein zu Berlin, Berlin 1877.

Berlin und seine Bauten, hg. vom Architekten-Verein zu Berlin und der Vereinigung Berliner Architekten, 2 Bde., Berlin 1896 (und Nachdruck o. J.).

Beyme, Klaus von, Die Kunst der Macht und die Gegenmacht der Kunst. Studien zum Spannungsverhältnis von Kunst und Politik, Frankfurt a. M. 1998.

Bildungsbürgertum im 19. Jahrhundert. Teil II, Bildungsgüter und Bildungswissen, hg. von Reinhart Koselleck (Industrielle Welt, Band 41), Stuttgart 1990.

Bohl-Heintzenberg, Sabine und Manfred Hamm, Architektur und Schönheit. Die Schinkelschule in Berlin und Brandenburg, Berlin 1997.

Börsch-Supan, Eva, Berliner Baukunst nach Schinkel 1840–1870 (Studien zur Kunst des 19. Jahrhunderts), München 1977.

Börsch-Supan, Eva und Dietrich Müller-Stüler, Friedrich August Stüler 1800–1865, hg. vom Landesdenkmalamt Berlin, München und Berlin 1997.

Borst, Arno, Reden über die Staufer, Frankfurt a. M. u. a. 1981.

Borst, Arno, Barbarossas Erwachen – Zur Geschichte der deutschen Identität, in: Identität, hg. von Odo Marquard und Karlheinz Stierle (Poetik und Hermeneutik), München 1979, S. 17–60.

Bothe, Rolf, Burg Hohenzollern. Von der mittelalterlichen Burg zum national-dynastischen Denkmal im 19. Jahrhundert, Berlin 1979.

Bringmann, Michael, Gedanken zur Wiederaufnahme staufischer Bauformen im späten 19. Jahrhundert, in: Die Zeit der Staufer. Geschichte–Kunst–Kultur, Ausstellungskatalog, Bd. 5, Stuttgart 1979, S. 581–620.

Bringmann, Michael, Steinalt – stilecht? Randbemerkungen zur neu-romanischen Architektur, in: Köln: Die Romanischen Kirchen in der Diskussion 1946/47 und 1985, hg. von Hiltrud Kier und Ulrich Krings (Stadtspuren – Denkmäler in Köln, Bd. 4), Köln 1986, S. 433–465.

Bringmann, Michael, Studien zur neuromanischen Architektur in Deutschland, Diss. Heidelberg 1968.

Craig, Gordon A., Deutsche Geschichte 1866–1945. Vom Norddeutschen Bund bis zum Ende des Dritten Reiches, München 1980.

Cullen, Michael S., Der Reichstag. Die Geschichte eines Monumentes, 2. Auflage, Stuttgart 1990.

Cullen, Michael S., Der Reichstag. Parlament – Denkmal – Symbol, Berlin 1995 (2. Auflage 1999).

Cullen, Michael S., Der Reichstag im Spannungsfeld deutscher Geschichte, Berlin 1999.

Denkmäler im 19. Jahrhundert. Deutung und Kritik, hg. von Hans-Ernst Mittig und Volker Plagemann (Studien zur Kunst im 19. Jahrhundert, Bd. 20), München 1972.

Döhmer, Klaus, »In welchem Style sollen wir bauen?« Architekturtheorie zwischen Klassizismus und Jugendstil (Studien zur Kunst des 19. Jahrhunderts, Bd. 36), München 1976.

Dolgner, Dieter, Die nationale Variante der Neurenaissance in der deutschen Architektur des 19. Jahrhunderts, in: Wissenschaftliche Zeitschrift der Hochschule für Architektur Weimar, 20, 1973, S. 155–166.

Dolgner, Dieter, Architektur im 19. Jahrhundert. Ludwig Bohnstedt, Leben und Werk, Weimar 1979.

Dolgner, Dieter, Historismus. Deutsche Baukunst 1815–1900, Leipzig 1993.

Dombrowski, Angelika, Deutsche Monumentalbrunnen im Kaiserreich (Studien zur Kunstgeschichte, Bd. 18), Hildesheim u. a. 1983.

Dorsch, Thomas G., Der Reichsgerichtsbau in Leipzig. Anspruch und Wirklichkeit einer Staatsarchitektur (Europäische Hochschulschriften, Reihe 37, Architektur, Bd. 21), Diss. Frankfurt a. M. 1999.

Drüeke, Eberhard, Der Maximilianstil. Zum Stilbegriff der Architektur im 19. Jahrhundert, Mittenwald 1981.

Engel, Helmuth, Berlin auf dem Weg zur Moderne, Berlin 1997.

Engelniederhammer, Stefan, Die Reichstagsverhüllung zwischen Politik und Kunst (Politologische Studien 38), Berlin 1995.

Fliedl, Gottfried, Monumentalbau im Historismus. Architektur als Legitimation, Diss. Wien 1977.

Frank, Josef, Architektur als Symbol. Elemente deutschen neuen Bauens, Wien 1931 (Nachdruck Wien 1981).

Frowein-Ziroff, Vera, Der Berliner Kirchenbau des 19. Jahrhunderts vor seinem historischen und kulturpolitischen Hintergrund, in: Berlin. Von der Residenzstadt zur Industriemetropole. Ein Beitrag der Technischen Universität Berlin zum Preußen-Jahr 1981, Bd. 1, Berlin 1981, S. 129–148.

Frowein-Ziroff, Vera, Die Kaiser-Wilhelm-Gedächtniskirche. Entstehung und Bedeutung (Die Bauwerke und Kunstdenkmäler von Berlin, Beiheft 9), Berlin 1982.

Gaethgens, Thomas W., Anton von Werner. Die Proklamierung des Deutschen Kaiserreiches. Ein Historienbild im Wandel preußischer Politik, Frankfurt a. M. 1990.

Germann, Georg, Gothic Revival in Europe and Britain, London 1972.

Germann, Georg, Neugotik. Geschichte ihrer Architekturtheorie, Stuttgart 1974.

Germersheim, Barbara Edle von, Unternehmervillen der Kaiserzeit (1871–1914). Zitate traditioneller Architektur durch Träger des industriellen Fortschritts (Beiträge zur Kunstwissenschaft, Bd. 25), München 1988.

»Geschichte allein ist zeitgemäß«. Historismus in Deutschland, hg. von Michael Brix und Monika Steinhauser, Lahn-Giessen 1978.

Gollwitzer, Heinz, Zur Auffassung der mittelalterlichen Kaiserpolitik im 19. Jahrhundert, in: Dauer und Wandel der Geschichte. Festgabe für Kurt Raumer zum 15. 12. 1965, Münster 1966, S. 483–512.

Gollwitzer, Heinz, Zum politischen Germanismus im 19. Jahrhundert, in: Festschrift für Hermann Heimpel zum 70. Geburtstag am 19.9.1971 (Veröffentlichungen des Max-Planck-Instituts für Geschichte 36,1), S. 282–356.

Gollwitzer, Heinz, Zum Fragenkreis Architektur-Historismus und politische Ideologie, in: Zeitschrift für Kunstgeschichte 42, 1979, S. 1–14.

Gottschall, Walter, Politische Architektur. Begriffliche Bausteine zur soziologischen Analyse der Architektur des Staates (Europäische Hochschulschriften, Reihe 37, Architektur, Bd. 5), Bern u. a. 1987.

Götz, Wolfgang, Historismus. Ein Versuch zur Definition des Begriffes, in: Zeitschrift des deutschen Vereins für Kunstwissenschaft, 24, 1970, S. 196–212.

Griewank, Karl, Wissenschaft und Kunst in der Politik Kaiser Wilhelms I. und Bismarcks, in: Archiv für Kulturgeschichte 34, 1952, S. 288–307.

Gurlitt, Cornelius, Die deutsche Kunst des neunzehnten Jahrhunderts. Ihre Ziele und Aufgaben (Das 19. Jahrhundert in Deutschlands Entwicklung, Bd. II), 3. Auflage, Berlin 1907.

Gurlitt, Cornelius, Von deutscher Art und deutscher Kunst, Berlin 1915.

Haagsma, Ids und Hilde de Haan, Architektenwettbewerbe. Internationale Konkurrenzen der letzten 200 Jahre, Stuttgart 1988.

Hahn, Gerhard, Die Reichstagsbibliothek zu Berlin. Ein Spiegel deutscher Geschichte, Düsseldorf 1997.

Haltern, Utz, Architektur und Politik. Zur Baugeschichte des Berliner Reichstags, in: Kunstverwaltung, Bau- und Denkmal-Politik im Deutschen Kaiserreich, hg. von Ekkehard Mai und Stephan Waetzold (Kunst, Kultur und Politik im Deutschen Kaiserreich, Bd. 1), Berlin 1981, S. 75–102.

Hamann, Richard und Jost Hermand, Stilkunst um 1900 (Deutsche Kunst und Kultur von der Gründerzeit bis zum Expressionismus, Bd. IV), Berlin 1967.

Hammer-Schenk, Harold, Ästhetische und politische Funktionen historisierender Baustile im Synagogenbau des ausgehenden 19. Jahrhunderts, in: Kritische Berichte, Jg. 3, 1975, Heft 2/3, S. 12–24.

Hammer-Schenk, Harold, Die Stadterweiterung Straßburgs nach 1870. Politische Vorgaben historischer Stadtplanung, in: »Geschichte allein ist zeitgemäß«. Historismus in Deutschland, hg. von Michael Brix und Monika Steinhauser, Lahn-Giessen 1978, S. 121–141.

Hammer-Schenk, Harold, Synagogen in Deutschland. Geschichte einer Baugattung im 19. und 20. Jahrhundert (1780–1933), 2 Bde. (Hamburger Beiträge zur Geschichte der deutschen Juden, Bd. 8), Hamburg 1981.

Hammerschmidt, Valentin W., Anspruch und Ausdruck in der Architektur des späten Historismus in Deutschland (1860–1914) (Europäische Hochschulschriften Reihe 37, Architektur, Bd. 3), Frankfurt a. M. u. a. 1985.

Hardtwig, Wolfgang, Geschichtsinteresse, Geschichtsbilder und politsche Symbole in der Reichsgründungsära und im Kaiserreich, in: Kunstverwaltung, Bau- und Denkmal-Politik im Deutschen Kaiserreich, hg. von Ekkehard Mai und Stephan Waetzold (Kunst, Kultur und Politik im Deutschen Kaiserreich, Bd. 1), Berlin 1981, S. 47–74.

Hardtwig, Wolfgang, Bürgertum, Staatssymbolik und Staatsbewußtsein im Deutschen Kaiserreich 1871–1914, in: Geschichte und Gesellschaft. Zeitschrift für historische Sozialwissenschaft, Jg. 16, 1990, S. 269–295.

Hauptstadt. Historische Perspektiven eines deutschen Themas, hg. von Hans-Michael Körner und Katharina Weigand, München 1995.

Hauptstadt. Zentren, Residenzen, Metropolen in der deutschen Geschichte, Ausstellungskatalog Bonn 1989, Köln 1989.

Hauptstadtplanung und Denkmalpflege. Die Standorte für Parlament und Regierung in Berlin (Beiträge zur Denkmalpflege in Berlin, Heft 3), Berlin 1995.

Hedinger, Hans-Walther, Bismarck-Denkmäler und Bismarck-Verehrung, in: Kunstverwaltung, Bau- und Denkmal-Politik im Deutschen Kaiserreich, hg. von Ekkehard Mai und Stephan Waetzold (Kunst, Kultur und Politik im Deutschen Kaiserreich, Bd. 1), Berlin 1981, S. 277–314.

Henning, Eckart, Die Akademie des Bauwesens, in: Mitteilungen des Vereins für die Geschichte Berlins, Heft 2, 1981, S. 290–305.

287

Herrmann, Wolfgang, Deutsche Baukunst des 19. und 20. Jahrhunderts, 1932/1933. Nachdruck Basel und Stuttgart 1977.

Heyden, Thomas, Biedermeier als Erzieher. Studien zum Neubiedermeier in Raumkunst und Architektur 1896–1919, Weimar 1994.

Historische Denkmäler. Vergangenheit im Dienste der Gegenwart? (Bensberger Protokolle 81), Bergisch Gladbach 1994.

Historismus – Aspekte zur Kunst im 19. Jahrhundert, hg. von Karl-Heinz Klingenburg (Seemann-Beiträge zur Kunstwissenschaft), Leipzig 1985.

Historismus und Schloßbau, hg. von Walter Krause und Renate Wagner-Rieger (Studien zur Kunst des 19. Jahrhunderts, Bd. 28), München 1975.

Hitchcock, Henry-Russel, Die Architektur des 19. und 20. Jahrhunderts, München 1994.

Hitzig, Friedrich, Ausgeführte Bauwerke, 2 Bde., Berlin 1850/1867.

Hobsbawm, Eric J., Nationen und Nationalismus. Mythos und Realität seit 1780, 2. Auflage, Frankfurt a. M. 1998.

Hof, Kultur und Politik im 19. Jahrhundert, hg. von Karl Ferdinand Werner, Bonn 1985.

Hoffmann, Godehard, Rheinische Romanik im 19. Jahrhundert. Denkmalpflege in der preußischen Rheinprovinz (Beiträge zu den Bau- und Kunstdenkmälern im Rheinland, Bd. 33), Köln 1995.

Hoffmann, Godehard, Kaiser Wilhelm II. und der Benediktinerorden, in: Zeitschrift für Kirchengeschichte, Bd. 106, Heft 3, 1995, S. 363–384.

Hollender, Martin, Der Hofarchitekt des Kaisers und der Bibliotheksbau Unter den Linden. Zum 150. Geburtstag von Ernst von Ihne (1848–1917), in: Mitteilungen der Staatsbibliothek Berlin – Preußischer Kulturbesitz, N. F. Heft 7, 1998, II.I, S. 59–81.

Holz, Klaus, Der Ort der Mythen in der Nation, in: Kritische Berichte, Bd. 25, 1997, Nr. 1, S. 55–64.

Hubert, Peter, Uniformierter Reichstag. Die Geschichte der Pseudo-Volksvertretung 1933–1945 (Beiträge zur Geschichte des Parlamentarismus und der politischen Parteien 17), Düsseldorf 1992.

Hüter, Karl-Heinz, Architektur in Berlin 1900–1933, Dresden 1988.

Hütt, Wolfgang, Der Einfluß des preußischen Staates auf die Entwicklung der bildenden Kunst im 19. Jahrhundert (Studienmaterial für die künstlerischen Lehranstalten, Heft 1), Dresden 1955.

Hutter, Peter, »Die feinste Barbarei«: das Völkerschlachtdenkmal bei Leipzig, Mainz 1990.

Identität, hg. von Odo Marquard und Karlheinz Stierle (Poetik und Hermeneutik 14), München 1979.

Jaeger, Falk, Posthorn & Reichsadler: Die historischen Postbauten in Berlin, Berlin 1987.

Jaeger, Friedrich und Jörn Rüsen, Geschichte des Historismus. Eine Einführung, München 1992.

Jeismann, Michael, Das Vaterland der Feinde. Studien zum nationalen Feindbegriff und Selbstverständnis in Deutschland und Frankreich 1792–1918 (Sprache und Geschichte, Bd. 19), Stuttgart 1992.

288

Jensen Adams, Ann, The birth of style – Henry Hobson Richardson and the competition drawings for Trinity Church, Boston, in: Art Bulletin, 62, 1980, S. 409–433.

Johnston, Otto W., Der deutsche Nationalmythos. Ursprung eines politischen Programms, Stuttgart 1990.

Kähne, Volker, Gerichtsgebäude in Berlin. Eine rechts- und baugeschichtliche Betrachtung, Berlin 1988.

Kamphausen, Alfred, Gotik ohne Gott. Ein Beitrag zur Deutung der Neugotik und des 19. Jahrhunderts, Tübingen 1952.

Kerssen, Ludger, Das Interesse am Mittelalter im deutschen Nationaldenkmal, Berlin 1975.

Kieling, Uwe, Berliner Baubeamte und Staatsarchitekten im 19. Jahrhundert, Berlin 1986.

Kieling, Uwe, Berlin. Baumeister und Bauten. Von der Gotik zum Historismus, Berlin und Leipzig 1987.

Kieling, Uwe, Der Deutsche Reichstag. Geschichte des Parlamentshauses, Berlin 1995.

Klein, Heijo, Parlament und Kunst, in: Kunst und Parlament. Ausgewählte Werke aus der Sammlung des Deutschen Bundestages, bearb. von Mechtild Drathen, Köln 1997, S. 12–21.

Klingenburg, Karl-Heinz, Der Berliner Dom. Bauten, Ideen und Projekte vom 15. Jahrhundert bis zur Gegenwart, Berlin 1987.

Kranz-Michaelis, Charlotte, Rathäuser im deutschen Kaiserreich 1871–1918. Materialien zur Kunst des 19. Jahrhunderts, München 1976.

Krings, Ulrich, Bahnhofsarchitektur. Deutsche Großstadtbahnhöfe des Historismus, München 1985.

Kruft, Hanno-Walter, Geschichte der Architekturtheorie. Von der Antike bis zur Gegenwart, 3. Auflage, München 1991.

Krüger, Jürgen, Rom und Jerusalem. Kirchenbauvorstellungen der Hohenzollern im 19. Jahrhundert, Berlin 1995.

Kunst, Symbolik und Politik. Die Reichstagsverhüllung als Denkanstoß, hg. von Ansgar Klein u. a., Opladen 1995.

Kunsttheorie und Kunstgeschichte des 19. Jahrhunderts. Texte und Dokumente, Bd. 2, Architektur, hg. von Harold Hammer-Schenk, Stuttgart 1985.

Lammel, Gisold, Zwischen Legende und Wahrheit – Bildfolgen zur brandenburgisch-preußischen Geschichte (Kunstgeschichte, Bd. 55), Münster 1995.

Landtag, Der preußische. Bau und Geschichte, hg. vom Präsidenten des Abgeordnetenhauses Berlin, Berlin 1993.

Laumann-Kleineberg, Antje, Denkmäler des 19. Jahrhunderts im Widerstreit. Drei Fallstudien zur Diskussion zwischen Auftraggebern, Planern und öffentlichen Kritikern (Europäische Hochschulschriften, Reihe 28, Kunstgeschichte, Bd. 82), Frankfurt a. M. u. a. 1989.

Lenman, Robert, Die Kunst, die Macht und das Geld. Zur Kulturgeschichte des kaiserlichen Deutschland 1871–1918, Frankfurt a. M. und New York 1994.

Löcher, Kurt, Das Nachleben der Staufer in der Kunst, in: Kunstgeschichtliche Gesellschaft zu Berlin. Sitzungsberichte 1975/76, N. F. Heft 24, S. 7–11.

Mann, Albrecht, Die Neuromanik. Eine rheinische Komponente im Historismus des 19. Jahrhunderts, Köln 1966.

Mast, Peter, Künstlerische und wissenschaftliche Freiheit im Deutschen Reich 1890–1901, Rheinfelden 1980.

Meeks, Carroll L. V., Romanesque before Richardson in the United States, in: Art Bulletin, 35, 1953, S. 17–33.

Meseure, Sonja Anna, Die Architektur der Antwerpener Börse und der europäische Börsenbau im 19. Jahrhundert (Beiträge zur Kunstwissenschaft, Bd. 11), München 1987.

Mignot, Claude, Architektur des 19. Jahrhunderts, Stuttgart 1983.

Milde, Kurt, Neorenaissance in der deutschen Architektur des 19. Jahrhunderts, Dresden 1981.

Miller Lane, Barbara, Changing Attitudes to Monumentality. An Interpretation of European Architecture and Urban Form 1880–1914, in: Growth and Transformation of Modern City, Stockholm 1979, S. 101–114.

Miller Lane, Barbara, Architektur und Politik in Deutschland 1918–1945 (Schriften des Deutschen Architekturmuseums zur Architekturgeschichte und Architekturtheorie), Braunschweig und Wiesbaden 1986.

Miller Lane, Barbara, Government Buildings in European Capitals 1870–1914, in: Urbanisierung im 19. und 20. Jahrhundert. Historische und geographische Aspekte, hg. von Hans Jürgen Teuteberg (Städteforschung. Veröffentlichungen des Instituts für vergleichende Städtegeschichte in Münster, Bd. 16), Köln und Wien 1983, S. 517–560.

Moderne Architektur in Deutschland 1900–1950. Reform und Tradition, hg. von Vittorio Magnago Lampugnani und Romana Schneider (Katalogbuch zur Ausstellung Frankfurt a. M. 1992), Stuttgart 1992.

Mommsen, Wolfgang J., Der autoritäte Nationalstaat. Verfassung, Gesellschaft und Kultur des deutschen Kaiserreiches, Frankfurt a. M. 1992.

Morsey, Rudolf, Die oberste Reichsverwaltung unter Bismarck 1867–1890 (Neue Münstersche Beiträge zur Geschichtsforschung, Bd. 3), Münster 1957.

Muther, Richard, Wilhelm II. und die Kunstpolitik, in: Richard Muther. Aufsätze über bildende Kunst, Bd. 2, Berlin 1914, S. 195–206.

Mythen der Nationen, hg. von Monika Flacke, München und Berlin 1998.

Nation und Emotion. Deutschland und Frankreich im Vergleich, 19. und 20. Jahrhundert, hg. von Etienne François u. a. (Kritische Studien zur Geschichtswissenschaft, Bd. 110), Göttingen 1995.

Nationaldenkmal, Das deutsche, 1790–1990, hg. vom Sekretariat Städte und Gemeinden in NRW, Gütersloh, Katalog einer Wanderausstellung, Bielefeld 1993.

Nationale und kulturelle Identität. Studien zur Entwicklung des kollektiven Bewußtseins in der Neuzeit, hg. von Bernhard Giesen, 3. Auflage, Frankfurt a. M. 1996.

Nationale Mythen und Symbole in der zweiten Hälfte des 19. Jahrhunderts. Strukturen und Funktionen von Konzepten nationaler Identität, hg. von Jürgen Link und Wulf Wülfling (Sprache und Geschichte, Bd. 16), Stuttgart 1991.

Nationalismus, hg. von Heinrich August Winkler, 2. Auflage, Königstein im Taunus 1985.

Nicolai, Bernd, Architektur und Städtebau, in: Preußen. Kunst und Architektur, hg. von Gert Streidt und Peter Feierabend, Köln 1999, S. 416–455.

Niederwöhrmeier, Hartmut, Die deutschen Botschaftsgebäude 1871–1945, Dissertation, Darmstadt 1977.

Nipperdey, Thomas, Nationalidee und Nationaldenkmal in Deutschland im 19. Jahrhundert, in: Historische Zeitschrift, Bd. 206, 1968, Heft 3, S. 529–585; dass. in: Thomas Nipperdey, Gesellschaft, Kultur, Theorie. Gesammelte Aufsätze zur neueren Geschichte (Kritische Studien zur Geschichtswissenschaft, Bd. 18), Göttingen 1976, S. 133–173.

Nipperdey, Thomas, Deutsche Geschichte 1866–1918, Bd. 1, Arbeitswelt und Bürgergeist, München 1990.

Nipperdey, Thomas, Deutsche Geschichte 1866–1918, Bd. 2, Machtstaat vor der Demokratie, München 1992.

Nohlen, Klaus, Baupolitik im Reichsland Elsaß-Lothringen 1870–1918. Stadterweiterung und Kaiserpalast in Straßburg, in: Kunstverwaltung, Bau- und Denkmal-Politik im Deutschen Kaiserreich, hg. von Ekkehard Mai und Stephan Waetzold (Kunst, Kultur und Politik im Deutschen Kaiserreich, Bd. 1), Berlin 1981, S. 103–120.

Nohlen, Klaus, Baupolitik im Reichsland Elsaß-Lothringen 1871–1918. Die repräsentativen Staatsbauten um den ehemaligen Kaiserplatz in Straßburg (Kunst, Kultur und Politik im Deutschen Kaiserreich, Bd. 5), Berlin 1982.

Oechslin, Werner, Moderne entwerfen. Architektur und Kulturgeschichte, Köln 1999.

Paret, Peter, Kunst als Geschichte. Kultur und Politik von Menzel bis Fontane (aus dem Amerikanischen von Holger Fliessbach), München 1990.

Pehnt, Wolfgang, Die Architektur des Historismus, Stuttgart 1998.

Peters, Günter, Kleine Berliner Baugeschichte. Von der Stadtgründung bis zur Bundeshauptstadt, Berlin 1995.

Pevsner, Nikolaus, A History of Building Types, London 1976.

Plagemann, Volker, Bismarck-Denkmäler, in: Denkmäler im 19. Jahrhundert. Deutung und Kritik (Studien zur Kunst im 19. Jahrhundert, Bd. 20), München 1972, S. 217–252.

Posener, Julius, Berlin auf dem Wege zu einer neuen Architektur – Das Zeitalter Wilhelms II. (Studien zur Kunst des 19. Jahrhunderts, Bd. 40), München 1979.

Quartisch, Helmut, Probleme der Selbstdarstellung des Staates (Recht und Staat in Geschichte und Gegenwart 478/479), Tübingen 1977.

Raack, Heinz, Das Reichstagsgebäude in Berlin, Berlin 1978.

Rathaus, Das, im Kaiserreich. Kunstpolitische Aspekte einer Bauaufgabe des 19. Jahrhunderts, hg. von Ekkehard Mai, Jürgen Paul und Stephan Waetzoldt (Kunst, Kultur und Politik im Deutschen Kaiserreich, Bd. 4), Berlin 1982.

Reiche, Jürgen, Das Berliner Reichstagsgebäude. Dokumentation und ikonographische Untersuchung einer politischen Architektur, Diss. Berlin 1988 (Mikrofiche).

Reichsgründung 1870/71. Tatsachen, Kontroversen, Interpretationen, hg. von Theodor Schieder und Ernst Deuerlein, Stuttgart 1970.

Renaissance der Renaissance. Ein bürgerlicher Kunststil im 19. Jahrhundert, Ausstellungskatalog Weserrenaissance-Museum Schloß Brake, 2 Bde. (Schriften des

Weserrenaissance-Museums Schloß Brake, Bd. 5 u. 6), München und Berlin 1992.

Ribbe, Wolfgang, Adler und Krone. Zur Symbolik der deutschen Reichsgründung 1870–71, in: Historische Studien zu Politik, Verfassung und Gesellschaft. Festschrift für Richard Dietrich, Bern 1976, S. 206–226.

Ribbe, Wolfgang und Wolfgang Schäche, Hg., Baumeister – Architekten – Stadtplaner. Biographien zur baulichen Entwicklung Berlins, Berlins, Berlin 1987.

Richter, Jan Stefan, Die Orientreise Kaiser Wilhelms II. 1898. Eine Studie zur deutschen Außenpolitik an der Wende zum 20. Jahrhundert (Studien zur Geschichtsforschung der Neuzeit, 9), Diss. Kiel 1996; Hamburg 1997.

Röhl, John C. G., Kaiser, Hof und Staat. Wilhelm II. und die deutsche Politik, München 1987.

Roth, Erwin, Preußens Gloria im Heiligen Land. Die Deutschen und Jerusalem, München 1973.

Sauerländer, Willibald, Style or Transition? The fallacies of classification discussed in the light of German architecture 1190–1260, in: Architectural History 30, 1987, S. 1–29.

Scharabi, Mohamed, Der Einfluß der Pariser École des Beaux-Arts auf die Berliner Architektur in der zweiten Hälfte des 19. Jahrhunderts. Nachgewiesen anhand von Entwürfen in der Plansammlung der Fakultät für Architektur an der Technischen Universität Berlin, Diss. Berlin 1968.

Scharabi, Mohamed, Architekturgeschichte des 19. Jahrhunderts, Tübingen und Berlin 1993.

Scharf, Helmut, Zum Stolze der Nation. Deutsche Denkmäler des 19. Jahrhunderts, Dortmund 1983.

Scharf, Helmut, Kleine Kunstgeschichte des deutschen Denkmals, Darmstadt 1984.

Scheffler, Karl, Die Architektur der Großstadt, Berlin 1913.

Scheuner, Ulrich, Die Kunst als Staatsaufgabe im 19. Jahrhundert, in: Kunstverwaltung, Bau- und Denkmal-Politik im Deutschen Kaiserreich, hg. von Ekkehard Mai und Stephan Waetzoldt (Kunst, Kultur und Politik im Deutschen Kaiserreich, Bd. 1), Berlin 1981, S. 13–46.

Schmädeke, Jürgen, Der Deutsche Reichstag. Das Gebäude in Geschichte und Gegenwart, 2. Auflage, Berlin 1976.

Schnädelbach, Herbert, Die Abkehr von der Geschichte. Stichworte zum »Zeitgeist« im Kaiserreich, in: Ideengeschichte und Kunstwissenschaft im Kaiserreich (Kunst, Kultur und Politik im Deutschen Kaiserreich, Bd. 3), Berlin 1983, S. 31–43.

Schoch, Rainer, Das Herrscherbild in der Malerei des 19. Jahrhunderts (Studien zur Kunst des neunzehnten Jahrhunderts, Bd. 23), München 1975.

Schümann, Carl-Wolfgang, Der Berliner Dom im 19. Jahrhundert (Die Bauwerke und Kunstdenkmäler von Berlin, Beiheft 3), Berlin 1980.

Schütz, Christiane, Preussen in Jerusalem (1800–1861). Karl Friedrich Schinkels Entwurf der Grabeskirche und die Jerusalempläne Friedrich Wilhelms IV. (Die Bauwerke und Kunstdenkmäler von Berlin, Beiheft 19), Berlin 1988.

Schwantes, Barbara, Die Kaiserlich-Deutsche Botschaft in Istanbul (Europäische Hochschulschriften, Reihe 28, Kunstgeschichte, Bd. 300), Frankfurt a. M. u. a. 1997.

292

Schwarz, Hans-Peter, Die Architektur der Synagoge, Frankfurt a. M. 1989.

Seidel, Paul, Der Kaiser und die Kunst, Berlin 1907.

Sprengel, Peter, Die inszenierte Nation. Deutsche Festspiele 1813–1913, Tübingen 1991.

Stather, Martin, Die Kunstpolitik Wilhelms II., Konstanz 1994.

Steinhauser, Monika, Die Architektur der Pariser Oper. Studien zur Entstehungsgeschichte und ihrer architekturgeschichtlichen Stellung (Studien zur Kunst des neunzehnten Jahrhunderts, Bd. 11), München 1969.

Tacke, Charlotte, Denkmal im sozialen Raum. Nationale Symbole in Deutschland und Frankreich im 19. Jahrhundert (Kritische Studien zur Geschichtswissenschaft 108), Göttingen 1995.

Tittel, Lutz, Monumentaldenkmäler von 1871–1918 in Deutschland. Ein Beitrag zum Thema Denkmal und Landschaft, in: Kunstverwaltung, Bau- und Denkmal-Politik im Deutschen Kaiserreich, hg. von Ekkehard Mai und Stephan Waetzold (Kunst, Kultur und Politik im Deutschen Kaiserreich, Bd. 1), Berlin 1981, S. 215–276.

Totenkult, der politische. Kriegerdenkmäler der Moderne, hg. von Reinhart Koselleck und Michael Jeismann (Bild und Text), München 1994.

Tselos, Dimitri, Richardson's Influence on European Architecture, in: Journal of the Society of architectural Historians, Bd. 29, Nr. 2, 1970, S. 156–162.

Vale, Lawrence J., Architecture, Power, and National Identity, New Haven und London 1992.

Volkow, Shulamit, The Rise of Popular Antimodernism in Germany. The Urban Master Artisans, 1873–1876, Princeton/New Jersey 1978.

Wächter, Emil, Der Prestigegedanke in der deutschen Politik von 1890 bis 1914 (Berner Untersuchungen zur Allgemeinen Geschichte, Heft 11), Aarau 1941.

Warnke, Martin, Hg., Politische Architektur in Europa vom Mittelalter bis heute - Repräsentation und Gemeinschaft, Köln 1984.

Wefing, Heinrich, Hg., »Dem Deutschen Volke«. Der Bundestag im Berliner Reichstagsgebäude, Bonn 1999.

Wehler, Hans–Ulrich, Deutsche Gesellschaftsgeschichte, Bd. 3, 1849–1914, München 1995.

Wilderotter, Hans, Alltag der Macht. Berlin Wilhelmstraße, Berlin 1998.

Wise, Michel Z., Capital Dilemma. Germany's Search for a New Architecture of Democracy (Princeton Architectural Press), New York 1998.

Wittkau, Annette, Historismus. Zur Geschichte des Begriffs und des Problems, 2. Auflage, Göttingen 1994.

Zander-Seidel, Jutta, Kunstrezeption und Selbstverständnis. Eine Untersuchung zur Architektur der Neurenaissance in Deutschland in der ersten Hälfte des 19. Jahrhunderts (Erlanger Studien 28), Erlangen 1980.

Zawisla, Hans-Werner, Das öffentliche Bauwesen Preußens im 19. Jahrhundert und sein Einfluß auf die allgemeine staatliche Entwicklung, Diss. Aachen 1982.

Quellen

Bundesarchiv, Berlin-Lichterfelde (= BuAB)

R 2 (alt 21.01) Reichsfinanzministerium, Nr. 40069: Kosten der Bearbeitung von Reichsangelegenheiten durch das preußische Ministerium der öffentlichen Arbeiten, Bd. 1, 1882–1901.

R 2 (21.01) Reichsfinanzministerium, Nr. 40070: Kosten der Bearbeitung von Reichsangelegenheiten durch das preußische Ministerium der öffentlichen Arbeiten, Bd. 2, 1902–1914.

R 43 (07.01) Alte Reichskanzlei, I Gruppe 2, Bd. 20: Bausachen im Allgemeinen, 1879–1886.

R 43 (07.01) Alte Reichskanzlei, I Gruppe 2, Bd. 21: Bausachen im Allgemeinen, 1886–1888.

R 43 (07.01) Alte Reichskanzlei, I Gruppe 2, Bd. 22: Bausachen im Allgemeinen, 1888–1899.

R 43 (07.01) Alte Reichskanzlei, I Gruppe 2, Bd. 23: Die Staatsbauverwaltung 1901–1903.

R 43 (07.01) Alte Reichskanzlei, I Gruppe 2, Bd. 24: Baubehörden, 1905.

R 43 (07.01) Alte Reichskanzlei, I Gruppe 2, Bd. 25: Baubeamte, 1900–1910.

R 43 (07.01) Alte Reichskanzlei, I Gruppe 2, Bd. 26: Geschäftliche Verfahren bei Staatsbauten, Bd. 1, 1880–1885.

R 43 (07.01) Alte Reichskanzlei, I Gruppe 2, Bd. 27: Geschäftliche Verfahren bei Staatsbauten, Bd. 2, 1886–1912.

R 43 (07.01) Alte Reichskanzlei, I Gruppe 2, Bd. 28: Geschäftliche Verfahren bei Staatsbauten, Bd. 3.

R 43 (07.01) Alte Reichskanzlei, I Gruppe 34. Reichsbehörden. Bd. 3: Reichsfiskalische Gebäude und Grundstücke, Bd. 1, 1900–1905.

R 43 (07.01) Alte Reichskanzlei, I Gruppe 41, Bd. 4, I–V: Reichs- und Staatsgrundstücke, 1878–1899.

R 101, 387 (50)24 Errichtung eines Reichstagsgebäudes.

Geheimes Staatsarchiv Preußischer Kulturbesitz, Berlin-Dahlem (= GStA)

I. HA Rep. 90a. Staatsministerium B III, 3, Nr. 8: Geschäftskreis des Ministeriums für Handel, Gewerbe und öffentliche Arbeiten, 1810–1879.

I. HA Rep. 90A, Staatsministerium B III, 3, Nr. 11: Geschäftskreis des Ministeriums für öffentliche Arbeiten, 1878–1921.

I. HA Rep. 93B (Ministerium der öffentlichen Arbeiten), Nr. 2388 Restaurierung des Kaiserhauses Goslar, Bd. 1, 1869–1879.

I. HA Rep. 93B, Nr. 2389 Restaurierung des Kaiserhauses Goslar, Bd. 2, 1879–1896.

I. HA Rep. 93B, Nr. 1910 Besitznachweisung fiskalischer Grundstücke des Deutschen Reiches, Stand 1886.

I. HA Rep. 93B, Nr. 1920 Bau des Reichstagsgebäudes, Bd. 1, 1866–1879.

I. HA Rep. 93B, Nr. 1921 Bau des Reichstagsgebäudes, Bd. 2, 1879–1883.

I. HA Rep. 93B, Nr. 1922 Bau des Reichstagsgebäudes, Bd. 3, 1883–1889.
I. HA Rep. 93B, Nr. 1923 Den Bau eines Reichstagsgebäudes in Berlin betr., Bd. 4, 1889–1913.
I. HA Rep. 93B, Nr. 1927 Altes Reichstagsgebäude 1871–1895.
I. HA Rep. 93B, Nr. 1928 Altes Reichstagsgebäude 1895–1900.
I. HA Rep. 93B, Nr. 1929 Bauten an den Dienstgebäuden des Reichskanzleramtes in Berlin, des Auswärtigen Amtes und des Ministeriums der auswärtigen Angelegenheiten, Bd. 1, 1843–1883.
I. HA Rep. 93B, Nr. 1930 Bauten an den Dienstgebäuden des Reichskanzleramtes in Berlin, des Auswärtigen Amtes und des Ministeriums der auswärtigen Angelegenheiten, Bd. 2, 1883–1901.
I. HA Rep. 93B, Nr. 1931 Bauten an den Dienstgebäuden des Reichskanzleramtes in Berlin, des Auswärtigen Amtes und des Ministeriums der auswärtigen Angelegenheiten, Bd. 3, 1902–1917.
I. HA Rep. 93B, Nr. 1932 Die Errichtung eines Dienstgebäudes für das Reichsgericht zu Leipzig 1883–1889.
I. HA Rep. 93B, Nr. 1933 Das Reichstags-Präsidial-Gebäude zu Berlin.
I. HA Rep. 93B, Nr. 1934 Die Bauten für den Rechnungshof des Deutschen Reiches zu Potsdam.
I. HA Rep. 93B, Nr. 2046 Die vom Ministerium des Äußeren ressortierenden Bauten im Auslande, Bd. 1, 1867–1885.
I. HA Rep. 93B, Nr. 2047 Die vom Ministerium des Äußeren ressortierenden Bauten im Auslande, Bd. 2, 1885–1892.
I. HA Rep. 93B, Nr. 2048 Die vom Ministerium des Äußeren ressortierenden Bauten im Auslande, Bd. 3, 1892–1901.
I. HA Rep. 93B, Nr. 2053 Die Bauten für die Kaiserlich-Deutsche Botschaft in Bern 1900–1913.
I. HA Rep. 93B, Nr. 2068 Die Bauten für die deutsche Botschaft in Constantinopel (Pera und Therapia), Bd. 1, 1870–1898.
I. HA Rep. 93B, Nr. 2069 Die Bauten für die deutsche Botschaft in Constantinopel, Bd. 2, 1898–1917.
I. HA Rep. 93B, Nr. 2074 Die Bauten für die Deutsche Botschaft in St. Petersburg, 1888–1914.
I. HA Rep. 93B, Nr. 2082 Die Bauten für die Deutsche Botschaft Washington 1892–1918.
I. HA Rep. 93B, Nr. 2083 Bauten für die deutsche Botschaft in Wien 1876–1917.

Verzeichnis der abgebildeten Reichsbauten

Washington (Entwurf) Abb. 128
Wien Abb. 111

Bauten des Königlich Preußischen Hauses (Schloßbauverwaltung)
Berlin: Dom Abb. 107/108
Posen: Palast des Kaisers und Königs Abb. 119

Preußische Staatsbauten in Berlin
Preußisches Kriegsministerium, Leipziger Straße 5 Abb. 21
Münze, Unterwasserstraße 2–4 Abb. 23
Finanzministerium, Dorotheenstraße 84 Abb. 24
Ministerium des Inneren, Unter den Linden 72/73 Abb. 27
Ministerium der geistlichen, Unterrichts- und Medizinalangelegenheiten,
    Unter den Linden 4 Abb. 28
Preußisches Abgeordnetenhaus, Niederkirchnerstraße Abb. 29
Preußisches Herrenhaus, Leipziger Straße 4 Abb. 30

Abbildungsnachweis

Archiv für Kunst und Geschichte, Berlin
21, 37
Archiv des Verfassers
5, 11, 14, 26, 46, 47, 48, 49, 53, 54, 55, 56, 61, 86, 87, 88, 89, 92, 93, 95,
96, 97, 114, 115, 116, 120, 128
Bildarchiv Foto Marburg
1, 2, 3, 4, 6, 7, 8, 9, 10, 12, 13, 16, 17, 18, 20, 24, 29, 30, 31, 34, 35, 41,
42, 43, 44, 50, 51, 52, 57, 59, 60, 62, 63, 65, 66, 67, 68, 69, 70, 71, 72,
73, 74, 75, 76, 77, 78, 79, 80, 81, 82, 83, 85, 90, 94, 100, 101, 102, 103,
107, 112, 113, 117, 118, 122, 124, 125, 126
Bildarchiv Preußischer Kulturbesitz, Berlin
15, 39, 40, 91, 98, 99, 109, 119, 127
Keystone Pressedienst, Hamburg
Umschlagabbildung
Landesbildstelle Berlin
84, 106
Landesamt für Denkmalpflege Berlin
19, 22, 23, 25, 27, 28, 32, 33, 36, 38, 45, 58, 64, 104, 105, 108, 121, 129,
130
Süddeutscher Verlag, Bilderdienst, München
111, 123
Ullstein Bilderdienst, Berlin
110

Personenregister

Abdul Hamid, Sultan 226
Adler, Friedrich 108f., 114, 116,
  121, 123, 209, 227; Abb. 114
Ahrens, F. 196
Alberti, Leon Battista 75
Arminius 23; Abb. 4
Auguste Victoria, Dt. Kaiserin
  und Königin von Preußen
  223ff., 229

Baeumer, Wilhelm 53
Ballu, Théodore 240
Bandel, Ernst von 21; Abb. 4
Barack, August 177f.
Barry, Sir Charles 98; Abb. 41
Baumgarten, Paul 95
Beemelmans, Friedrich Wilhelm
  170, 180
Begas, Reinhold 25, 129, 145;
  Abb. 6, 77
Behrens, Peter 154, 200, 214ff.,
  243ff., 250ff., 256, 258, 263;
  Abb. 124, 125, 126
Benzler, Willibrord 237
Bernstorff, Johann-Heinrich,
  Graf von 253
Bezold, Gustav von 217
Bismarck, Otto, Fürst von 10f.,
  20, 25, 26, 34f., 62f., 67, 70,
  116, 119, 149, 152, 159, 161ff.,
  171, 174, 192, 203, 205f., 209,
  211, 225, 259, 264; Abb. 3, 13,
  57, 83
Bloch, Marc 178
Bluntschli, Friedrich 114, 117,
  119, 156, 159

Böcklin, Arnold 247
Boeckmann, Wilhelm 209
Boetticher, Heinrich von 143f.
Bohnstedt, Ludwig 101, 105f.,
  110f., 209, 260; Abb. 45
Bonatz, Paul 220
Boullée, Etienne-Louis 258
Brongniart, Alexandre-Théodore
  57
Brütt, Adolf 148
Brydon, John McKean 210
Bülow, Bernhard Ernst von 206
Bülow, von (Dt. Gesandter) 243
Burckhardt (Straßburger Archi-
  tekt) 182
Buss, Georg 135
Busse, August 67, 75f., 86, 89ff.,
  123, 185, 209; Abb. 37, 38, 39

Canzler, Adolf 187
Chamberlain, Houston Stewart
  47f., 178, 238
Chateauneuf, Alexis de 53
Christo 94
Conder, Josiak 243
Cornelius, C. 121
Cortot, Jean Pierre 97

Dedreux, Oskar 131
Deglane, Henri 53
Dehio, Georg 44, 217
Delbrück, Rudolf von 60, 62,
  162
Delbrück, Hans 154
Deperthes, Pierre 240
Descartes, René 180
Ditmar, Hermann 88
Dollmann, Georg 134
Dülfer, Martin 254

299